《新时代广东创新实践》系列丛书

Zouchu
Gaozhiliang Fazhan De
Guangdong Lujing

走 出
高质量发展的
广东路径

中共广东省委党校（广东行政学院） 编

赵祥 主编

广东人民出版社
·广州·

图书在版编目（CIP）数据

走出高质量发展的广东路径／中共广东省委党校（广东行政学院）编；赵祥主编. —广州：广东人民出版社，2022.4
ISBN 978-7-218-15710-8

Ⅰ. ①走… Ⅱ. ①中…②赵… Ⅲ. ①区域经济发展—研究—广东 Ⅳ. ①F127.75

中国版本图书馆 CIP 数据核字（2022）第 053478 号

ZOUCHU GAOZHILIANG FAZHAN DE GUANGDONG LUJING
走出高质量发展的广东路径
中共广东省委党校（广东行政学院）　编
赵　祥　主编

版权所有　翻印必究

出 版 人：肖风华

出版统筹：卢雪华
责任编辑：廖智聪
责任校对：林　俏　窦兵兵
装帧设计：广大迅风艺术　刘瑞锋
责任技编：吴彦斌　周星奎

出版发行：广东人民出版社
地　　址：广州市越秀区大沙头四马路 10 号（邮政编码：510102）
电　　话：（020）85716809（总编室）
传　　真：（020）85716872
网　　址：http://www.gdpph.com
印　　刷：广州市豪威彩色印务有限公司
开　　本：787mm×1092mm　1/16
印　　张：15.25　字　数：230 千
版　　次：2022 年 4 月第 1 版
印　　次：2022 年 4 月第 1 次印刷
定　　价：59.00 元

如发现印装质量问题，影响阅读，请与出版社（020-85716849）联系调换。
售书热线：020-87716172

编委会

主　任：张广宁

副主任：尹德慈

成　员：潘向阳　钟汉谋

　　　　林盛根　刘　朋

总　序

回顾历史、总结经验，从中得出规律性认识，进而映照现实、远观未来、指导实践，是马克思主义政党的优良传统和独特优势。党的十九大以来，以习近平同志为核心的党中央对广东关爱之深、看待之重、支持之大、期望之高，前所未有，赋予广东一年一个重大利好、每年都有大事喜事，习近平总书记两次亲临广东视察，亲自参加十三届全国人大一次会议广东代表团审议，多次作出重要指示批示，为广东改革发展擘画蓝图、定位导航。

五年来，广东牢记嘱托、感恩奋进，乘势而上、起而行之，把学习贯彻习近平总书记对广东工作的系列重要讲话、重要指示批示精神作为首要政治任务，持续开展"大学习、深调研、真落实"，形成"1+1+9"工作部署并不断深化，始终坚持人民至上的价值追求，激励引导广大干部始终永葆"闯"的精神、"创"的劲头、"干"的作风，不断提高攻坚克难、化解矛盾、驾驭复杂局面的能力，在新起点上开创改革开放和现代化建设事业新局面,奋力推动习近平新时代中国特色社会主义思想在南粤大地落地生根、结出丰硕成果。

始终坚持旗帜鲜明讲政治,忠诚拥护"两个确立"、坚决做到"两个维护"。

政治上的主动是最有利的主动,政治上的被动是最危险的被动。"两个确立""两个维护"是党的十八大以来我们党的重大政治成果和宝贵政治经验,是最高政治原则和根本政治规矩,是最重要的政治能力。广东地处"两个前沿",直接面对两种意识形态、两种社会制度的较量,必须始终把党的政治建设摆在首位,坚定不移加强党的全面领导和党的建设,不断提高政治判断力、政治领悟力、政治执行力。

五年来,广东坚持以习近平新时代中国特色社会主义思想为指引,时刻绷紧讲政治这根弦,不断增强忠诚拥护"两个确立"、坚决做到"两个维护"的思想自觉政治自觉行动自觉。建立健全并严格执行省委坚决落实"两个维护"十项制度机制,自觉对标对表习近平总书记、党中央要求,形成贯彻落实习近平总书记、党中央决策部署闭环机制,切实把"两个确立""两个维护"体现在贯彻落实的行动上,体现在履职尽责的实效上,体现在日常的言行上。严守政治纪律和政治规矩,严守"五个必须",杜绝"七个有之",做到"三个决不允许",严格执行重大事项请示报告制度,优化风清气正的政治生态。强化底线思维、风险意识,增强政治敏锐性和政治鉴别力,坚持以大概率思维应对小概率事件,宁可信其大、不可信其小，宁可信其有、不可信其无，把风险隐患化解在萌芽之时、成灾之前，坚决有效防范化解各类风险隐患。坚持以制度机制保安全，不断完善全国全省"一盘棋"应急响应和"四个一"应急处置制度机制，有效应对了一系列重大突发事件。

始终牢记嘱托、感恩奋进，以深化落实"1+1+9"工作部署谱写高质量发展广东篇章。

肩负着习近平总书记赋予的在新征程中走在全国前列、创造新的辉煌的使命任务，广东加强前瞻性思考、全局性谋划、战略性布局、整体性推进，科学谋划并不断深化"1+1+9"工作部署，形成推进现代化建设的行动方案和施工图，不懈探索体现中国特色、时代特征、广东特点的社会主义现代化建设新路径，朝着习近平总书记指引的方向勇毅前行。

五年来，广东以高度的政治自觉和强有力的工作举措，坚持一张施工图干到底，以钉钉子精神把习近平总书记、党中央要求一项一项落到实处。举全省之力推进"双区"建设和横琴、前海两个合作区建设，持续释放强大驱动效应。大力打造新发展格局战略支点，构建联通内外的贸易、投资、生产、服务网络，强化广州、深圳"双城"联动，增强畅通国内大循环和联通国内国际双循环的功能，努力塑造参与国际合作和竞争新优势。持续抓好科技自立自强，大力推进具有全球影响力的科技和产业创新高地建设，鹏城国家实验室、广州国家实验室挂牌运作，综合性国家科学中心先行启动区加快建设，区域创新综合能力连续 5 年、知识产权综合发展指数连续 9 年领跑全国，发明专利有效量、PCT 国际专利申请量稳居全国第一，国家高新技术企业突破 6 万家。着力构建"一核一带一区"区域发展格局，珠三角核心区发展能级持续提升，沿海经济带产业支撑作用更加强劲，北部生态发展区绿色发展优势凸显，发展协调性平衡性明显增强。扎实推进文化强省建设，有力有效做好民生保障，稳步推进碳达峰碳中和，持续改善生态环境质量，大力建设更高水平的平安广东、法治广东，不断探索出高质量发展的广东路径。

始终厚植人民情怀，把为民造福作为最大的政绩。

习近平总书记指出，江山就是人民、人民就是江山，打江山、守江山，守的是人民的心。民心是最大的政治，人民是党执政兴国的最大底气。广东牢记中国共产党是什么、要干什么这个根本问题，强化宗旨意识，坚持把人民至上作为根本标准，把以人民为中心的发展思想作为新发展理念的"根"和"魂"，始终把人民利益放在高于一切的位置，把好事实事做到群众心坎上。

五年来，广东坚持从群众最急最忧最盼的问题入手，不断完善"小切口大变化"民生实事办理制度，深入实施"粤菜师傅""广东技工""南粤家政"三项工程，持续抓好畅顺春运、平安高考、"厕所革命"、垃圾分类、安全生产、防灾减灾、精神文明创建九大行动、交通安全治理等民生工作，大力推进"12312"出行交通圈和"123"快货物流圈、

"851"水利高质量发展蓝图等布局建设,历史性实现"市市通高铁",历史性实现本科院校、高职院校、技师学院、高水平医院21个地市全覆盖,取得让人民群众看得见、摸得着、真实可感的成效。坚持尽力而为、量力而行,在解决"有没有"的基础上更加重视"好不好"的问题,在保障和改善民生上拿出更多有力举措,稳步提高人民群众教育、医疗、养老、住房等保障水平,让人民群众的获得感成色更足、幸福感更可持续、安全感更有保障。

始终坚持科学方法论,探索完善"大学习、深调研、真落实"工作机制。

学习是实践之基,调研是成功之道,落实是发展之要。为深刻领悟习近平新时代中国特色社会主义思想是当代中国马克思主义、21世纪马克思主义,是中华文化和中国精神的时代精华,实现了马克思主义中国化新的飞跃,真正掌握蕴含其中的马克思主义立场观点方法,真正领悟蕴含其中的强大真理力量,广东不断实践探索并完善"大学习、深调研、真落实"工作机制,作为结合实际推动广东工作的基本方法,锲而不舍、长期坚持,持续引向深入。

五年来,广东突出抓好"大学习",全面落实第一议题制度,坚持以上率下,充分发挥"关键少数"作用,带动"绝大多数"。通过党委(党组)理论学习中心组学习、集中轮训、理论研修、专题研讨等方式,集中开展11次大轮训,实现从省级领导到科级以下公务员全覆盖,推动各级领导干部学深悟透习近平新时代中国特色社会主义思想,全面掌握蕴含其中的马克思主义立场观点方法,真正让学习习近平新时代中国特色社会主义思想成为全省干部群众的精神追求、生活习惯、工作常态,做到学习跟进、认识跟进、行动跟进。聚焦"国之大者",开展10轮79个课题的"深调研",不断深化对国情省情市情县情的认识和把握,进一步明确新时代广东发展的方向和路径,找准工作的着力点和突破口,有针对性地制定贯彻落实的思路举措,形成推动各项工作、解决广东发展重大问题的具体行动方案。注重把学习成效、调研成果转化为推动党的建设和现代化建设的实际行动,真抓实干、担当作为,切实做到"真落实",一步步把习近平总书记重要指示批示要求转化为广东改革发展的生动实践,奋力把广东建设成为向世界展示习近平新时代中国特色社会主义思想的重要"窗口"和"示范区"。

始终坚持弘扬伟大建党精神,以"闯创干"精气神主动对标最高最好最优。

伟大建党精神是我们党立党兴党强党的精神原点、思想基点,是中国共产党人的安身之魂、立身之本,是深刻领悟我们党百年功业承前启后、千秋伟业继往开来的"金钥匙"。伟大建党精神超越时空、历久弥新,是指引和激励中国共产党团结带领人民开创伟大事业的精神动力。奋进新征程,永葆"闯创干"精气神,续写更多"春天的故事",创造让世界刮目相看的新的更大奇迹,需要始终发扬自信自强的精神

▶ 总　序

力量，这也是40多年来广东改革开放先行一步形成的宝贵财富。

五年来，广东始终坚持弘扬伟大建党精神，用好改革开放关键一招，弘扬"杀出一条血路"的大无畏精神气魄、"敢为天下先"的巨大勇气胆略，传承"闯创干"精气神，敢于对标最高最好最优，在瞄准一流中创造一流，在追求卓越中实现卓越，坚持立足新发展阶段，以"双区"建设、深圳综合改革试点和横琴、前海两个合作区建设牵引全面深化改革开放，不断解决前进道路上的各种困难问题，扫清体制机制障碍，努力走出具有中国特色、时代特征、广东特点的现代化之路。广东的这些改革创新，既有对中央顶层设计的创造性落实，又有结合自身实际进行的原创性探索，还有在协同性基础上的系统集成创新，攻克了一个又一个"娄山关""腊子口"，深度、广度、力度前所未有，呈现出全面发力、多点突破、蹄疾步稳、纵深推进的崭新局面，切实提高了改革综合效能，推动改革和发展深度融合、高效联动。

广东的实践充分证明，习近平新时代中国特色社会主义思想具有强大的真理力量。面对百年变局和世纪疫情，广东有章有法、有板有眼推进改革发展稳定各项工作，集中精力办好自己的事，2010至2020年的十年间，广东人口净增2171万，人才虹吸效应持续显现，人口净流入量排名全国第一。2021年，广东地区生产总值达12.4万亿元，成为全国首个12万亿GDP省份，连续33年总量居全国第一，外贸进出口总额连续36年、财政收入连续31年居全国第一。正是因为有习近平总书记掌舵领航、把脉定向，有习近平新时代中国特色社会主义思想科学指引，正是因为不断学习运用习近平总书记教给我们的方法论，广东才能够有力有效应对世界经济严重衰退、中美经贸斗争和疫情大战大考等严重冲击，才能够闯过一个又一个险滩暗礁，战胜一个又一个风险挑战，取得举世瞩目的辉煌成就，交出一份彰显广东担当的合格答卷。

实现第二个百年奋斗目标新的赶考之路，我们仍然会遇到各种可以预料和难以预料的风险挑战，广东要继续弘扬光荣传统、赓续红色血脉，传承伟大建党精神，提高斗争本领，忠诚拥护"两个确立"，不断增强"四个意识"、坚定"四个自信"、做到"两个维护"，充分发挥在应对世界大变局中的新优势、在服务全国大局中的新担当，奋力在实现习近平总书记赋予广东在全面建设社会主义现代化国家新征程中走在全国前列、创造新的辉煌的使命任务上展现新作为、干出新成绩。

[作者系中共广东省委党校（广东行政学院）常务副校（院）长]

| 前　言 | 001 |

一 举全省之力推进"双区"建设 ········ 001
（一）深入推进粤港澳大湾区建设 ········ 001
（二）稳步推进中国特色社会主义先行示范区建设 ········ 008
（三）加快推进两个合作区建设 ········ 014

二 深化营商环境综合改革 ········ 017
（一）持续放宽市场准入 ········ 017
（二）加大监管执法力度 ········ 025
（三）深化"互联网＋政务服务" ········ 032
（四）推动制度规则衔接 ········ 039

三 着力建设科技创新强省 ········ 044
（一）打造原始创新高地 ········ 044
（二）提升区域科技创新能力 ········ 051
（三）完善科技创新体系建设 ········ 053
（四）深化科技创新体制改革 ········ 059

四 加快构建现代产业体系 ·········· 064
（一）提升产业链供应链现代化水平 ·········· 064
（二）壮大战略性支柱产业 ·········· 068
（三）培育战略性新兴产业 ·········· 072
（四）发展提升现代服务业 ·········· 075

五 构建"一核一带一区"区域发展格局 ·········· 082
（一）建设珠三角世界级城市群 ·········· 083
（二）建设现代化沿海经济带 ·········· 096
（三）推动北部生态发展区绿色发展 ·········· 108
（四）促进区域间协同联动发展 ·········· 116

六 全面实施乡村振兴战略 ·········· 126
（一）发展乡村特色优势产业 ·········· 126
（二）建设美丽宜居新乡村 ·········· 135
（三）加快农村重点领域改革 ·········· 140
（四）提升乡村治理效能 ·········· 148

七 深入推进生态文明建设 ·········· 155
（一）推进绿色低碳循环发展 ·········· 155
（二）全面系统治理环境污染 ·········· 159
（三）加强生态建设与保护 ·········· 163
（四）健全绿色发展制度体系 ·········· 168

八 营造共建共治共享社会治理格局 ·········· 174
（一）完善党委领导社会治理制度 ·········· 174
（二）创新党建引领社会治理体系 ·········· 177
（三）增强党群协同社会治理能力 ·········· 189
（四）提升平安法治广东建设效能 ·········· 194

九 打造新发展格局战略支点 ………………………… 198
（一）打造规则衔接示范地 ……………………… 198
（二）打造内外循环链接地 ……………………… 201
（三）打造科技产业创新策源地 …………………… 207
（四）打造高端要素集聚地 ……………………… 214
（五）打造安全发展支撑地 ……………………… 219

主要参考文献 ………………………………………… 223

后　记 ……………………………………………… 225

前　言

近年来随着中国的和平崛起，美国感到其在工业、金融、军事、科学技术等方面的霸主地位受到了挑战，美国政府不愿接受这一现实，采取了重大的战略调整，以遏制我国的快速发展。同时，美国滥用美元国际货币地位导致的贸易逆差、债务危机和制造业空心化问题日益严重，致使美国就业率不断下降，国内经济增长放缓，社会矛盾尖锐。为转移国内矛盾，美国政府以贸易逆差、知识产权和国家安全为借口，挥舞单边主义大棒，主动挑起了中美贸易战，对我国技术创新与高端产业发展进行全面遏制。美国的霸权行为不仅对我国产业链供应链造成巨大冲击，而且进一步加剧了逆全球化的发展趋势，以美国为首的主要发达经济体纷纷推行所谓的再工业化战略，把降低产业供应链对外依赖作为重要的政策选项。这引发了资本、人才和技术等生产要素在全球范围内的重新配置，以市场、资本、技术创新和新兴产业为重点的国际产业竞争进一步热化，导致我省经济社会发展面临的外部不确定性明显增加。

作为改革开放的排头兵，当前广东总体上已经率先从高速增长阶段转向高质量发展阶段，既具备了坚实的发展基础，也面临着不少新的问题与挑战。广东经济规模巨大，产业配套体系完善，市场机制灵活有效，对外开放度较高，与全国其他地区相比，经济转型升级与领先发展的优势较为明显。特别是在粤港澳大湾区和深圳中国特色社会主义先行示范区"双区"建设不断深入推进的情况下，经济高质量发展的动力源加速形成，全省经济社会发展跃上了新台阶。但与此同时，伴随着国内外市场环境的变化，广东处于"两个前沿"地带所面临的外部风险挑战更为突显，创新链产业链供应链被"卡脖子"的难题仍未得到有效解决，城乡区域发展不协调，生态建设、民生保障、社会治理和安全发展等领域仍然存在一系列结构性、体制性问题。

自党的十九大以来，广东牢记习近平总书记"四个走在全国前列"的嘱托，坚定不移贯彻新发展理念，持续开展"大学习、深调研、真落实"活动，围绕"1+1+9"总体工作部署①，持续用好改革开放关键一招，深入推进"双区"建设，奋力构建新发展格局，在巩固自身发展优势的基础上沉着应对各种风险挑战，成功走出了一条高质量发展的新路径。站在这一重大历史时点上，回顾和总结党的十九大以来广东推动高质量发展的经验与做法，有助于我们坚定信心，以史为鉴、开创未来，为"两个一百年"奋斗目标和中华民族伟大复兴做出更大的贡献。为此，本书聚焦"双区"建设、营商环境、科技创新、产业发展、区域协调、乡村振兴、生态文明、社会治理和新发展格局九大领域，系统梳理广东推进高质量发展的一系列创新性举措和取得的成效，以期全面准确地揭示新时代推进高质量发展的广东担当与广东路径。

---

① "1+1+9"是中共广东省委十二届四次全会确定的总体工作部署。其中，第一个"1"是指以推进党的建设新的伟大工程为政治保证；第二个"1"是指以全面深化改革开放为发展主动力。"9"是指9个方面重点工作：一是以粤港澳大湾区建设为重点，加快形成全面开放新格局；二是以深入实施创新驱动发展战略为重点，加快建设科技创新强省；三是以提高发展质量和效益为重点，加快构建推动经济高质量发展的体制机制；四是以构建现代产业体系为重点，加快建设现代化经济体系；五是以大力实施乡村振兴战略为重点，加快改变广东农村落后面貌；六是以构建"一核一带一区"区域发展新格局为重点，加快推动区域协调发展；七是以深入推进精神文明建设为重点，加快建设文化强省；八是以把广东建设成为全国最安全稳定、最公平公正、法治环境最好的地区之一为重点，加快营造共建共治共享的社会治理格局；九是以打好三大攻坚战为重点，加快补齐全面建成小康社会、跨越高质量发展重大关口的短板。2020年11月中共广东省委十二届十一次全会又对"1+1+9"作出了一些新表述。

一 举全省之力推进"双区"建设

建设粤港澳大湾区、支持深圳建设中国特色社会主义先行示范区是习近平总书记、党中央作出的重大战略部署和赋予广东的重大历史使命。随着2021年9月《横琴粤澳深度合作区建设总体方案》《全面深化前海深港现代服务业合作区改革开放方案》两个方案的颁布,广东省推动"双区"建设工作又增加了两个有力支点。广东省精准把握"双区"和"双合作区"建设工作的重点和差异性进行工作部署,针对粤港澳大湾区建设,着力破题"一个国家、两种制度、三个关税区、三种货币"的体制机制差异,加快打造国际一流湾区和世界级城市群,一方面强化制度建设,加强规则衔接、机制对接,深入推进"湾区通"工程和"数字湾区"建设,拓展商事制度衔接、职业资格互认、标准对接等,提高软联通水平;另一方面规划实施一批基础设施建设项目,加快建设"轨道上的大湾区",提高硬联通水平。针对深圳建设中国特色社会主义先行示范区,广东围绕"五大战略定位""五个率先",大力推进高质量发展的体制机制创新。针对两个合作区,广东分别在横琴和前海抓住"产业融合"和"规则衔接"重点发力,将合作区打造为支持港澳经济社会发展、提升粤港澳合作水平、构建对外开放新格局的重要平台。

(一)深入推进粤港澳大湾区建设

粤港澳大湾区总面积约5.6万平方公里,相当于纽约湾区和旧金山湾区的总和,是东京湾区的4倍,人口超过7000万,相当于其他三大湾区的总和。粤港澳大湾区是我国经济最发达的地区之一,2020年广东省珠三角地区经济总量达89523.93亿元、香港约2.7万亿港元、澳门约1944亿澳门元,粤港澳大湾区经济总量已经超过韩国,并高于旧金山湾区。粤港澳大湾区交通基础设施建设水平高,交通网络密集,至2020年已建成高速公路里程超过4800公里,核心区高速公路密度达8.7公里/百平方公里,高于其他三大湾区。铁路通车总里程超过2200公里,高铁里程超过1200公里,城市轨道交通运营里程超过1000公里,并且在"十四五"期间,大湾区内地九市还将新增加700多公里城市交通营运里程。在科技创新方面,粤港澳大湾区处于全国前列,拥有国家重点实验室和广东省重点实验室数量分别达到30个和396个;广东省拥有国家级高新技术企业总量达5.3万家,企业总数、总收入和总利润均居全国第一。粤港澳大湾区生态文明建设也卓有成效,2020年珠三角九市空气质量优良天数达标率为92.9%,PM2.5浓度年平均值为22微克/立方米,达到世界卫生组织第二阶段目标(25微克/立方米)。珠三角地区森林覆盖率达到51.73%,九市全部获得"国家森林城市"称号,成为全国首个国家森林城市群。[①]

1. 制度创新引领平台建设

以制度创新为引领打造一批发展平台,为粤港澳大湾区经济科技发展提供了重要动力。2021年上半年,广东省推进粤港澳大湾区建设领导小组印发《广州南沙新区创建国际化人才特区实施方案》《广州穗港智造合作区建设实施方案》《佛山三龙湾高端创新集聚区发展总体规划(2020—2035年)》以及《佛山顺德粤港澳协同发展合作区建设方案》四个重点平台规划,继河套深港科技创新合作区、广州人工智能与数字经济试验区、中新广州知识城、东莞滨海湾新区、中山翠亨

---

① 相关数据来自广东省人民政府网站,2021年6月16日。

新区等重要产业载体之后再建设一批特色平台，充分发挥各自优势，推进"强链固链补链"工作，引领大湾区现代化产业体系发展。

2021年9月，《横琴粤澳深度合作区建设总体方案》和《全面深化前海深港现代服务业合作区改革开放方案》相继发布，赋予横琴和前海新的重大机遇、重大使命。两个合作区建设彰显出强劲"引力"，重点项目密集布局，政策红利持续释放。在横琴，粤澳产业融合迈出坚实步伐，有力地推动了澳门产业适度多元化发展。高端制造、中医药、文旅会展商贸、现代金融等重点产业迅猛发展；外向型经济逆势大幅提速；多个澳资项目集中签约。截至2021年底，横琴合作区实有澳资企业4744家，横琴与澳门产业互补新格局逐渐打开。在前海，深港合作更加紧密推进。金融、产业、人才三大扶持政策相继落地并覆盖扩区后的前海全域；深港现代金融、科技创新、会展经济、海洋经济、专业服务等领域合作进一步深化；市场化、法治化、国际化的营商环境展现独特优势。截至2021年12月，前海累计注册港资企业1.19万家，其中注册资本1000万美元以上的港企累计超2400家。前海成为国内与香港关联度最高、合作最紧密区域之一。合作平台的发展带动粤港澳大湾区区域经济不断取得新突破。2021年深圳GDP突破3万亿，成为国内继上海、北京之后，第三个地区生产总值突破3万亿的城市；东莞跻身GDP万亿俱乐部，成为广东省第四个经济总量过万亿元的城市。

2. 科技协同创新驱动产业转型

粤港澳三地科技协同创新取得重大进展，驱动大湾区产业加快转型升级。世界知识产权组织发布的《2021年全球创新指数》显示，"深圳—香港—广州科学技术集群"连续两年居全球创新指数第二。在基础研究方面，重点实验室和大科学装置建设加速推进。鹏城实验室、广州实验室加快建设，粤港澳大湾区国家技术创新中心、5G中高频器件国家制造业创新中心、天然气水合物勘查开发国家工程研究中心获批建设；散裂中子源二期等5个国家重大科技基础设施获批布局。在创新成果转化方面，产学研深度融合加速一体化发展。广东完善省财政科研资金过境港澳使用管理制度，省市各级财政跨境拨付资金超3亿元，惠及港澳11家高校和科研机构。此外，科技对于大湾区产业转型高质量发展的战略引领作用日渐显露。在2021年，粤港澳大湾区内地有6个产业集群入选工信部先进制造业集群"国家队"。其中，广佛惠三地辐射带动全省超高清视频和智能家电产业超过万亿元；智能装备产业集群横跨广佛深莞四市，产业链日趋完备，从上游的数控机床，到中游的工业机器人，再到下游的无人机都有明星产品。大湾区内已拥有超50家"独角兽"企业、1000多个产业孵化与加速器和15000多家投资机构。科技创新已经是粤港澳大湾区高质量发展、产业多元化融合的强大动力。

"十四五"时期广东推进粤港澳大湾区国际科技创新中心重点任务

《广东省国民经济和社会发展第十四个五年规划和2035年远景目标纲要》中提出要"对标全球主要科学中心和创新高地，推动建设大湾区综合性国家科学中心，着力提升以重大科技基础设施、高水平实验室和科研机构为核心的创新基础能力"。并提出建设大湾区综合性国家科学中心、创新合作区、重大科技基础设施、实验室平台、产业创新平台等五个方面的重点任务，具体如下：

1. 大湾区综合性国家科学中心。以深圳光明科学城——东莞松山湖科学城集中连片区域为先行启动区、以广州南沙科学城为联动协同发展区，聚焦信息、生命、材料、海洋科学，建设世界一流重大科技基础设施集群、高水平实验室、高等院校、科研机构、前沿科学交叉研究平台、中试验证平台和科技支撑服务平台。

2. 创新合作区。建设深港科技创新合作区深圳园区、横琴粤澳深度合作区、广州创新合作区等三大创新合作区，聚焦突破制约开放创新与合作的体制机制障碍，因地制宜设计改革试验任务，打造要素流动畅通、科技设施联通、创新链条融通、人员交流顺通的跨境合作平台。

3. 重大科技基础设施。加快建设强流重离子加速器、加速器驱动嬗变研究装置、江门中微子实验站、未来网络试验设施（深圳分中心）、国家基因库二期、新型地球物理综合性科学考察船、天然气水合物钻采船（大洋钻采船）等，围绕信息、生命、材料、海洋等领域谋划建设散裂中子源二期等一批新设施。

4. 实验室平台。加快建设鹏城实验室、广州实验室，以及再生医学与健康、先进制造科学与技术、材料科学与技术、南方海洋科学与工程、生命信息与生物医药、岭南现代农业科学与技术、先进能源科学与技术、人工智能与数字经济等领域广东省实验室。

5. 产业创新平台。加快建设粤港澳大湾区国家技术创新中心，继续推进国家印刷及柔性显示创新中心、国家先进高分子材料产业创新中心、国家高性能医疗器械创新中心等一批国家级创新中心建设，推动在新型显示、第三代半导体、生物医药、天然气水合物等重点领域组建一批国家和省级创新中心、工程研究中心等。

3. 加快推进基础设施互联互通

随着粤港澳大湾区建设的深入推进，一批重大交通基础设施建设全面提速。港珠澳大桥、南沙大桥建成通车，深中通道、黄茅海跨海通道建设加快，广深港高铁、穗莞深城际建成运营。大湾区时速最高的广州地铁18号线全线长轨贯通，"轨道上的大湾区"加快发展。广州白云国际机场三期扩建、深圳机场三跑道扩建工程正加快推进，佛山新机场场址已获中国民航局批复。根据规划，未来粤港澳大湾区将形成主要城市间1小时通达、主要城市至广东省内地级城市2小时通达、主要城市至相邻省会城市3小时通达的交通圈。

4. 粤港澳人才交流提速

在人才引进方面，广东持续释放政策红利，不断向港澳和境内外高端人才及紧缺人才抛出"橄榄枝"。2021年广东省印发《粤港澳大湾区（内地）急需紧缺人才目录（2020年）》，广州南沙新区创建国际化人才特区、中新广州知识城正在加快打造"国际人才自由港"，深圳前海国际人才港2022年初开港，为大湾区发展"筑巢引凤"。

在跨境执业方面，广东全力推动实施"人才通"工程。推动金融、税务、建筑、规划及文化旅游、医疗卫生、律师、会计等16个领域的港澳专业人才享受跨境执业便利。截至2021年底有402名港澳医师获得内地医师资格证，707名港澳律师参加大湾区律师执业考试。

在教育合作方面，广东正抢抓粤港澳大湾区发展机遇，通过与港澳高校开展合作办学，大力建设高水平大学体系。据不完全统计，近两年来，大湾区内地九市有20所新高校筹建或开始动工，其中有8所是与港澳高校合作办学。

在青年创新创业方面，广东多措并举吸引港澳青年来粤创业就业。陆续出台《推动港澳青年创新创业基地高质量发展的意见》《粤港澳大湾区（内地）事业单位公开招聘港澳居民管理办法》等政策文件，目前已建成以粤港澳大湾区（广东）创新创业孵化基地为龙头，12家重点基地为骨干，珠三角57家特色基地为基础的"1+12+N"港澳青年创新创业孵化基地体系。

5. 加强对大湾区建设的财政支持

在深入推进大湾区建设过程中，广东近年来进一步完善了财税政策配套，加强对大湾区建设各项重点任务的财政支持。

第一，完善税收优惠政策，促进粤港澳三地人力、货物、资金等商品和要素高效跨境流通。当前广东已全面落实大湾区个人所得税优惠政策，补贴申请实现全流程网上办理。对横琴粤澳深度合作区境内外高端人才和紧缺人才个人所得税负超过15%部分免征。与此同时，广东持续深化粤港澳三地财税制度衔接，指导合作区进一步落实落细企业所得税和个人所得税优惠政策，探索建立合作区收益共享机制。研究制定横琴粤澳深度合作区企业所得税优惠政策，争取合作区内实现除有明确规定不予免（保）税的货物及物品外，其他货物及物品免（保）税进入的"零关税"区，并争取中央支持在广州南沙、河套深港科技创新合作区实施优惠财税政策。

第二，加大对科技创新的财政支持力度，充分释放国际科学中心的战略效应。按照省委、省政府关于加快建设粤港澳大湾区国际科技创新中心的工作部署，广东财政积极担当作为，把科技创新摆在更加重要位置来谋划和支持。一是推动形成科技发展"创新轴"。在2021年已安排13亿元的基础上，2022年计划安排8亿元，对大湾区内地九市省实验室建设予以奖补。同时，安排1亿元支持20个粤港澳联合实验室立项，并计划安排7270万元支持粤港澳科研合作项目，持续完善科研资金跨境管理。省市财政共跨境拨付科研资金3亿元，支持港澳11家高校和科研机构建设发展。二是打造产业发展"新引擎"。安排设备奖励17亿元，推进重大战略产业创新。省级资金累计安排5亿元，支持珠海市建设广药集团澳门国际总部。2022年，计划安排2.97亿元支持广州市引进10.5代TFT-LCD显示器件生产线，多管齐下促进现代产业体系加快发展。与此同时，广东财政支持列入"十四五"时期粤港澳大湾区重大项目清单以及国家、省年度计划的重大项目申报地方政府专项债券。安排大湾区内地九市新增地方政府债券2373亿元，近三年年均增幅38.7%。

第三，加大对基础设施建设的财政支持力度。2021年广东省财政及时足额落实铁路、机场等重点项目省级出资189亿元。在以前年度已安排97.67亿元的基础上，2022年计划安排27亿元，深入推进大湾区水资源配置工程建设。

第四，为大湾区民生水平稳步提升提供必要的财政保障。广东通过打造"粤港澳一码通"跨境非税缴费平台，探索将跨境缴费的便利延伸到住房、教育、社会保障等领域，为港澳地区人士在大湾区的工作生活提供切实便利，推动粤港澳大湾区高度融合，共享民生发展成果。在已安排44.3亿元的基础上，2022年财政计划安排11亿元，支持广州六大医学中心建设，支持高起点高水平打造创新创业基地，服务港澳青年来粤创新创业，便利港澳居民就业生活，加快实现"湾区通"。

（二）稳步推进中国特色社会主义先行示范区建设

2020年10月12日至14日，习近平总书记亲临广东视察，出席深圳经济特区建立40周年庆祝大会并发表重要讲话，赋予广东在全面建设社会主义现代化国家新征程中走在全国前列、创造新的辉煌的使命任务，宣布支持深圳建设中国特色社会主义先行示范区、创建社会主义现代化强国的城市范例。广东围绕国家所需、问题所在、机制所束、深圳所能，用改革的办法解决发展中的问题，推动更好落实深圳先行示范区"三个阶段发展目标""五大战略定位"和"五个率先"重点任务。截至2021年10月，40个首批授权事项中，10个已落地见效，12个取得实质性进展，呈现蹄疾步稳、亮点纷呈的良好态势。

1. 完善高水平开放型经济体制

深圳从"三来一补"起步，坚持"引进来"和"走出去"并重，主动融入经济全球化，城市国际影响力不断提升。通过全面扩大开放，充分发挥枢纽功能强、产业配套全、营商环境优、市场潜力大等优势，深化对外经济联系，扩大对外开放合作，深圳不断增强畅通国内大循环和联通国内国际双循环的功能，成功打造粤港澳大湾区—中亚—东欧—西欧国际陆上物流新通道，截至2021上半年，累计开行中欧班列64列，运输量6112TEU，实现贸易额2.87亿美元。2021年深圳国际友好城市总数增至88个，国际友好港26个。顶住疫情冲击，深圳成功举办2019年、2020年中国海洋经济博览会。

此外，深圳积极融入"一核一带一区"区域发展格局。贯彻落实《全面深化前海深港现代服务业合作区改革开放方案》，在"一国两制"框架下先行先试，推进与港澳规则衔接、机制对接，丰富协同协调发展模式,打造粤港澳大湾区全面深化改革创新试验平台,建设高水平对外开放门户枢纽,在服务国家战略中率先探索制度型开放新路径。第一,深入推进对港合作工作,建立深港合作专班运作机制,明确19大类、35项专班任务,大力推进规则"软联通"和设施"硬连接",推出"深港通注册易""深澳通注册易"服务,港澳企业设立商事登记实现"一网通办"。实现港澳涉税专业人士和香港工程建设专业机构及人士跨境执业备案管理。第二,携手广州实现"双城联动、比翼双飞",成功举办广深联动双城论坛,签署7个专项合作协议,第一批27个重点项目取得新进展。第三,高水平规划建设深圳都市圈。初步编制完成深圳都市圈发展规划;签署深圳—汕头深度协作框架协议,确定20项合作重点工作;深茂铁路(深圳至江门段)、深大城际、深中通道等项目加快推进,深汕高铁正式开工建设。

2. 完善民生服务供给体制

党中央要求深圳打造"民生幸福标杆",实现幼有善育、学有优教、劳有厚得、病有良医、老有颐养、住有宜居、弱有众扶。近年来,深圳持续将财政支出近七成投向民生领域,推动民生事业实现跨越式发展。教育方面,两年新增基础教育学位17.4万个,创历史新高;实施"名校+在办校""龙头校+新办校"的集团化办学和联盟式发展模式,截至2021年上半年,已建成28个中小学教育集团,职业教育全国领先,高校增至15家。医疗卫生方面,出台实施国内首部地方性健康法规《深圳经济特区健康条例》,获批建设国家感染性疾病临床医学研究中心的三甲医院达23家,入选国家中医药综合改革试验区,已规划建设23家区域医疗中心、21家基层医疗集团。住房方面,完善了房地产市场平稳健康发展长效机制,出台《关于深化住房制度改革加快建立多主体供给多渠道保障租购并举的住房供应与保障体系的意见》等政策文件,近两年累计建设筹集公共住房21.7万套。出台《关于进一步促进我市房地产市场平稳健康发展的通知》及系列补充规定,有效遏制投机炒房行为;率先建立二手房成交参考价发布机制。

深圳市"十四五"期间完善住房供应和保障措施

深化住房制度改革。加快完善住房制度政策法规体系，构建多主体供给、多渠道保障、租购并举的住房供应和保障体系。健全公共住房分配管理、封闭流转和各类住房定价机制，完善公共住房供后监管制度。提高居住用地比例，公共住房用地实行计划单列。

促进房地产市场平稳健康发展。坚持"房子是用来住的，不是用来炒的"定位，加强商品住房建设和交易管理，建立二手房合理价格引导机制。建立商品住房用地储备库，加大商品住房供应。规范发展长租房市场，逐步使租购住房在享受公共服务上具有同等权利。推动土地供应向租赁住房建设倾斜，单列租赁住房用地计划，探索利用集体建设用地和企事业单位自有闲置土地建设租赁住房。整顿租赁市场秩序，规范市场行为，对租金水平进行合理调控。

持续提升住房保障水平。突出住房的民生属性，持续开展大规模公共住房建设行动，严格落实公共住房配建政策。创新公共住房建设运营模式，充分调动社会力量参与公共住房建设。建立公共住房用地储备库，优先保障公共住房用地供应。建设跨市域的大型安居社区，创新城际住房合作机制。到2025年，建设筹集公共住房40万套。

全面提升居住品质。建立健全经济适用、品质优良、绿色环保的住房标准体系，提升物业现代化管理水平。探索开展出租屋分级分类管理，鼓励城中村规模化租赁，持续改善城中村居住环境和配套服务，将城中村逐步建成管理有序、治安良好、环境优美、开放共享的新型社区，持续发挥城中村作为低成本居住空间和职住平衡稳压器作用。完善居住区周边配套设施，建设综合性社区邻里中心，提升社区共享互动和文化交流活力。深化业主委员会和物业管理机制改革，探索实施楼长制，推进智慧物业建设。

此外，深圳积极推进对口帮扶工作，践行"先富带后富"的时代使命。助力9省54县（区、市）204万贫困人口全部脱贫，建成广西百色深圳小镇、喀什大学新校区等一大批项目，并举办首届消费扶贫交易博览会、第二届对口帮扶交易博览会，带动大量贫困人口增收，为实现全国共同富裕目标做出应有的贡献。

3. 完善生态环境治理体制

深圳一体化推进污染防治攻坚战和生态文明建设持久战，认真践行绿水青山就是金山银山的理念，以碳达峰、碳中和目标引领绿色发展，深入抓好中央环保督察整改，加快推进减污降碳协同增效，持续提升大气、水、土壤等环境质量，加快打造可持续发展先锋；牢固树立全周期管理意识，统筹城市规划、建设、管理等各个方面，把每一寸空间用好管好，加快推进城市治理体系和治理能力现代化。经过数年努力，全市域消除黑臭水体，空气质量达到国际先进水平，成为全国首个获评"国家生态文明建设示范市"的副省级城市、国家首批可持续发展议程创新示范区。

深圳生态文明建设成效

2021年上半年，深圳市空气质量指数达标率为97.8%，空气质量在全国168个重点城市中排名第六，地表水12个国考断面全面达标，159个水体及1467个小微黑臭水体动态消黑；固体废物，特别是医疗废物100%安全处置；出台全国首部绿色金融法规；挂牌成立国内首个深港合作天然气交易中心，单位GDP能耗降至全国平均水平的1/3。

4. 完善科技创新环境制度

深圳始终坚持发展是第一要务、人才是第一资源、创新是第一动力，以综合性国家科学中心建设、全过程创新生态链、发展战略性新兴产业、优化人才政策体系、推进大湾区重点合作事项等重点工作为抓手，全方位推进创新体系建设。深港科技创新合作区建设成效凸显，出台了《关于支持深港科技创新合作区深圳园区建设国际开放创新中心的若干意见》《深港科技创新合作区深圳园区科研及创新创业若干支持措施》等政策文件，在建设创新平台、营造创新生态、延伸创新链条、吸引创新人才等方面成效显著。

第一，加快综合性国家科学中心建设。出台《深圳光明科学城总体发展规划（2020—2035）》《关于支持光明科学城打造世界一流科学城的若干意见》，启动30个专题规划研究；推动重大科技基础设施建设全面加速，综合粒子设施研究院成立，深圳湾实验室正式入驻；脑解析与脑模拟设施、合成生物研究设施土建工程主体封顶；精准医学影像设施、材料基因组关键技术和设施研发加快实施；出台重大科研平台自主攻关扶持政策，加快引进重大科技创新资源。

第二，建立完善全过程创新生态链。形成"基础研究＋技术攻关＋成果产业化＋科技金融＋人才支撑"的全过程创新生态链，累计建设国家重点实验室6家、广东省实验室4家、基础研究机构12家、诺奖实验室11家，省级新型研发机构42家，各类创新载体2700多家。率先形成基础研究长期持续稳定投入机制，通过特区立法明确政府投入基础研究和应用基础研究的资金不低于市级科技研发资金的30%，设立市级自然科学基金，资助开展基础研究、应用基础研究，培养科技人才，全市国家级高新技术企业超过1.86万家，形成创新主体多元化的良好格局。

第三，大力发展战略性新兴产业。实施重点产业"链长制"，推动产业链上下游、产供销、大中小企业整体配套、协同发展，创建"矩阵式"产业扶持体系，推动建立"头雁引领群雁飞"产业生态，实现产业集群化发展；制定"七大战略性新兴产业（20个产业集群）、七大未来产业"中长期发展工作方案和"五个一"清单，七大战略性新兴产业2021年上半年实现增加值5655.3亿元，占深圳市GDP比重39.5%；增长13.1%，比深圳市GDP增速高3.4个百分点。

第四，系统重构优化人才政策体系。开展人才计划和人才政策优化整合，形成"鹏城孔雀计划"与"鹏城英才计划"的"一引一育"政策，推动人才R字签证、出入境和停居留便利等措施落地实施；构

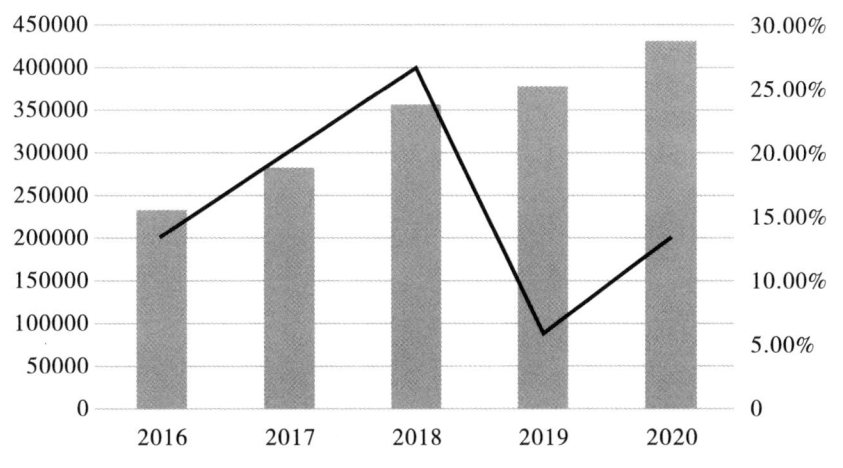

图 1-1 深圳市 R&D 人员数和增长率

注：数据来源于 2021 年《深圳统计年鉴》。

建以"能力+业绩"为核心、分领域分赛道的人才评价体系。截至目前，全市全职院士 61 人，各类国家重大人才工程引进专家 667 人，高层次人才突破 1.9 万人，留学归国人员近 17 万名。

5. 完善城市空间治理体制

深圳将法治化环境建设和城市基础设施建设有机结合，不断完善城市治理体系，治理能力显著增强。经过多年建设，深圳地铁运营总里程超过 400 公里、在建总里程 231 公里，"十横十三纵"高快速路网加快形成；深圳湾超级总部基地、香蜜湖新金融中心等重点区域规划建设提速提效，国际会展中心等标志性建筑落成；装配式建筑占新建建筑的比例提高到 38%，绿色建筑面积居全国城市前列；"厕所革命"深入推进，生活垃圾分类回收利用率居全国前列，城中村面貌和治理水平显著提升。法治城市建设水平显著提升，出台深圳经济特区科技创新条例、个人破产条例、绿色金融条例、数据条例等一批全国首创性、引领性法规，推进人工智能、数字经济、细胞和基因、智能网联汽车等新产业新业态新商业模式立法，全面推行行政执法三项制度，推进行政执法与刑事司法有效衔接，率先建立行政复议标准体系，建成全国首个民法公园，尊法学法守法用法氛围更加浓厚，并入选全国第一批法治政府建设示范市。

深圳数字政府建设成效显著

数字政府和智慧城市建设也取得显著成效：政务服务事项最多跑一次率达99.9%，网上政务服务能力连续三年排名全国第一；建成市政府管理服务指挥中心和统一的政务信息资源共享平台，市政府管理服务指挥中心汇集各部门100类业务数据、38万多路视频数据和全量三维可视化地图；"i深圳"APP接入8300余项服务，累计下载数超2000万，为市民提供超18亿次指尖服务；出台促进5G创新应用发展的16条措施，率先实现全市5G独立组网全覆盖。

（三）加快推进两个合作区建设

2021年9月5日和6日，中共中央、国务院发布《横琴粤澳深度合作区建设总体方案》（以下简称《横琴方案》）、《全面深化前海深港现代服务业合作区改革开放方案》（以下简称《前海方案》），就支持横琴粤澳深度合作区发展、推动前海合作区全面深化改革开放作出重要部署。这对于全面推进粤港澳大湾区建设、提升粤港澳合作水平具有重要意义，有利于为港澳长远发展注入新动力、提供新空间、创造新机遇，有利于港澳保持长期繁荣稳定和更好融入国家发展大局。

1. 以两个合作区加快推动港澳融入国家发展大局

推动香港、澳门融入国家发展大局，是"一国两制"的题中应有之义，是实现中华民族伟大复兴的必然要求。香港、澳门回归祖国20多年的实践充分证明，"一国两制"不仅是解决历史遗留的香港、澳门问题的最佳方案，也是保持港澳长期繁荣稳定的最佳制度安排。此次

《横琴方案》明确提出为澳门产业适度多元发展创造条件，体现了中央支持澳门发展、丰富"一国两制"实践的良苦用心，必将为澳门长远发展注入重要动力。《前海方案》则把"依托香港、服务内地、面向世界"的要求贯穿始终，是促进香港融入国家发展大局、丰富"一国两制"实践的重要创举，必将增强香港同胞对祖国的凝聚力、向心力。当前，港澳发展面临着新情况新形势，加快谋划和推进两个合作区建设，有利于港澳从国家发展大局中获得更广阔发展空间和源源不断的发展动力，使港澳同胞更好分享改革发展成果，充分彰显"一国两制"的强大生命力和优越性。

2. 以两个合作区建立新发展格局关键支点

当今世界面临百年未有之大变局，我国发展的内部条件和外部环境正在发生深刻复杂变化，两个合作区建设是深化改革开放、推进区域合作的重大举措和必然选择。回顾改革开放40多年，香港、澳门同内地优势互补，共同实现了珠三角地区经济的快速发展。当前，更需要着眼国内外大势，统筹"两个大局"，充分发挥横琴、前海在进一步深化改革、扩大开放、促进合作中的试验示范作用，更好助推粤港澳大湾区建设，打造高质量发展动力源，赢得国际合作和竞争新优势。构建新发展格局是应对新发展阶段机遇和挑战、贯彻新发展理念的战略选择，是把握未来发展主动权的战略性布局和先手棋。横琴、前海处在畅通国内大循环和联通国内国际双循环的关键交汇点上，对外可以接触到香港、澳门广泛的国际联系、发达的专业服务，对内可以依托于内地完整的工业体系和完善的配套能力、广阔的消费市场和较强的科技实力，是粤港澳共同服务和融入新发展格局的重要平台载体。当前，广东已经具备粤港澳大湾区、深圳先行示范区、深圳综合改革试点等多重政策优势，在此基础上充分抓好两个合作区建设，有利于更好发挥粤港澳三地各自比较优势，形成互补，释放出强大的整体效应。要坚持内外双向发力，牢牢掌握要素配置关键环节、供需对接关键链条、内外循环关键通道，把横琴、前海打造成世界级的内外循环链接平台，加快打造新发展格局战略支点，为走好中国式现代化道路提供更多有力支撑。

横琴粤澳深度合作区建设成效

截至 2021 年底，横琴粤澳深度合作区（简称"合作区"）注册科技型企业约 1 万家，其中澳资企业 4744 家，国家高新技术企业 328 家，建成科技企业孵化器、新型研发机构等各类国家级和省级科技创新平台 18 家。粤澳合作中医药科技产业园注册企业达到 216 家，培育澳门企业 52 家。此外，粤澳合作产业园 25 个项目全部开工建设。

随着合作区全力推进重大政策、重大平台、重点项目落地落实，合作区逐步成为国际瞩目的投资热土、创业沃土、生活乐土。横琴粤澳深度合作区统计局数据显示，2021 年 1—11 月，合作区一般公共预算收入 98.68 亿元，同比增长 11.1%。合作区挂牌成立以来累计实现财政收入 15.76 亿元。前三季度合作区地区生产总值完成 332.69 亿元，同比增长 9.1%。

作为首批由澳门特区政府推荐进驻横琴粤澳合作产业园的项目之一的横琴大昌行物流中心，由大昌行澳门供应链管理有限公司投资建设，涵盖常温、恒温、冷冻仓储及无缝冷冻链物流运输、食品加工、配送等服务。

"虽然新冠肺炎疫情困扰着跨境物流的发展，但我体验到海关部门在跨境通关问题上做出很多新的尝试。"横琴大昌行供应链管理有限公司副董事长萧志伟在接受采访时举例，比如一批肉类进了中国澳门，只要正式得到当地的检疫部门批准，那些肉类进来横琴冷冻仓库是不需要重复提交文件再做检疫的。

自横琴粤澳深度合作区管理机构揭牌以来，合作区新设立澳资企业 183 家，实有澳资企业 4744 家，同比增长 32.55%，覆盖国民经济 17 大行业门类，从数据可见，澳资企业参与合作区建设热情高涨。

二 深化营商环境综合改革

打造国际一流的营商环境，是中国实现高水平对外开放的重要基础和关键环节。作为改革开放的前沿，广东近年来持续推进营商环境改革，积极转变政府职能、推进"放管服"改革，瞄准最高标准、最高水平先行先试，在打造市场化法治化国际化营商环境上形成可复制推广的"广东经验"。通过深化营商环境综合改革，广东持续改善投资和市场环境，加快对外开放步伐，降低市场运行成本，营造稳定、公平、透明、可预期的营商环境，充分了激发市场活力，为新征程中落实"四个走在全国前列"提供了全方位和多层次的支撑。

（一）持续放宽市场准入

2018年4月习近平总书记明确提出，中国将"大幅度放宽市场准入"[①]，放宽市场准入目前已是我国全面深化改革的举措之一，也是我国既定的开放举措。持续放宽市场准入能够拓展投资空间，吸引民营企业等各类市场主体积极进入市场，提升产业竞争力、推动企业创新发展、优化营商环境，此外作为我国扩大开放方面的重大举措之一，放宽市场准入有助于进一步吸引外资，有利于我国发展目标和国际市场接轨。

---

① 习近平：《开放共创繁荣 创新引领未来——在博鳌亚洲论坛2018年年会开幕式上的主旨演讲》，《人民日报》，2018年4月11日。

近年来，广东省积极响应国家号召，持续加大"放宽市场准入"力度，激发市场主体活力，出台了一系列配套法规政策。在实施市场准入负面清单制度、扩大外资市场准入领域、深化商事制度改革、持续深化简政放权、简化审批流程以及营造公平的营商环境等方面持续发力，坚持把放宽和畅通市场准入作为激发市场活力的首要环节。

1. 全面实施市场准入负面清单制度，采用统一负面清单

作为首批国务院开展市场准入负面清单制度改革试点的4个省市之一，广东省始终贯彻落实国务院的重大决策部署，先试先行、响应号召，积极协同探索市场准入负面清单的制定、实施和完善，为该制度在全国的推广积累经验。2018年广东开始在全省全面实行市场准入负面清单制度，以国家发展改革委、商务部发布的《市场准入负面清单》为基点，对于负面清单以外的行业、领域以及业务等，各类市场主体皆可依法平等进入，充分维护了各类市场主体的平等地位。此外规定各级政府不得擅自更改清单和另设进入门槛，有效阻绝"负面清单满天飞"情况的出现，充分维护市场准入负面清单制度的统一性和权威性，有助于推动"全国一张清单"管理模式的尽早实现。其次，广东省坚持高位推动，广东省政府积极征求有关部门和各地方的意见，鼓励各单位按照国家发改委的要求配合研究并提出有效建议，为此相关部门多次召开全国实施市场准入负面清单制度现场会，深入学习贯彻党中央、国务院的部署要求，对于负面清单制度模式如何更快更好落地实施展开研究和讨论；省相关部门勇于探索，对于负面清单相关内容进行深入研究，在文件发布数量及内容涉及范围等方面均居于全国领先地位，在研究与实践中不断完善市场准入负面清单制度，为全国实行统一的市场准入负面清单探索路径、积累经验。最后，广东省坚持走在全国前列，积极响应国家关于负面清单的最新政策，不断更新负面清单内容，逐年放宽准入领域，最新发布的《关于深圳建设中国特色社会主义先行示范区放宽市场准入若干特别措施的意见》中明确指出，深圳将进一步放宽科技创新、金融投资、医疗卫生、交通运

输、教育文化等领域的市场准入,其中多个领域为全国首次开放。

广东省也将继续贯彻落实国家市场准入负面清单管理模式,巩固和维护"全国一张清单"管理模式,并致力于不断提升清单使用透明度和清单修订参与度,进一步激发市场主体活力,积极引导全社会市场主体的健康发展。

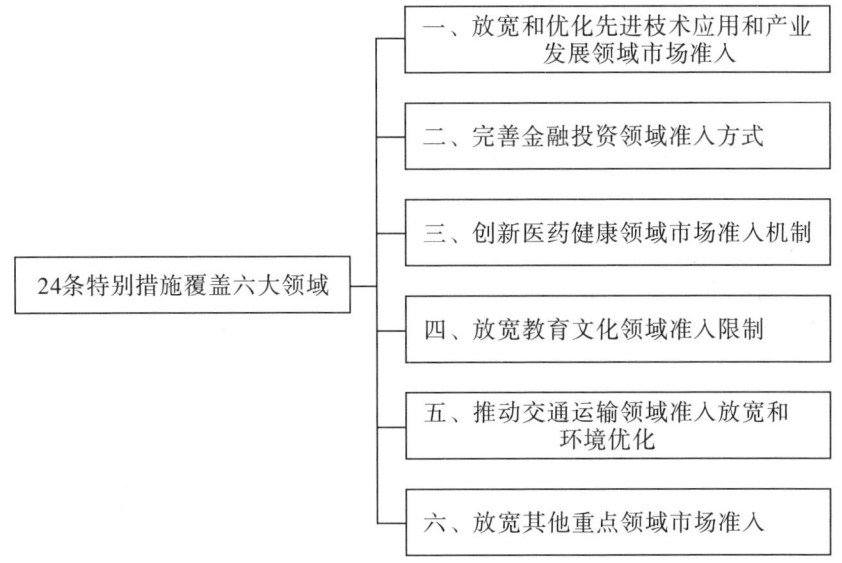

图 2-1　深圳放宽市场准入若干特别措施的相关意见

2. 进一步扩大外资市场准入领域,积极利用外资

以国务院关于扩大对外开放的相关通知为指导,并结合本省情况迅速起草出相应的配套政策措施,以进一步扩大对外开放、积极利用外资。2017年,广东省人民政府印发《广东省进一步扩大对外开放积极利用外资若干政策措施》,在已有领域持续加大对外开放的同时,较早将制造业、服务业、金融业逐步纳入对外准入领域,其中,制造业领域允许提高外资在专用车、新能源汽车制造方面的占股比例;服务业领域取消多个领域和行业的外资持股比例限制,扩大外商独资演出经纪机构的业务范围等;金融业领域放宽外商外资持股比例限制和在

银行、证券多个领域业务的范围限制。2020年，为进一步吸引外资投入、加快广东省及我国经济高质量发展，省政府在原有基础上印发《广东省进一步做好稳外资工作若干措施》，从落实扩大外资市场准入政策和加快金融服务业开放进程两方面入手继续扩大开放，对外商全面实施投资准入前国民待遇加负面清单管理制度，支持外资企业开展资本项目收入支付便利化业务，进一步推动对外开放，同时出台相应的配套措施以保护外商投资的合法权益，营造支持外资企业稳定发展的良好环境。高水平利用外资的举措，有力地推动了广东经济的发展，2021年全年广东省实际利用外资284亿多美元，规模占全国的比重高达15.7%，珠三角有5个城市实际利用外资实现了2位数的增长，其中惠州同比增幅更是高达33.6%，整体而言广东省在利用外资规模和增速方面均居全国前列。

广东省人民政府明确指出，新的发展阶段广东将继续深入落实国家在金融、电信、医疗、教育等多个领域的开放举措，并争取进一步放宽信息传输、软件和信息技术服务业的外资市场准入限制。积极争取在广州、深圳开展服务业扩大开放综合试点。

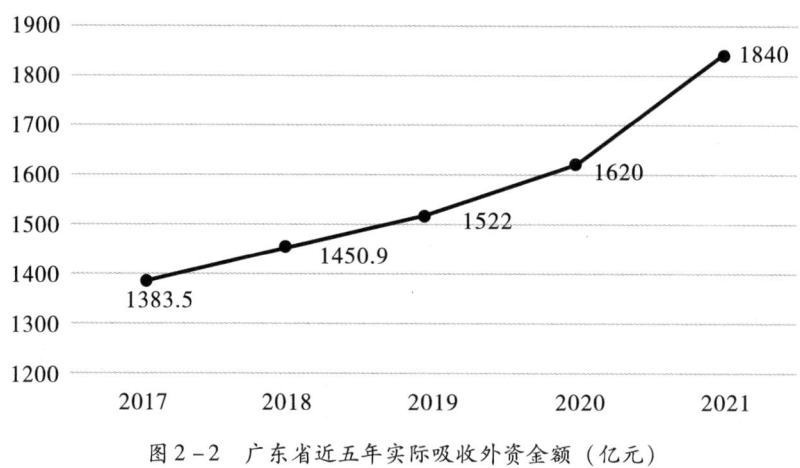

图2-2 广东省近五年实际吸收外资金额（亿元）

粤港澳一体化：研究进一步取消或放宽对港澳投资者的限制

广东省推动在 CEPA 框架下，进一步取消或放宽对港澳投资者的资质要求、持股比例、经营范围等准入限制。截至 2020 年 9 月，累计落户港澳资金融类企业达 1654 家，占比 25%。其中，CEPA 框架下首家粤港合资的广证恒生证券研究所有限公司在南沙注册设立；香港创兴银行、东亚银行、南洋商业银行均在南沙设立支行；摩根大通期货 2020 年 7 月成为全国首家外资控股期货公司；落户 10 家外商股权投资管理企业（QFLP）。积极探索对外金融合作。与 PNP 联合打造服务大湾区金融科技创新中心。创新 WOFE 招商模式，花生日记已在南沙设立 WOFE 架构，打造引进外资新渠道。

3. 深化商事制度改革，激发市场主体活力

作为商事制度改革的策源地和先行地，早在 2012 年广东已在全国率先推进商事制度改革。2018 年 7 月，广东省政府印发《广东省深化商事制度改革行动方案》（以下简称《方案》），开启了广东省深化商事制度改革的第一个三年行动计划，推动新一轮商事制度改革，主要从创新商事登记模式、简化开办企业程序等十个方面着手，致力于营造覆盖企业准入、准营、退出全生命周期的商事制度改革新模式。《方案》提出，对于企业开办流程进行优化和改革，推行企业名称自主申报，推动办照环节减压，推开全程电子化商事登记，实现企业办照零跑动，并在全国率先采用申请材料无纸化，逐步实现将广东省开办企业时间整体压缩至 5 个工作日内。

截至 2019 年 12 月，广东省开办企业流程已从 14 个程序压缩至 3 个程序，平均耗时 2.87 天，至 2020 年底，全省企业开办平均时间压缩至 1 个工作日，已达到国际先进水平，充分提升了各类经济主体进入市场的积极性，值得其他地区推广学习。数据显示，2021 年，全省新增市场主体 278.49 万户，其中广州市新登记市场主体 64.34 万户，居

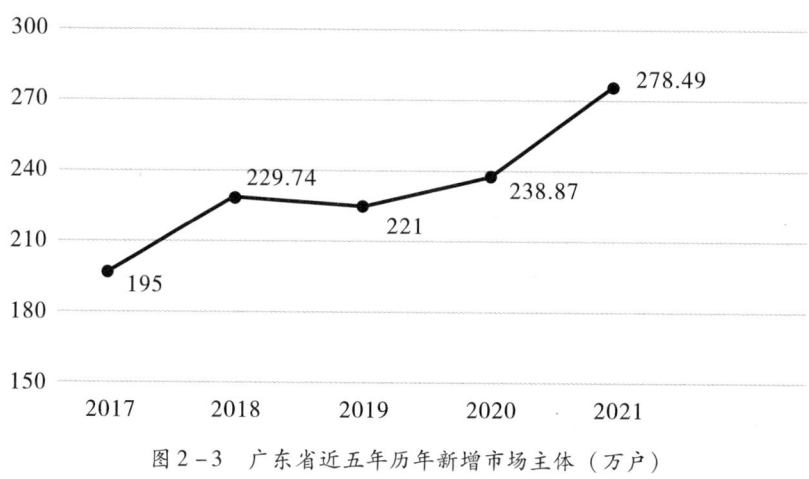

图 2-3　广东省近五年历年新增市场主体（万户）

省内首位，截至 12 月末，全省实有各类市场主体 1526.44 万户，居全国第一。此外，为进一步完善商事制度、激发市场主体活力，2021 年 5 月，广东省市场监管局起草了《广东省全面深化商事制度改革三年行动计划（征求意见稿）》，致力于全面攻坚商事制度改革，并充分征求社会各界的意见，以了解民众所想、解决民众所需为驱动，在公开征求意见之后进行进一步修改。

2021 年 12 月省政府正式印发《广东省全面深化商事制度改革三年行动计划》，服务打造新发展格局战略支点。在深化市场主体登记制度改革、深化登记注册便利化规范化改革等 5 个方面制定了 23 条措施，提出到 2023 年底，广东省将建立更加健全的市场主体登记制度，市场准入更加便利，涉企经营许可精简，市场退出制度完善，市场主体活力充分释放。

4. 持续深化简政放权，增强市场发展活力

在政策保障方面，广东省历年都有相关的政策措施发布，为激发市场活力提供制度支持，其简政放权程度大、范围广、类别全、进展突出，被誉为"广东为全国探路"。2021 年在原有文件基础上出台更为具体的简政放权工作安排，在权限调整、提高效率、深化改革等多

个层面提出了具体要求，从持续推动"放权强市""放权强区"、加强省级权责清单管理等十四个方面入手深化简政放权，将一批省级管理权限调整至县（市、区）实施，并最大程度减少各级政府对市场活动的限制与干预，充分提升市场资源配置效率，增强各类市场发展活力。此外，广东还积极学习借鉴上海等地先进做法，总结佛山试点经验，开展"一照通行"涉企审批服务改革试点，以优化政务服务、完善办事流程为着力点，充分降低企业开办成本、提高开办效率，探索实行更便利、更科学的生产许可准入措施，鼓励社会投资者积极投身市场。

目前广东省在深入推进简政放权方面成果显著，各项重点工作稳步有序推进，下一步广东省仍将持续深化"放管服"改革，纵深推进政府职能转变，完成改革中的重点工作并对其进行完善，力争简政放权改革建设工作走在全国前列。

广东商事制度改革成效显著　　多证合一群众办事少跑腿

随着粤澳商事登记银政通服务在省内五个地市试点开通，落户东莞道滘镇的东莞某外资公司副总经理陈浩洁喝到了"头啖汤"。陈浩洁表示，新拿到的电子营业执照如银行卡大小，而且她全程身处澳门，在网上向东莞市工商局申请办理的工商营业执照，仅用了3天便成功办理并在澳门领取到营业执照。以往，澳门企业和个人前往广东省内注册成立公司，需多次往返内地办理注册手续，耗时、耗力，加上澳门与内地商事制度的差异，在一定程度上影响了澳企到内地投资、创业的意愿。此次改革大大简化澳门企业和居民前往广东开办企业的注册流程，澳门投资者通过银政通服务渠道向东莞等试点地市工商局申请办理营业执照，办理周期从原来的3个月缩短为3天，至少减少4至5次粤澳往返，既节省了宝贵时间，又节约了大量交通成本。

5. 促进公平竞争，营造公平准入环境

坚持以维护市场公平竞争为出发点，以营造国际化营商环境为目

标，出台了《广东省公平竞争审查抽查工作办法（暂行）》《广东省公平竞争审查会审工作办法（暂行）》《广东省公平竞争审查举报处理工作办法（暂行）》等配套政策，致力于构建统一开放、竞争有序的现代市场体系。发布《广东省市场监督管理局等五部门关于印发广东省开展妨碍统一市场和公平竞争的政策措施清理工作方案的通知》，明确指出将本省内县级以上各级人民政府及其所属部门制定的规章、规范性文件和其他政策措施，以及地方性法规等进行全面清理，对于妨碍各类市场主体依法平等进入和退出市场等影响市场公平竞争的各种行为、规定和做法，采取"一事一议"的具体形式进行管制和清理，破除歧视性、隐蔽性的壁垒，依法保障各类市场主体平等参与市场活动的权利，推动实现各种所有制经济主体权利平等、机会平等、规则平等。

2022年1月发布的《广州市建设国家营商环境创新试点城市实施方案》显示，维护公平竞争秩序是广东省重点工作之一，下一步广东省将从建立健全公平开放透明的市场竞争规则、打造公共资源交易"一张网"和加强反垄断与反不正当竞争执法三方面入手，以维护公平竞争秩序、营造公平准入环境。

6. 推动简化审批流程，稳步实现"准入即准营"

积极推进行政审批改革，率先将"照后减证"和简化审批作为重点攻坚工作，减少审批事项，将企业少办证、免办证作为行动方向，将"能减则减"作为工作原则，目前广东省审批效率已达全国领先水平。按照放宽市场准入特别措施的规定，对于具有强制性标准的领域，原则上取消许可审批，并逐步取消各个地方单独设定的涉企经营许可事项。承诺企业一经备案相关信息，即可开展投资经营活动，并扩大承诺经营范围，目前仅有广东、上海等小部分地区切实实行承诺即入、进入即准营。广东省积极与港澳衔接，推动大湾区市场准入负面清单一体化，出台《关于服务粤港澳大湾区建设的行动方案》，其中指出，要稳步推进广东与香港、澳门地区在准入准营和退出领域相关规则的有效衔接，保障港澳投资者享受同等便利化政策，持续激发粤港澳大湾区市场和市场主体活力。

广州首创企业营商"e 证通"实现全程办理"零跑动"

涉企证照全程无接触一网联办，全国通用的电子照章票证一网联发，"e 证通"智能无接触亮证准营……广州市持续使出"绣花"功夫，深化、细化、系统化推进开办企业 4.0 改革，"优"无止境持续增强企业获得感和满意度，通过信息化手段全面升级政民互动渠道，"绣"出广州营商环境新景象。

2021 年 6 月 16 日，记者从广州市市场监管局获悉，广州市精准化、定制化、系统化推进涉企许可证照全程网上联办，已全面创新推行企业"e 证通"。广州市正以提升企业群众办事便利度和获得感为导向，持续推动准入准营同步提速增效，更大力度释放市场主体活力。

（二）加大监管执法力度

提升监管水平、加强执法力度已日益成为维护市场经济发展新常态的重要任务之一，合理有效的监管执法是加快建设高标准市场体系，营造法治化、国际化营商环境的关键所在，因此政府需进一步加大监管执法力度，切实有效的发挥对市场主体的监管引导作用和对宏观经济的调控及干预职能，以充分维护市场秩序、促进各类市场主体蓬勃成长、推动我国经济高质量发展。近年来，广东省始终坚持从实际出发，多措并举、多方位入手，以健全监管执法体系、创新监管方式、完善相关法律法规等多个方面为着力点，在加大监管执法力度方面取得较好成效，并形成了一系列可推广的"广东经验"。

1. 健全市场监管体系，夯实监管基础

出台《广东省市场监管现代化"十四五"规划》，明确提出将健全市场监管法治体系作为主要目标，推动建立健全与现阶段我国社会主义市场经济体制相适应的监管体系。其次，广东以相关法律、行政法规为立足点，结合省内市场实际情况，制定实施了《广东省市场监管条例》，并历年修订，以此加强市场监管法治体系建设，保障市场监管有法可依、监管人员依法管理。坚持深化市场监管综合行政执法改革，结合权责清单，全面梳理各级政府和相关部门的监管职责范围和针对性监管事项，明确监管主体、监管对象、监管措施、设定依据、处理方式等内容，落实"谁审批、谁监管，谁主管、谁监管"原则，防止出现监管盲区和真空。此外将建设高素质市场监管人才队伍、加强市场监管文化宣传和交流合作同样作为工作重点，从法治、基层、队伍、文化等多个方面入手，致力建设国内领先的市场监管支撑体系。

在"十四五"时期，广东省市场监管工作将始终遵循"坚持党的领导、人民至上""坚持改革创新、放管并重""坚持依法监管、公平公正"等原则，将线上监管和线下相结合，统筹协同政府和社会、监管和监督等各方力量，运用好市场、行政、法律等各种手段，全面提升市场监管综合效能，建立健全与高水平社会主义市场经济体制相适应的监管制度体系，努力探索更多市场监管共建共治共享"广东经验"。

表 2-1 2021 年《广东省市场监管条例》修订的十大亮点

序号	特点	主要内容
一	立法目的更加明确	将"建设高标准市场体系"作为立法目的之一
二	监管职责更加明晰	进一步明确各级政府在市场监管中的职责
三	基层建设更加有力	对多项工作进行规范，确保监管"下得去""接得住""管得好"
四	智慧监管更加突出	强化信息化支撑，充分运用现代信息技术加强监管

续表

序号	特点	主要内容
五	信用监管更具指向	多措并举以确保有效发挥信用激励和失信联合惩戒作用
六	安全监管更加强化	重点领域建立健全溯源体系
七	公平监管更加有效	清理和废除妨碍市场统一和公平竞争的规定和做法
八	网络监管更加规范	明确网络交易平台要落实身份信息核验等各项制度等
九	审慎监管更有温度	以柔性监管和包容审慎监管进一步优化"四新"产业营商环境，支持其健康发展
十	社会监督更加优化	明确各级政府应畅通社会监督渠道，完善社会参与监管机制

2. 结合多种监管方式，守护市场秩序

一是强化一般监管，广东省各级人民政府及相关监管部门以做好市场监管工作为出发点，积极完善监管程序、履行监管责任、落实监管任务，在监管过程中运用人工智能、互联网等技术手段，使用在线监管系统，推行以远程监管、移动监管等诸多非现场监管手段与现场监管相结合，充分提高监管效率。二是创新建立协同监管机制，增进同一监管部门的上级与下级积极沟通、协调联动，不同的监管部门需要时可开展联合执法监管，促进各部门更加高效履行监管职责。三是持续强化智慧监管，有关部门积极与高新技术企业交流、研讨智慧监管领域新技术和研发的新应用、新产品，依托信息归集，借助大数据、人工智能等技术和相关科技新产品，推动监管更加科学化、精准化与高效化，有效解决了广东省市场主体基数大、增长快而监管资源相对有限的问题，较大程度上实现了监管资源合理配置和高效利用，目前广东在以智慧监管引领金融高质量发展等方面已为全国贡献了较多先行先试经验。四是逐步完善信用监管体制，广东省率先全面推进信用监管工作，出台《加快推进重点领域信用建设　构建以信用为基础的

新型监管机制实施方案》，在生态环境、税务、金融等重点领域大力推进信用建设，依照法律法规规定收集整理归纳信用信息，将信息纳入企业信用信息公示系统以公开公示，多方位入手夯实信用监管信息基础，并将完善相应配套流程作为重点任务。

广东省将在原有基础上继续创新和完善监管方式，推进智慧市场监管，构建多元化的监管格局。提升市场综合监管效能，推动市场监管加快向体系化、智慧化、综合化方向发展。预计到2025年，一般事项"双随机、一公开"监督抽查比例超5%。

佛山在全省首创智慧执法协同监管新模式

行政执法"两平台"与智运平台对接，由智运平台统一收集网格员线索信息、12345工单信息等，把属于执法事项的线索转入行政执法"两平台"流转，通过形成业务即时办理、流程可见、结果反馈快捷的业务闭环，优化自身执法团队资源配置，快速响应，精准执法，达到专业事由专业部门处理的目标。群众可广泛地参与到行政执法监督中，进一步畅通第三方监督渠道，增强群众的获得感、参与感。智运平台拥有雄厚的群众基础，以"执法天眼"俯瞰城市网格，收集、整合违法违规线索，精准派单，成为可靠的信息渠道，解决行政执法"两平台"难以将问题消灭在苗头阶段的痛点，掌握行政执法主动权。

通过两大平台的协同作战，拓展案源横向覆盖面，纵深挖掘专业执法。佛山运用互联网大数据技术，构筑智慧执法协同新模式，把被动执法模式转变为主动执法模式，为营造良好的法治化营商环境激发新活力。

3. 加强重点领域监管，形成强大合力

把保障食品安全作为一项重大政治任务抓紧抓好，在食品安全方面持续强化食品安全监管，确保食品安全状况总体稳定，有效保障人民舌尖上的安全，出台多个食品经营单位监督检查计划和重点工作安

排，通过督促指导、专项监督抽检等多种方式相结合随机开展监督检查，切实督促食品经营单位落实责任。据食品安全监督抽检结果的通告，2021年广东省各级市场监管部门共完成食品安全监督抽检660888批次，不合格17911批次，总体不合格发现率为2.71%，处于国内较低水平。此外广东省积极推动完善食品原产地可追溯制度，探索搭建大湾区食品标准体系和检验检测平台，推进食品药品监管合作，在药品医疗器械领域建设研发、生产、流通和使用的完整流程联通机制，建立科学的食品药品安全标准体系，强化食品药品生产、经营全过程监管，促进大湾区食品医药产业健康发展。在产品质量方面相应出台《广东省市场监督管理局产品质量信用分类监管规范》，对于省内生产、销售、用于经营性服务的工业产品及其经营者的质量采用信用分类监管，建立质量信用记分机制，对于其失信事项记扣除分，扣分后如符合本规范相关规定的，可酌情修复记修复分，满足奖励规定时则加分记为奖励分，根据记分情况对各类监管对象实行差异化的监管措施，有效提高监管效率。

2021年11月，广东省人民政府办公厅印发《加快推进重点领域信用建设　构建以信用为基础的新型监管机制实施方案》，指明将围绕信用建设服务"放管服"改革，按照"优化提升一批，推进实施一批"的分类原则，在生态环境、工程建设、医疗卫生等重点领域，大力推进信用建设。力争到2023年底，全面建立重点领域信用监管体系，显著增强政府监管能力和精准化水平，构建起具有广东特色的以信用为基础的新型监管机制。

4. 完善相关法律法规，促进规范执法

在全国率先以省政府规章形式出台《广东省行政检查办法》，严格规范行政检查行为，规范公正文明执法。深入贯彻中央决策部署，落实2019年省人民政府的明确要求，出台《广东省行政执法公示办法》《广东省行政执法全过程记录办法》《广东省重大行政执法决定法制审核办法》，对原有办法进行了修改，包括完善相关定义、修订行为规范

等,并配套了保障措施全力推动"三项制度"全面落实。印发《广东省行政执法综合管理监督平台管理办法(征求意见稿)》,提出统筹建设综合平台,推动各级行政执法主体的执法信息自动采集、执法活动网上监督等多项监督执法工作能在综合平台上实施开展,将进一步加快提高行政执法数字化、智能化水平,推进数字法治政府建设,提高执法效率、促进执法规范化。

目前,广东人大发布最新的《广东省优化营商环境条例(草案修改稿征求意见稿)》,并公开征求意见至2022年2月27日,在法律责任方面又作出数条相关规定,以进一步维护各类市场主体合法权益,推进政府治理体系和治理能力现代化。

表2-2 2019—2021年广东省完善依法行政制度体系情况

时间	立法工作	规范性文件管理
2019	完成《广东省专利奖励办法》及其实施细则的修订工作,启动《广东省市场监管条例》修订工作,加快《广东省标准化条例》立法进程,制定《广东省市场监督管理局起草地方性法规政府规章工作程序规定》等多个内部规章制度	梳理了市场监管领域的省级地方性法规20部,省政府规章15部,省政府规范性文件52份,部门规范性文件101份,为全省统一的大市场监管提供坚强有力的法治保障
2020	通过《广东省标准化条例》,积极推动《广东省知识产权保护条例》《广东省实施〈中华人民共和国反不正当竞争法〉办法》《广东省市场监管条例》等多部法规、规章的制订、修订工作	市场监管局梳理负责实施的涉及民法典的地方性法规18个、省政府规章11个、规范性文件46个
2021	推动完成《广东省市场监管条例》修订工作,推进《广东省知识产权保护条例》立法工作。统筹做好《广东省实施〈中华人民共和国反不正当竞争法〉办法》《广东省消费品召回管理办法》《广东省地理标志条例》等法规的制订、修订工作	严格执行行政规范性文件制定程序,落实规范性文件合法性审查、部门办公会议审议、发布、备案、评估和动态管理制度。2021年广东省市场监督管理局制定规范性文件7份

5. 健全执法体系,提升执法水平

不断健全完善市场监管综合行政执法的各项工作机制和相关制度,执法体系建设持续走在全国前列。率先以省政府规章形式出台《广东省行政检查办法》,并创新行政执法制约监督机制、建立全员持证执法工作机制、上下联动和办案衔接工作机制、执法人员动态交流和挂点执法工作机制和行刑衔接机制等,按照"谁执法、谁录入、谁负责"的原则,避免多头执法,建立健全行政执法公示信息的内部审核和管理制度,落实行政执法公示制度,接受社会监督。全面推行行政执法"三项制度",落实行政执法责任制,强化行政执法监督,有力提升执法办案水平。在全国率先上线行政执法信息公示平台,截至目前,广东省行政执法公示平台已公开各级执法主体权责清单、全过程音像记录清单、重大执法决定法制审核清单合计13459份,行政执法行为682.35万宗。全省四级共5155个行政执法主体按规定在公示平台统一公开行政执法数据,其中2020年度行政执法数据合计1.1亿宗。

广东省市场监管局最新出台《关于加强市场监管综合行政执法工作的意见》,强调要不断完善市场监管综合行政执法工作机制,加快市场监管理念融合、队伍融合、业务融合,全面提升全省市场监管综合行政执法水平,尽早建立全面统一权威高效的市场监管综合行政执法体系。

6. 采取试点先行、分步推进方法

支持深圳开展反垄断执法部分授权试点和竞争监管工作试点,将深圳市列为此次广东省乃至全国竞争执法先行试点。加大委托深圳市市场监管部门开展有关反垄断调查工作力度,指导深圳探索公平竞争集中审查、专业审查的工作模式,支持深圳建立独立的公平竞争审查机构,试点实施独立审查制度,以深圳为试点先试先行积累经验,逐步完善广东省反垄断执法和竞争执法工作体制,形成可复制推广的经验做法。

（三）深化"互联网+政务服务"

近年来，"最多跑一次""一网通办""不见面审批"等地方政府"互联网+政务服务"创新与改革全面推进，将新一代信息技术赋能政府管理与服务，实施政府流程再造与效能提升，持续降低企业制度性交易成本，促进公平竞争，实现对市场主体的精准服务，能够显著提升地方营商环境市场化水平。营商环境优化需要规范、公开、透明的制度基础，这对于政务服务的法治化水平提出了较高要求。"互联网+政务服务"能够通过对政府和企业行为的智能化监控实现营商环境法治化与规范化的目标。

2005年10月1日，中央人民政府网站上线，这标志着我国"政府上网"时代开启。随着近年来"互联网+"时代的到来，"互联网+政务服务"模式为数字化政府治理提供了新的革新契机。2016年9月，国务院发布《关于加快推进"互联网+政务服务"工作的指导意见》，对我国"互联网+政务服务"进行了顶层设计并提出了具体目标。广东省早在2015年即提出建立新型政府社会治理政务服务平台的理念，并在全省全面推广行政审批标准化，到2016年，广东省紧随国家政策开始大力推行"互联网+政务服务"，打响转变政府职能的当头炮。截至2020年底，广东省已搭建起全省统一的电子政务数据中心和政务服务大数据库，实现了互联网和政务服务深度融合，大幅提升了网上办事服务能力和智能化水平，建成了覆盖全省的整体联动、部门协同、省级统筹、一网办理的"互联网+政务服务"体系。

1. 深化"互联网+政务服务"，广东省走在前端

2020年政府网站和政务新媒体检查情况通报，共检查政府网站328个（含153个门户网站），占全国正在运行的政府网站总数的2.3%，总体合格率91.8%。92个地方政府门户网站中，广东、北京、

湖南、四川、安徽、吉林6个省级政府门户网站和茂名、密云、合肥3个市（区）政府门户网站得分靠前，其中"广东省人民政府"网、广东省"茂名市人民政府"网得分在110分以上，广东省在政务新媒体抽查中合格率达到100%，政府网站与政务新媒体监管工作情况也排在前列。据《省级政府和重点城市一体化政务服务能力（政务服务"好差评"）调查评估报告（2021）》显示，2021年省级政府一体化政务服务能力总体指数排名中，广东省位于前列。

表2-3 2019—2021年广东省电子政务行业相关配套政策

时间	政策	内容
2019年5月	《广东省全面开展工程建设项目审批制度改革实施方案》	分类推进工程建设项目审批全流程、全覆盖改革，加快实现统一审批流程、统一信息数据平台、统一审批管理体系、统一监管方式
2020年2月	《关于依托"数字政府"一体化在线政务服务平台便利企业群众办事减少跑动的通知》	依托"数字政府"一体化在线政务服务平台和省政务大数据中心的统一电子印章、电子证照、数据共享、身份认证服务，加强电子证照共享应用和数据在线核验
2020年3月	《关于应对疫情影响进一步促进信息服务和消费的若干政策措施》	提升数字政府建设水平。强化应急管理信息能力，推行"不见面"审批等新模式。加快5G+4K/8K超高清视频会议系统普及应用，全面提速项目立项与建设进度
2021年3月	《广东省数字政府改革建设2021年工作要点》	深化"放管服"改革，推动"粤系列"移动应用品牌向注重用户功能、服务和体验转变，促进线上线下各类政府和社会服务渠道深度融合
2021年7月	《广东省数字政府改革建设"十四五"规划》	到2025年，广东将努力实现政务服务水平全国领先，高频服务事项100%"零跑动"、100%"省内通办""跨省通办""湾区通办"

为深入推进全省数字政府2.0建设，2022年2月18日，广东省政务服务数据管理工作会议在广州召开。会议提出了新的一年全省数字政府建设的任务：一是聚焦重点、精准发力，全面落实2022年数字政府改革建设任务；二是完善机制、协同联动，确保疫情防控重点系统稳定运行；三是优化服务、便民利企，推动政务服务线上线下紧密融合和提质增效；四是完善机制、强化培训，全力打造高素质的数字化干部队伍；五是打造标杆、乘势而上，办好第二届数字政府建设峰会。

表 2-4 省级政府一体化政务服务能力水平分布

等级	地区
非常高（≥90分）	北京、上海、广东、江苏、浙江、安徽、四川（+）、贵州
高（90—80分）	天津、河北、山西、内蒙古、辽宁、吉林（+）、黑龙江（+）、福建（-）、江西、山东（+）、河南、湖北、湖南、广西、海南、重庆、云南、宁夏
中（80—65分）	西藏、陕西、甘肃、青海、新疆、新疆兵团
低（≤65分）	

注：按照行政区划排序，地区名后的（+）标记代表从较低的组别升至更高的组别（例如从低升至中）；地区名后的（-）标记代表从较高的组别降至较低的组别（例如从高降至中）。

数据来源于中央党校（国家行政学院）电子政务研究中心：《省级政府和重点城市一体化政务服务能力调查评估报告（2021）》

东莞：创新"互联网+政务服务"，打造营商环境高地

近年来，东莞依托"数字政府"建设，强化"互联网+政务服务"改革，深化"放管服"改革，提升城市竞争力，为经济社会发展带来越来越强的"化学反应"，有力支撑了"湾区都市、品质东莞"的高质量崛起。

2019年，东莞市民服务中心开放之初共进驻了50个部门、2711个事项，设置了270个窗口，其中有151个综合窗口，是全省进驻部

门最全、事项最多、综合窗集成最高的办事大厅。

实现了"马上办、就近办、一次办"的同时，还有大量的政务服务向网上迁移，通过"网上办""指尖办"实现了市民的零跑腿。东莞还通过建设"莞加政务"这一特色服务品牌，力争实现"审批流程最优、开办企业最快"这一目标。

2. 积极主动作为，助力疫情防控与纾困惠企

政府网站和政务新媒体成为深化营商环境改革的重要抓手，为听民意、惠民生、解民忧，不断深化政务公开、优化政务服务提供支持，在助力广东省抗击新冠肺炎疫情、深化"放管服"改革、提升政府治理能力中发挥了极大的作用。面对突如其来的疫情，全国经济陷入停滞状态，尤其是外贸行业受冲击更大，为缩小信息差，更好地为企业提供便利，中央工作会议强调要优化政务服务模式，助力企业复工复产。广东省各级政府网站和政务新媒体快速响应、协同联动，及时准确传递党和政府的权威声音，解疑释惑、回应关切、提振信心，为打赢疫情防控阻击战、服务经济社会发展提供有力支持。广东省政府门户网站在显著位置开设疫情防控专题专栏，第一时间集中发布疫情信息。各市卫生健康委新媒体矩阵每日通报最新疫情情况，密集发布防控工作动态，推送通俗易懂的科普知识和政策图解。在其他省份还处于紧抓疫情防控，防止疫情扩大化阶段，广东省通过建设"粤企政策通"平台，帮助企业精准查找相关政策，助推"一键申报"扶持资金等惠企项目，率先实现了复工复产。

粤省事、粤商通注册用户分别突破 1.5 亿、1000 万

在 2021（第十六届）中国电子政务论坛暨首届数字政府建设峰会举办前夕，广东省"互联网+政务服务"建设的重点产品"粤系列"取得重大突破。其中，粤省事移动政务服务平台注册用户突破 1.5 亿，这意味着全国大约每 10 个人中就有 1 个在使用粤省事。面向全省市场

主体的粤商通涉企移动政务服务平台注册用户突破1000万，目前已覆盖广东省近九成活跃市场主体。

粤省事作为广东"互联网+政务服务"改革建设的第一个重要成果，上线三年多来，不断与时俱进、开拓创新，截至目前，已累计上线服务事项超2100项，业务量超170亿次，访问量超630亿次，成为全国服务最全、用户最多、活跃度最高的省级移动政务服务平台。

粤商通自上线以来，平台功能不断完善，服务质量不断提升。目前，平台累计上线涉企高频服务1476项，集成1333类电子证照，日均访问量保持在200万次以上。

2022年2月22日，广东召开全省医疗保障工作会议，研究部署2022年全省医疗保障工作，其中明确提出要进一步推进"互联网+政务服务"，扎实开展医保经办服务管理规范年建设，全面提升就医结算服务水平。

表2-5　广东省移动政务服务平台建设情况

指标	"粤省事"建设情况
上线时间	2018年5月
简介	通过"粤省事"人脸识别进行实名注册，社保、公积金、驾驶证、残疾人保障、通行证等多项业务，可以实现一站式查询或办理
特点	上线了全国第一个适老化设计移动端老年人服务专区，签发了全国第一张出生医学证明的电子证照，在全国率先推出居民身份电子凭证，并与江西省、北京市实现互认
实名注册用户	突破1亿
日均活跃用户	超80万
2020年累计业务量	达48亿笔

续表

指标	"粤商通"建设情况
上线时间	2019年8月
简介	涉及企业开办、经营许可、报税缴税等，实现涉企服务移动端随时办理、随时查询
优势领域	首创政务服务事项"免证办"，依托相关业务部门开通营业执照、税收完税证明、建设工程规划许可证等企业办事高频电子证照服务，实现高频事项线上办理"免证办"
已集成电子证照	1333类
提供涉企高频服务	1294项
日均访问量	200万次
累计访问量	近9.7亿次
峰值访问量	500万次
指标	"粤政易"建设情况
上线时间	2020年8月
简介	为广东省公职人员打造的粤政易移动办公平台，由省统一建设、分级管理，供省内各级政务工作人员处理公文、信息、事务的移动办公平台
规划	未来将服务广东省近150万政务侧用户，推动广东省政务领域的全面覆盖和纵横联通，实现政务数据共建共享，赋能政务科学精准决策增效

注：资料来源于广东省政府官网。

3. 加强内容建设，"掌上看""指尖办"成为常态

广东省各地市、各部门积极运用政府网站和政务新媒体发布政策措施，回应公众关切，提供便捷服务，为企业和群众建设"指尖上的网上政府"。如今，广东省内近4000项高频服务事项办理实现电子证

照关联，超 2000 项"一件事"主题集成服务面向群众开放，全新上线 AI 智能客服，支持申请人语音提问，政务服务"好差评"系统热度不断，为居民及企业提供了极大的便利性。但是据《中国省级移动政务服务报告：指尖服务·掌上好办（2021）》显示，2021 年广东省"掌上好办"综合指数评级为 B 级，还存在较大的提升空间。

《广东省数字政府改革建设"十四五"规划》指出，未来要拓展便捷泛在的服务渠道，实现群众关心的医疗、教育、社保、就业等重点领域政务服务事项全覆盖，高频政务服务事项"指尖办"。

汕头海关：政策掌上看，业务指尖办

受国际市场萎缩、流动性资金紧缺等原因影响，位于汕尾市的信利集团公司外贸业务面临很大的冲击，2020 年前 5 个月的加工贸易出口同比减少近两成。

对此，汕头海关加强线上政策推送，让企业及时了解最新政策情况，敏锐感知"新风向"，从而迅速调整经营销售方向，为公司应对疫情影响、实现稳步发展赢得宝贵时间。该公司林经理表示，今年以来该公司出口转内销合计 6899 万元，同比增长 1.3 倍。

在粤东地区，像信利集团公司这样抓住机遇转型发展的企业并不少见。在企业防控疫情复工复产的关键时刻，汕头海关制定出台十八条扶持措施，并第一时间通过视频会议、微信公众号、关企微信群等互联网渠道，向企业"不见面"定向推送最新政策性法规，帮助企业及时掌握最新政策动态，用好政策红利，全面实现"政策掌上看、业务指尖办"。

4. 加快集约共享，推进数据汇聚融通

为缓解在建设统一政务服务平台中普遍存在的信息更新不及时、操作烦琐可用性差、平台繁多且互不联通及信息安全等问题，广东省通过将地方政府网站迁入省集约化平台运行，解决了基层网站"散小

孤弱"、重复建设等问题，技术及安全运维压力得到缓解。通过建设统一信息资源库，深化数据融通、服务融通、应用融通，构建"24小时不打烊网上政府"的数据底座，大力推进政策信息"一网通查"、互动交流"一网通答"、办事服务"一网通办"、数据资源"一网通管"，更好地为企业活动提供支持。通过对本地区政府网站信息资源进行大数据分析，研究汇总社情民意关注热点，量化评估政府施政效果，为科学决策提供参考。此外，集约化工作有力提升了政府网站内容保障和安全防护能力，网站规范性、可靠性显著增强。

2021年广东省印发的《广东省人民政府关于加快数字化发展的意见》明确指出，要优化政务服务"一网通办"，推进省域治理"一网统管"，强化政府运行"一网协同"，夯实数字政府基础支撑能力。

5. 完善功能渠道，更好保障群众知情权、参与权和监督权

广东省把政府网站和政务新媒体作为联系群众、服务群众、接受群众监督的重要渠道。通过开设政策解读栏目，解读稿与相关政策文件联动发布，对简单常见咨询作出快速答复，让群众更好地了解政策，让企业能够更好地依照政策从事生产。广州市各区政府门户网站开设政务公开专栏，集中公开基层政策文件及工作动态等信息。珠海市通过政府门户网站将各类互动、服务平台用户入口进行整合，实现统一身份认证，为信息获取提供了便捷通道。

（四）推动制度规则衔接

1. 推动粤港澳大湾区市场准入规则衔接

由于港澳与内地存在经济制度方面的差异，市场规则衔接在构建

湾区经济一体化发展中至关重要，广东省通过建设深圳中国特色社会主义先行示范区、横琴粤澳深度合作区、前海深港现代服务业合作区，利用地缘优势，实施放宽市场准入特别措施，探索市场准入承诺即入制和"极简审批"改革，建立起高度便利的市场准入制度。并在企业名称自主申报智能化建设，放宽住所或者主要经营场所限制，全面实施经营范围规范化登记等方面给予了充分的灵活性。探索建立市场主体强制退出制度，实现市场主体"能进能退"。

2022年广东省政府办公厅印发了《广东省全面深化商事制度改革三年行动计划》，提出将在广东继续推动粤港澳大湾区市场准入规则衔接，将在两个合作区实施放宽市场准入特别措施。同时全面提升"一网通办"效能，预计今年全省企业网办率将达80%以上。

2. 推动商事登记银政通服务向港澳地区拓展

实现商事登记服务前移、离岸受理、远程办理、跨境通办。为推进粤港澳三地企业登记信息共享、资质互认，解决港澳投资人实名认证、电子签名和电子证照应用堵点难点，广东省聚焦登记制度创新，按照建设高标准市场体系要求，比对国际先进规则，持续创新登记制度。着力减材料、减环节、减审查，最大程度尊重企业登记注册自主权，让登记注册更加简约高效。

粤港商事登记银政通

服务介绍：中银香港与中国银行广东省分行、广东省工商行政管理局推出的"粤港商事登记银政通"服务，为有意于广东省设立外商投资企业的香港投资者（个人或企业）提供跨境远程工商登记服务。只需直接于中银香港提交申请表格以及申请所需材料，便可轻松简便地办理工商登记申请。首阶段可接受办理的广东省地区包括东莞、惠州、江门、中山、佛山（包括顺德）、汕头等市。

3. 创新审批服务方式

推行智能导办、智能审批，全面提升"一网通办"效能，通过企业自主承诺减免证明材料，证后监管，简化事前审查，实现政府定标准、企业作承诺、加强监管、失信严惩戒，提高登记注册网办比例和一次通过率。面对跨境跨口岸的经济贸易特殊化形式，广东省有针对性地提出了登记注册和行政许可标准化建设，《广东省数字政府改革建设"十四五"规划》明确提出，到2025年要实现政务服务高频服务事项100%"省内通办""跨省通办""湾区通办"。推动企业开办便利度进入国际前列，实现全程网办"零见面""零跑动"，足不出户可以领取营业执照和许可证。

在食品、特殊食品（保健食品、婴幼儿配方食品、特殊医学用途配方食品）、药品、医疗器械经营等量大面广、老百姓关注度高的审批事项上，创新审批服务方式，提前介入，就规划布局、场地选址、设备设施、人员资质等提供专业指导，提高审查验收一次通过率。

4. 开展"一照通行"涉企审批服务改革

为做好涉企审批服务事项，广东省于2021年在全国率先开展改革试点工作，并印发《广东省"一照通行"涉企审批服务改革试点实施方案》，提出到2023年在全省范围实现高频事项"一照通行"。探索与港澳地区联动互通，大力推进"湾区通办"。全面深化"证照分离"改革，从源头上减少审批发证，推动建立以告知承诺为主的"准营"管理制度，降低企业制度性交易成本。通过部门联动、业务协同、数据共享提高审批服务透明度和可预期性。深化"数字政府"改革成果应用，推进登记注册"快办""易办""好办"。畅通数据共享互联，实现企业设立、变更、备案、注销等高频事项全程网办，拓展电子营业执照和电子签名应用场景，不断增强企业获得感。打造统一安全的政务云平台、数据资源整合和大数据平台、一体化网上政务服务平台，全面实施行政审批"网上申请、网上受理、网上审核、网上发证"，推进部门间信息共享互认,加快实现"只进一扇门""最多跑一次"。加快推进商事登记全程电子化,推动全程电子化商事登记区域、业务、市场主体全覆盖,更大力度推广电子营业执照等涉企电子证照应用。

"一照通行"就这么简单!

2021年3月,佛山在全国率先实施"一照通行"涉企审批服务改革,被省深改委、省政府向全省复制推广。佛山"一照通行"改革,通过营业执照归集各类许可信息,实现"一企一照、一照通行",把开办企业多个部门多个事项"各跑一次"变为开办企业一件事"只跑一次"。

目前,佛山已经办理"一照通行"业务超6.2万笔,审批时间压缩60%,材料提交压缩50%,为市场主体节省材料50万份。2021年佛山新登记市场主体27.6万户,同比增长39.7%,创历年新高,市场主体总量达到111.5万户。佛山"一照通行"改革已应用于60个主题场景,涉及14个部门的49个许可审批事项,市场主体可以同时申办同一主题的多个许可事项,解决了企业跑动窗口多、流程复杂、审批周期长等问题。

5. 注重规范统一,建立统一业务规则标准

面对以往制度建设中存在的各类机关部门要求不一致不互通的问题,广东省实行涉企事项"一本通办",2022年发布的《广东省全面深化商事制度改革三年行动计划》提出要通过建立统一业务规则标准、服务质量标准、流程制度标准、数据平台标准,推进登记注册标准化规范化建设,切实提升办事透明度和可预期性。完善行政审批标准化体系,制定行政审批事项标准规范并对外公开,推动同一审批事项在不同层级不同区域内事项名称、类型、设定依据、审查裁量标准等关键要素统一,实现一本办事指引全省通办。探索按照投资、技术改造、高新技术、环保等主题,将分散在不同部门的审批和管理服务事项按

主题按链条梳理，优化整合申请要件及办理流程等，清理涉企办事证明文件，对没有法律法规依据的一律取消。实行外商投资企业商务备案和工商登记"一表申请、统一受理、并联审批、统一出证"全链条"索引式"办事服务模式。相较于原本的各部门关起门来办事的模式，实现了办事速度和质量的双重提升。

6. 完善监管配套，推进共建共治共享

习近平总书记指出："打造共建共治共享的社会治理格局。加强社会治理制度建设，完善党委领导、政府负责、社会协同、公众参与、法治保障的社会治理体制，提高社会治理社会化、法治化、智能化、专业化水平。"[①] 广东省通过建立虚假登记"黑名单"，有效防范"被股东""被法人"等现象，严厉打击骗取登记行为。加强市场主体登记事项监管，健全市场主体自主公示监管机制，确保相关信息真实准确。大力推进信用监管，提升市场主体违法失信成本。并依托省内强有力的大数据、人工智能等技术支撑，强化智慧监管。开展信用风险分级分类管理，对市场主体开展全覆盖、标准化、公益性的公共信用综合评价，建立行业信用评价模型，对不同信用水平、风险等级的市场主体实施不同频次的现场监管，提高监管的靶向性和精准度，减少对正常生产经营的影响。此外，针对突出问题和风险隐患加强抽查检查，依法严管和惩戒违法失信行为，实现监管资源合理配置和高效利用，让监管既"无事不扰"又"无处不在"。

---

① 习近平：《决胜全面建成小康社会 夺取新时代中国特色社会主义伟大胜利——在中国共产党第十九次全国代表大会上的报告》，《人民日报》，2017年10月28日。

三　着力建设科技创新强省

党的十九届五中全会指出，应坚持创新在我国现代化建设全局中的核心地位，把科技自立自强作为国家发展的战略支撑。习近平总书记多次强调创新是引领发展的第一动力，实施创新驱动发展战略决定着中华民族的前途命运。近年来，广东深入落实"1+1+9"工作部署，以科技创新驱动高质量发展，加速转换增长动能，扎实推进重大创新载体建设，围绕产业链布局创新链，持续优化创新生态，加快推动激发科技创新活力的体制机制改革，进一步提升创新能力，充分发挥科技创新的支撑引领作用，科技创新强省建设取得显著成效。

（一）打造原始创新高地

1. 建设高水平创新载体和平台

广东毗邻港澳，充分发挥粤港澳大湾区的区位优势和政策支持优势，打造了一支体现国家使命、具有粤港澳大湾区特色的"科技王牌军"，创新资源集聚空间格局已初步形成。

广东联合香港、澳门，以深圳为主阵地建设粤港澳大湾区综合性国家科学中心。不断推动光明科学城、松山湖科学城、南沙科学城融合发展。2019年以来，广东积极主动承接国家重大战略任务，围绕国家重大区域战略布局，推动粤港澳大湾区新兴产业国家技术创新中心、国家新型显示技术创新中心、国家第三代半导体技术创新中心等综合类、领域类国家技术创新中心布局粤港澳大湾区，打造国家技术创新体系的战略节点。按照前沿产业、未来产业发展需要，机构化、成建制、成体系地引进了中科院空天信息创新研究院、中科院微电子研究所等14家国家级大院大所在粤落地，共建设27家高水平创新研究院，为粤港澳大湾区国际科技创新中心建设和科技强省建设提供重要支撑。

广东已初步构建起高水平多层次实验室体系的"四梁八柱"。截至2021年底，广东累计建设国家重点实验室30家、"一带一路"联合实验室4家、粤港澳联合实验室20家、省实验室10家和省重点实验室430家[①]，涵盖了广东所有优势学科领域和产业领域。其中，澳门的4家国家重点实验室均已将分部落户珠海横琴，在中医药、芯片、智慧城市和物联网、太空科学与深空探测等领域加强创新合作，实现资源共享。

表3-1 广东省实验室建设情况

批次	启动时间	实验室名称
第一批	2017年12月22日	再生医学与健康广东省实验室（生物岛实验室）
		网络空间科学与技术广东省实验室（鹏城实验室）
		先进制造科学与技术广东省实验室（季华实验室）
		材料科学与技术广东省实验室（松山湖材料实验室）
第二批	2018年11月14日	化学与精细化工广东省实验室（汕头、潮州、揭阳）
		南方海洋科学与工程广东省实验室（广州、珠海、湛江）
		生命信息与生物制药广东省实验室（深圳湾实验室）
第三批	2019年8月29日	岭南现代农业科学与技术广东省实验室（广州、深圳、茂名、肇庆、云浮）
		先进能源科学与技术广东省实验室（惠州、阳江、佛山、云浮、汕尾）
		人工智能与数字经济广东省实验室（广州、深圳）

注：根据广东省科技厅的资料整理。

---

① 资料参考自《广东省科技创新"十四五"规划》，2021年9月22日。

建设广东省实验室是省委、省政府落实"1+1+9"工作部署、建设科技创新强省的重大决策部署。2017年以来，按照"一室一策"的主导思想，采用"核心+网络""两点布局"等新模式，广东先后在广州、深圳等16个地市，围绕新材料、网络空间、再生医学、先进制造、海洋、生物医药、人工智能与数字经济等领域布局建设3批共10家省实验室。广东省实验室坚持省市共建、资源整合、多方协同，聚集两院院士等高水平领军人才80人，自主设立科研项目数超200项，引进高水平人才团队200余个，8家香港科研机构、40余位港澳科学家参与建设，汇聚了一批尖端科学家和一大批一线中青年科研骨干，人才规模超过8000人。

2. 加强基础研究能力

基础研究是整个科学体系的源头。近年来，广东多举措构建新型基础与应用基础研究体系。在财政投入方面，广东建立健全包括省自然科学基金、省市联合基金、省企联合基金、省基础与应用基础研究重大项目在内的多元化投入体系，尤其是2019年3月，广东组建省基础与应用基础研究基金委员会，与国家自然科学基金体系的衔接更加紧密。2020年，全省财政科学技术支出为955.73亿元，其中基础研究116.01亿元，增长121.8%，占12.1%。广东全省R&D经费中用于基础研究的经费投入逐年增长，由2013年的33.82亿元增长至2020年的204.10亿元，占全国基础研究经费投入的14%。2020年基础研究经费比上年增长43.9%，增速最快；应用研究经费319.89亿元，增长29.4%；试验发展经费2955.90亿元，增长9.1%。同时，广东积极探索"中央财政和地方财政共同出资、社会资本和企业跟进投入"的多元出资模式，带动社会资本投入超过100亿元，不断完善部省协同推进国家重点研发计划的决策管理和组织实施工作机制。

近年来，广东基础研究竞争力不断提升。截至2020年底，广东获国家自然科学基金立项数量及获批经费持续增长，8家单位获批经费突破亿元。2019年承担国家基金项目首次超过4000项，获得国家自然科

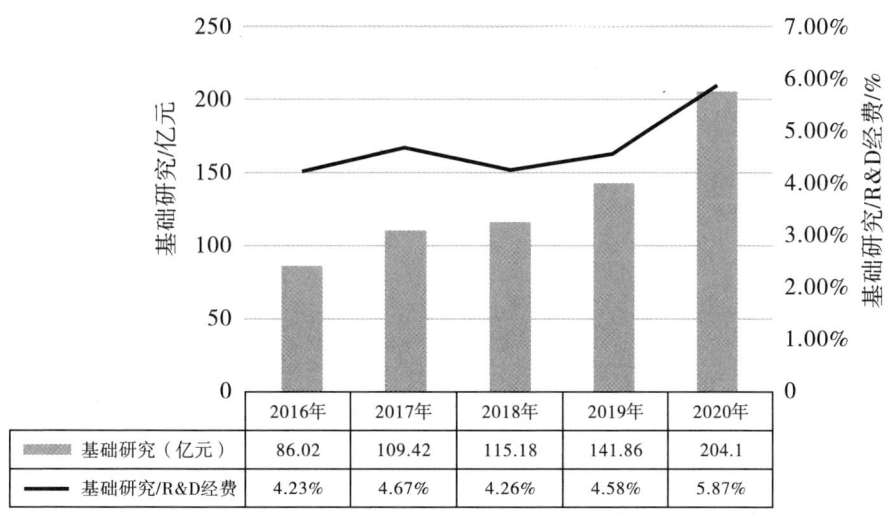

图 3-1　广东省 R&D 经费中用于基础研究的经费金额及占比
注：根据广东省科技厅的数据整理。

学基金资助 23 亿元，资助金额比 2018 年提高 15%，在全国排名第四，特别是港澳高校在广东省的机构获得国家自然科学基金资助达到 8700 万元，资助率达到 28.5%。

3. 实施关键核心技术攻关行动

新一轮科技革命和产业变革为我国科技创新提供了赶超的"机会窗口"，但关键核心技术是要不来、买不来、讨不来的，需要通过科技自立自强打好主动仗。围绕国家重大科技战略和广东产业发展需求，广东因地制宜探索差异化的创新发展路径，大力加强核心技术攻关，推进产业科技赋能，打造产业发展高地和新兴产业策源地。

针对"卡脖子"问题，自 2018 年以来在新一代信息技术、高端装备制造、绿色低碳、生物医药、数字经济、新材料、海洋经济、现代种业和精准农业、现代工程技术等九大领域组织实施广东省重点领域研发计划项目。截至 2020 年 6 月，组织实施了六批重大重点研发项目，省级财政资金总投入近64亿元，带动社会总投入202亿元。[①] 在量子通信、核心芯片、5G、4K/8K、人工智能、新材料等领域，设立包括11个重大专项、16个重点专项以及2个应急专题，共立项204个，52.4%的项目由企业牵头承担。[②] 大力推进广东省核心软件攻关工程，积极支撑实施强芯工程，2018—2020年共组织实施3批"新一代人工智能"重大专项，布局53个项目，省财政累计投入5.4亿元，吸引社会资金共14亿元。同时，通过科技部—广东省联动实施"宽带通信和新型网络"国家重点研发计划，2019—2021广东省相关单位已牵头承担项目31项，获得国拨经费11.95亿元。[③] "芯片、软件与计算"等重大专项推动华为及其供应链企业共同打造鲲鹏生态，实现"芯片+操作系统"国产替代。加快现代种业科技攻关，2018年以来，组织实施"现代种业""精准农业""智能农机装备""食品安全""农产品加工和食品制造"等重点领域研发计划，省财政累计投入超过6亿元，支持加强与国家重大科技计划的衔接，研发突破一批农业种业、农业生物制造、现代食品制造、农业智能生产等领域共性关键技术，着力解决农业面源污染、农村垃圾处理等生产和生活中经常要面对的突出问题。培育了一大批国内乃至国际先进的种业创新团队，截至2021年5月，参与上述研发计划的研究人员总数2590人，研制新品种160多种；申请有关发明专利980多件，授权专利234件；发表有关论文1200余篇，其中SCI论文770余篇。构建了广州优质稻育种、国家生猪产业技术研发中心、南亚热带作物种业创新中心等重大种业创新平台，种业基础研发与原始创新能力处于国内先进水平；全省优质稻、

[①] 参见《广东省科学技术厅关于省政协十二届三次会议第0044号提案答复的函》，2020年8月3日。

[②] 参见《广东省科学技术厅关于省政协十二届三次会议第0173号提案答复的函》，2020年6月19日。

[③] 参见《广东省科学技术厅关于省政协十二届四次会议第20210358号提案答复的函》，2021年7月17日。

超级稻、鲜食玉米、花生、花卉、特色蔬菜等作物育种能力位居国内先进水平，生物育种、航天育种和植物克隆繁殖技术国内领先；瘦肉型生猪、黄羽肉鸡、对虾、罗非鱼等育种能力和产业化水平国内领先。[①]

新冠肺炎疫情爆发以来，广东第一时间集合政府、科研机构、企业的力量，采取新型举国体制科研模式组织开展应急科研攻关，推动磷酸氯喹、血必净、氢氧混合吸入气等纳入国家诊疗方案。面对2019年以来不断升级的中美贸易摩擦，广东按照"聚焦重点、先易后难、定向组织、分批支持"的思路有针对性地组织实施"广东省加快推进产学研合作专项行动计划""广东省促进国产技术市场化行动计划"等应急专项，围绕5G、人工智能、集成电路、高端装备制造等主要领域先后启动30个快速响应项目，支持相关企业等开展技术攻关，帮助企业解决技术和装备受制于人的问题。[②]

4. 建设一流重大科技基础设施群

在同一城市或区域内集聚多个大科学装置以发挥其集群效应、网络效应，以及促进多学科交叉的作用，已逐步成为国内大科学装置应用的新趋势。粤港澳大湾区加快推进重大科技基础设施和科技创新平台建设，打造重大原始创新的重要策源地，为广东经济和科技发展提供源源不断的动力。

依托中科院国家战略科技力量，广东推进重大科技基础设施项目布局建设，提升粤港澳大湾区原始创新能力。目前，已建、在建和规划拟建的大科学装置达24个，部分装置已取得国际领先水平成果。基于前期在散裂中子源、国家超级计算中心、中微子实验室等大科学装置建设工作中积累的经验，省市通过提供配套工程预算23.54亿元，

---

① 参见《广东省科学技术厅关于省政协十二届四次会议第20210883号提案答复的函》，2021年6月25日。

② 参见《粤港澳大湾区建设报告（2020—2021）》，社会科学文献出版社2021年版。

先后启动建设惠州强流重离子加速器（HIAF）等国家重大科技基础设施建设。2020年，进一步加快布局和推进冷泉生态系统等多个大科学装置建设的前期筹划工作，努力打造前沿交叉研究平台，为粤港澳大湾区国际科技创新中心建设夯实核心基础。散裂中子源完成了包括香港大学在内的多个科研单位的超过400项用户课题研究，涵盖新能源、新材料和工程材料等多个领域。

近两年，"国家大科学装置+广东省实验室"的组合正在珠三角加速布局。东莞的"中国散裂中子源+松山湖材料实验室"，惠州的"强流重离子加速器+先进能源科技广东省实验室"等，国之重器与省实验室的协同集聚效应初显，进一步补短板，有力助推粤港澳大湾区战略性新兴产业的崛起。

表3-2 粤港澳大湾区已建、在建和规划拟建的大科学装置

类别	大科学装置名称
已建成项目（5个）	中国散裂中子源
	深圳国家基因库
	国家超级计算广州中心
	国家超级计算深圳中心
	大亚湾中微子实验室
在建项目（10个）	中微子实验站
	加速器驱动嬗变研究装置（CiADS）
	强流重离子加速器装置（HIAF）
	新型地球物理综合科学考察船（实验6号）
	天然气水合物钻采船（大洋钻探船）
	合成生物研究设施
	脑解析与脑模拟设施
	空间环境与物质作用研究设施
	空间引力波探测地面模拟装置
	鹏城云脑Ⅱ

续表

类别	大科学装置名称
规划建设项目 （9个）	动态宽域飞行器试验装置
	极端海洋环境综合科考系统
	高密度能源燃料研究装置
	精准医学影像大设施
	冷泉生态系统大科学装置
	南方先进光源
	人类细胞谱系大科学研究设施
	横琴智能超算中心
	先进阿秒激光装置

注：本表资料由作者根据有关文献资料整理而得。

（二）提升区域科技创新能力

1. 持续加大科技投入

2020年，广东共投入R&D经费3479.88亿元，比上年增加381.39亿元，增长12.3%，自2016年起连续5年位居全国第一。研发投入强度由2015年的2.47%提高到3.14%，高于全国平均水平（2.4%），排在北京（6.44%）、上海（4.17%）、天津（3.44%）后。按R&D人员全时工作量计算的人均经费为39.90万元，比上年增加1.32万元，低于全国平均水平（46.6万元）[1]。每万人口发明专利拥有量从2015年的12.8件提高到28.0件；PCT国际专利申请量超过2.8万件，约占全国一半。[2]

---

[1] 参见《2020年全国科技经费投入统计公报》，2021年9月22日。
[2] 参见《广东省科技创新"十四五"规划》，2021年9月22日。

分地区来看，珠三角地区 R&D 经费支出为 3333.83 亿元，占广东省 R&D 经费的 95.8%，东翼、西翼、山区合计共占 4.2%。R&D 经费支出超过百亿元的地市有 6 个，依次为深圳 1510.81 亿元、广州 774.84 亿元、东莞 342.09 亿元、佛山 288.56 亿元、惠州 126.52 亿元、珠海 113.52 亿元。R&D 经费投入强度超过 3% 的地市共有 5 个，较上年增加 2 个，依次为深圳 5.46%、东莞 3.54%、珠海 3.26%、广州 3.10%、惠州 3.00%。

2. 稳居区域创新能力首位

广东区域创新能力提升步伐明显加快，领先优势持续扩大。《中国区域创新能力评价报告2021》显示，广东取得历史最高分，连续五年排名第一。在"企业创新""创新环境""创新绩效"三个综合指标评价中位居全国首位，在"知识创造""知识获取"综合指标评价中不断提升，位居全国第二位。

表 3-3　广东区域创新能力排名（2017—2021 年）

	2017 年	2018 年	2019 年	2020 年	2021 年
综合值	1	1	1	1	1
知识创造	4	4	3	2	2
知识获取	4	3	3	2	2
企业创新	1	1	1	1	1
创新环境	1	1	1	2	1
创新绩效	1	1	1	1	1

注：资料来源于历年《中国区域创新能力评价报告》。

在中央和地方政府的大力支持下，粤港澳三地积极探索推进协同创新，一系列重大政策举措相继出台，"广州—深圳—香港—澳门"科技创新走廊（简称"广深港澳科技创新走廊"）已初具规模。信息、技术、资本、人才等关键要素进一步畅通，港澳加强与内地科技协同发展的意愿日益强烈，创新资源和企业加快布局大湾区，三地创新合作更加紧密和深化，粤港澳大湾区的经济发展动力和经济发展的开放性、协调性、共享性以及绿色发展等方面的建设均取得重大进展。《2020年全球创新指数》报告显示，全球前100位科技集群中我国占据17位，深圳—香港—广州科技集群位居全球第二。深圳—香港（2019年排名第二）与广州（2019年排名第二十一）两个集群的合并进一步巩固了大湾区在全球科技集群中的地位，并不断缩小与排名第一的东京—横滨的差距，依然领先于排名第3—5位的首尔、北京和圣何塞—旧金山。

（三）完善科技创新体系建设

1. 强化企业创新主体地位

企业是经济活动的主体，也是科技创新活动的主体，是我国构建现代化创新体系、实现经济高质量发展的重要微观基础。近年来，广东加快部署，围绕产业链布局创新链，持续推动高新技术企业"树标提质"，不断完善以企业为主体、市场为导向、产学研深度融合的技术创新体系，促进各类创新要素向企业集聚。

《中国区域创新能力评价报告2021》显示，广东在"企业创新"指标得分82.23，连续五年蝉联全国冠军，领先第二名的优势扩大到23.26，规模以上工业企业研发人员数、研发经费内部支出总额、有效发明专利数等多项总量指标居全国第一位。截至2020年底，广东拥有新型研发机构共251家，高新技术企业数量从2015年的1.1万家增长至5.3万家，企业总量、总收入、净利润等均居全国第一。[①] 2021年，全省评价入库科技型中小企业达5.7万家，同比增长54%。规上工业

---

① 参见《广东省科技创新"十四五"规划》，2021年9月22日。

企业建立研发机构比例达43%。在2020年第21届中国专利奖的239个广东获奖项目中，发明专利项目为210个，占比达87.9%，其中企业获奖数量最多，彰显创新主体地位。2016—2020年间的粤港澳大湾区TOP 500优势创新机构中，企业占比高达86.2%。其中，共有239家属于新兴技术产业（占入选企业的55.5%），广州、深圳在新兴技术产业方面的优势创新机构数名列大湾区前茅，机构数量合计占比达74.9%①，广深港澳科技创新走廊集聚效应明显。

创新生态系统是在特定时空范围内由各个创新主体、创新要素和创新环境之间组成的相互联系、相互依赖的生态链和生态圈。在一个充满活力、可持续的创新生态系统中，世界级创新企业与创新企业集群会不断涌现，进而强化其所在城市或地区的国际科技创新中心地位，如此形成良性循环。

2. 推动产学研深度合作

广东持续推进产学研协同创新，全国首创的"三部两院一省"②产学研合作大格局是广东科技工作的重点和亮点。截至2020年6月，全国已有100多所知名高校，近100个中科院、央企的科研院所与粤港澳大湾区内企业合作开展产学研活动，涵盖了电子信息、新材料、新能源、生物医药、装备制造、资源环境等新兴产业领域。已先后认定20个省级协同创新（发展）中心、80个省级协同育人平台。同时，把基础研究与广东产业结构转型升级紧密结合，围绕20个战略性产业集群，持续组织实施基础研究重大项目，推动省属企业与高校、科研院所等合作建立研发中心。截至2021年底，建设高水平创新研究院27家，省级以上工程技术中心达6714家。

广东企业充分利用港澳高校、科研院所的优势，共同合作设立创

---

① 相关数据根据《粤港澳大湾区协同创新发展报告（2021）》的资料计算。
② "三部两院一省"是指科技部、教育部、工业和信息化部、中国科学院、中国工程院和广东省。

业创新中心、科研机构等平台，掀起一股"粤港澳科技协同创新"热潮。例如，云洲智能与香港科技大学合作共建"大湾区人工智能海洋科技创新中心"；长园共创公司与香港理工大学合作建设"电力传感器实验室"；澳门大学在横琴设立珠海澳大科技研究院，推动科研成果实现转移转化；港资企业金邦达2020年9月启动"珠海市金融科技中心"建设，打造粤港澳大湾区金融产业与创新技术对接交流的前沿阵地；安润普科技与香港理工大学合作共建"大湾区智能穿戴创新中心"等。①

3. 建设孵化育成体系

广东加快实施科技企业孵化器倍增计划，推动各类投资主体建设"众创空间—孵化器—加速器"的全孵化链条，形成全国领先的孵化育成体系。同时，以此为载体，加强与香港、澳门的创新合作。截至2020年底，广东省拥有孵化器1036家，众创空间1037家，在孵企业超过3.4万家，累计毕业企业近2万家，培育上市（挂牌）企业668家。国家级孵化器172家，国家备案众创空间278家，数量均居全国第一。截至2020年6月，与香港、澳门特区政府分别共建首批10家粤港青创基地和3家粤澳青创基地，已分别入驻香港、澳门青年创业团队518个、234个，分别吸纳香港、澳门创业就业人员921人、252人，同时建成广州粤港澳（国际）青年创新工场、横琴澳门青年创业谷、前海深港青年梦工场等50多个港澳青年创新创业平台②。

4. 构建良好创新生态

在知识产权保护创造运用方面，广东多项工作走在全国前列。2021年，制定出台专业市场、直播电商知识产权保护工作指引和战略

---

① 参见《粤港澳大湾区科技协同创新 打造全球科技创新高地》，新华网，2018年12月13日。

② 参见《13家粤港澳青创基地吸引752个团队入驻》，新华网，2020年7月1日。

性产业集群中小企业知识产权保护和运用三年行动计划；中国中山（灯饰）知识产权快维中心、中国（深圳）知识产权保护中心等成为全国首批专利预审试点单位；建设13家国家级知识产权维权援助机构、15家省级维权援助分中心和一批市县级维权机构；推进新一代信息技术等八大战略性新兴产业专利导航，新建省级高价值专利培育布局中心40个，累计273个。2021年，广东在中央首次对地方知识产权保护考核中获得优秀等级。截至2021年底，广东省发明专利有效量达43.3万件，有效注册商标量达676.6万件，均居全国首位。广东知识产权综合发展指数连续9年居全国第一。

在科技成果转移转化和技术交易方面，广东省政府以1号文的形式出台了《关于进一步促进科技创新的若干政策措施》，专门围绕打通科技成果转化"最后一公里"从提升高校院所科技成果转化积极性、支持专业化技术转移服务机构建设等方面提出相关举措。2018年广东省成功获批建设珠三角国家科技成果转移转化示范区。2021年广东共认定登记技术合同42961项，合同成交金额4292.73亿元，增幅超20%。其中，技术交易额约3240.46亿元，继续保持全国第二。

在科技金融建设方面，服务体系不断完善，2018年省科技厅牵头改革重组广东省创新创业基金，以71亿元资本金撬动社会资本291.44亿元。积极开展普惠性科技金融试点，商业银行累计面向科技型中小微企业投放科技贷款317.68亿元，风险投资机构投资早期、初创期科技型中小企业64345.3万元，支持省内科技企业在科创板上市9家、新三板上市1352家，在区域性股权交易市场挂牌近2000家。2019年实现知识产权证券化零的突破，上市发行3只知识产权证券化产品。其中"兴业圆融—广州开发区专利许可资产支持专项计划"是国内首个纯专利证券化产品，"平安证券—高新投知识产权1号资产支持专项计划"是国内首个以小额贷款债权为基础资产类型的知识产权产品。2021年全省专利和商标质押金额594.5亿元。新发行13只知识产权证券化产品，规模25.6亿元，累计获批知识产权证券化产品数量和金额均居全国第一。

在高层次人才队伍建设方面，持续优化提升"珠江人才计划""广东特支计划"等重大人才工程，2019年引进团队44个、高层次人才276名，支持本土团队20个、高层次人才169名。加快培养高层次创新青年人才，截至2020年6月，共设立博士后科研工作站399家、科研流动站178家、创新实践基地401家、博士工作站426家，在站博士后8410人，较2015年增长率达300%，居全国前列。[①]

在国际科技创新合作方面，积极与世界创新型国家、"一带一路"沿线国家等开展科技交流与创新合作，承担中国与联合国科技促进发展委员会（UNCSTD）的协议任务，加强与白俄罗斯国家科学院、澳大利亚昆士兰科技大学、荷兰格罗宁根大学等国际知名科研组织和大学的合作。已与76个国家和地区建立科技交流联系，与19个国家签订科技合作协议。

线上+线下6000余个项目参展2021创交会

2021年12月10—12日，以"赋能双循环、助力新发展"为主题的2021中国创新创业成果交易会（以下简称创交会）在广州琶洲广交会展馆举办。

本届创交会设立15个展区和功能区，线下及线上展出6000余项企业急需且可转性强的科技成果，重点展示新基建、智能汽车、新一代信息技术、人工智能、生物医药、高端装备等高新技术领域的先进技术和产品。创交会同期将举办论坛峰会、成果拍卖、技术转让、项目路演等专项活动20场。

为了常态化、精准化促进科技成果转化并构建全链条创新生态体系，2021年创交会将继续发挥"永不落幕"的特点，同步设置线上展会，国内外参展项目可通过线上平台展示，以及进行线上科技成果对

[①] 参见《广东省科学技术厅关于省政协十二届三次会议第0044号提案答复的函》，2020年8月3日。

接及路演推介。依托66个创交会成果转化基地和线上展会平台，2021创交会也将在会前、会后持续开展线上线下对接活动100场，推动创新链、产业链深度融合。

1. 聚焦"十四五"重点产业布局，助力国家与地方开新局。

"十四五"时期，中国将促进先进制造业和现代服务业深度融合，强化基础设施支撑引领作用，构建实体经济、科技创新、现代金融、人力资源协同发展的现代产业体系。2021创交会聚焦"十四五"重点产业布局，以设立专门展区的方式着重展示中国在新基建、高端装备先进技术、新一代信息技术、人工智能、生物医药、智能汽车等方面的成果。

据了解，今年创交会中国科学院系统33家院所带来149项高端科技成果；来自全国各地九三学社社员们也带来119项最新成果，还有37个院士及其团队带来的92项成果。

"十四五"规划纲要明确提出，支持粤港澳大湾区形成国际科技创新中心。2021创交会同样设立专门展区展示粤港澳"9+2"城市有关高校、企业、科研院所、新型研发机构等创新主体的科技成果，助推大湾区科技创新和先进科研成果交流推广，促进科技成果产业化和创新型企业成长。本届创交会还将举办高端装备制造创新论坛、大湾区成果转化生态建设圆桌峰会等一系列"十四五"重点产业相关的论坛活动，推动制造业优化升级、构筑产业体系新支柱。

2. 整合资源延伸服务链条，打通成果交易"最后一公里"。

经过6年的发展，创交会"1+1+N"成果转化模式（即每年一届展会、一个创交会网络平台和N个常态化成果转化基地）日益完善。如今创交会在成果转化机构、孵化器、科技园区设立了66个常态化成果转化基地，初步形成覆盖粤港澳大湾区、辐射全国的成果转化交易服务网络。

——节选自南方网，2021年12月13日

（四）深化科技创新体制改革

1. 推进创造型引领型改革

推进自主创新，"最紧迫的是要破除体制机制障碍，最大限度解放和激发科技作为第一生产力所蕴藏的巨大潜能"。在2021年的两院院士大会上，习近平总书记重申了这句他在2014年两院院士大会讲话中的原话，再次对科技体制机制改革的重要性进行强调，提出要全面深化科技体制改革，提升创新体系效能，着力激发创新活力。广东坚持科技创新与制度创新双轮驱动，抓住全面创新改革试验和深圳综合改革试点的契机，加快完善科技创新体制机制，优化资源配置，最大限度释放全社会创新创业创造动能。

近年来，广东聚焦在职务科技成果赋权和单列管理改革试点、探索关键核心技术攻关新模式、改革完善财政科研经费管理、改革基础与应用基础基金"负面清单＋包干制"等方面，组织实施10项改革任务，深化科技领域"放管服"改革。2017年，广东省人民政府出台《广东省促进科技成果转化条例》，形成省级层面的科技成果转化法规。2019年1月，广东省人民政府印发《关于进一步促进科技创新若干政策措施的通知》，鼓励高校设立的资产管理公司转化高校科技成果，并增加了收益和股权激励的自主审批权，提出将试点开展科技成果权属改革，提高引进培育技术经纪人或奖励机构人员绩效支出。2019年9月，广东省人民政府修订《广东省自主创新促进条例》，再次强化了科技成果转化的产权激励，明确"高等学校和科学技术研究开发机构采取科技成果折股、知识产权入股、科技成果收益分成、股权奖励、股权出售、股票期权等方式对科学技术人员和经营管理人员进行激励"。2020年5月，广东省财政厅印发《关于进一步加大授权力度促进科技成果转化的通知》，对省级研究开发机构、高等院校的科技成果转化加大了授权力度，简化了管理程序。深化科技体制机制改革，完善科技创新政策体系。

2. 探索实施开放性普惠性政策

强化政策创新，探索实施一系列全国首创且具有开放性和普惠性的政策举措，着力打破制约创新发展的体制机制障碍，营造一流创新生态。加强科技立法和政策供给，2018年出台了《广东省关于深化科技奖励制度改革的方案》，2019年进一步对《广东省自主创新促进条例》和《广东省专利奖励办法》做出系统性重大修订，颁布实施《关于广东省专利奖励办法的实施细则》等，进一步完善奖励体系。广东省科学技术奖在"重组科技奖励体系、实行提名制、调整奖励对象要求、大幅压减奖励数量"等方面有重大变化。2021年度广东省科学技术奖提名数量大幅增加，同比增加30.7%，是自2018年省科技奖励制度改革以来数量最多的一年。

出台《广东省实验室建设管理办法（试行）》《广东省实验室建设省级财政投入资金管理办法》，充分调动地市政府和参建单位的主动性，通过"放管服"和去行政化改革，充分赋予省实验室自立项目视同省科技计划项目、正高职称评审权、进口科研设备采购备案制、社会化用人模式和市场化薪酬等多项自主权限，省实验室自主制定规章制度达245项；建立省市共同投入机制，对珠三角地区省实验室采用考核后奖补方式，省财政按不高于省市1∶2比例给予奖补；对粤东西北地区省实验室，省财政按照省市2∶1比例给予同步支持，进一步加大了对粤东西北创新平台和创新能力建设的支持力度。形成知识产权助推经济和创新高质量发展的系列新政策、新任务。省实验室坚持科技创新与制度创新双轮驱动，努力构建任务导向、交叉融合、协同攻关、开放共享的新型运行机制，实行政府所有、实体化建设、独立法人运作、自主管理或委托管理等新型管理体制，区别于现有高校、传统科研院所运作模式。

首次实现广东省财政科技资金从政府部门直接过境，支持港澳高校和科研机构参与广东省财政科技计划,三地同时发布联合资助计划指南,截至2019年,累计已直接跨境拨付资金超过1700万元,包括省自然科学基金和省内联合基金的香港37项、澳门8项牵头项目,支持金额近2亿元的粤港科技创新联合资助计划、粤澳联合创新资助计划累计支持项目188个。强化新型研发机构的规划和管理服务,从研发、税收、用地、人才激励等方面提出扶持新型研发机构发展政策措施,推动新型研发机构良性发展。率先制定了全省相对统一的境外高端人才认定标准指引,截至2021年,全省持有效"外国人工作许可证"的A类外国高端人才达1.1万人,在粤外国人才约占全国的1/5。广东省科技厅从2015年开始培育认定省级新型研发机构。

3. 完善科技计划项目全流程闭环监督机制

广东不断健全完善科技计划管理机制,以体制机制创新确保科技创新效率。一是建立省级科技计划项目随机抽查常态化机制,以"第三只眼"多视角对项目实施绩效情况开展监督,以"小切口"推动作风学风大转变。二是实施科研检查瘦身行动,加快推动与科技、财政等部门监督、绩效评价信息和结果互认共用。三是制定《广东省科技厅项目管理专业机构工作人员"十不准"》,明确项目管理专业机构工作人员行为边界底线。

我国首部覆盖科技创新全生态链的地方性法规出台

《深圳经济特区科技创新条例》是我国首部覆盖科技创新全生态链的地方性法规,于2020年11月1日起即开始实施。这个条例结合深圳实际作出了不少鼓励和保护科技创新的制度设计。

基础研究投入不低于市级科研资金的30%

基础研究是科技创新的源头动力。深圳被誉为"中国硅谷",科技创新是全国的一面旗帜。但是对标世界一流创新中心仍然存在差距,比如"卡脖子"问题仍然存在,原始创新能力有待提升等。

针对这一问题，条例在全国率先以立法形式固定财政对基础研究的投入——基础研究和应用基础研究资金投入比例应不低于市级科技研发资金的30%，为基础研究提供了持续稳定的资金"活水源头"。

条例还支持企业以及其他社会力量通过设立基金会、捐赠等方式投入基础研究。同时创设性地提出，企业用于资助基础研究的捐赠支出，符合条件的，可以按照规定参照公益捐赠享受有关优惠待遇。

"先转化后奖励"变为"先赋权后转化"

科技成果转化是加速创新驱动发展的重要引擎。当前，我国相关法律规定职务科技成果属于单位所有，一定程度影响了科研人员对于成果转化的积极性。近年来，深圳等城市不断探索科技成果转化政策激励，允许部分科技成果转化收益归科技人员所有。

在此基础上，条例进一步创新变通，将对科技人员的激励由"先转化后奖励"调整为"先赋权后转化"，明确规定利用财政性资金取得职务科技成果的，高等院校、科研机构应当赋予科技成果完成人或者团队所有权或者长期使用权。

单位与科技成果完成人或者团队可以约定共同共有或者按份共有。约定按份共有的，科技成果完成人或者团队持有的份额不低于70%；赋予科技成果完成人或者团队科技成果长期使用权的，许可使用期限不少于十年。

市人大常委会法工委副主任王晓东表示，通过赋权科技人员，将科技成果转化后的收益和奖励前置到转化前，有利于激励科技人员发明创造更具市场前景的科技成果，提高科技成果质量，从而更大限度地调动科技人员实施科技成果转化的积极性，增强科技成果转化活力。

"同股不同权"保护创新企业稳定发展

"同股不同权"是条例的亮点之一。所谓"同股不同权"，也就是平常所说的AB股权架构，实行股权差异化安排。当前我国《公司法》规定，实行"一股一权""同股同权"制度。这种看似公平的制度，其实也有弊端——在创业之初，创始股东拥有技术，但公司注册资本较小，随着之后多次的股权融资，创始股东的持股比例不断稀释，有失去公司控制权的风险。阿里巴巴、京东、新浪微博等中国企业选择在美国上市，很大程度就是冲着"同股不同权"去的。2018年港交所修订上市规则，允许"同股不同权"后，次年阿里就回到了香港上市。

条例变通公司法规定，允许深圳注册的企业可以设置特殊股权结构，在普通股份之外，设置拥有大于普通股份表决权数量的特别表决权股份，并允许该类公司在深交所上市交易。有特别表决股份的股东，除了创始股东外，还扩大到对公司的技术进步、业务发展有重大贡献并且在公司的后续发展中持续发挥重要作用的董事、监事、高级管理人员等。

这个创新规定赢得业界普遍"点赞"，认为此举既扩大了科创企业的融资渠道，又能减少其融资而导致的发展动荡，将有力地吸引全球创新人才和资源，对深圳的科技创新具有重要意义。

建立科技成果决策尽职免责机制

科技成果决策的不确定因素较多，决策风险较高，高等院校、科研机构领导人员决策时往往瞻前顾后，容易错失发展良机。为了解决高等院校、科研机构科技成果决策的后顾之忧，条例建立了科技成果决策尽职免责机制，规定"高等院校、科研机构有关负责人履行勤勉尽职义务，严格执行决策、公示等管理制度，没有牟取非法利益或者恶意串通的，可以免予追究其在科技成果定价、自主决定资产评估以及职务科技成果赋权中的决策失误责任"。

总结此次新冠肺炎疫情科技攻关经验，条例规定对于涉及国家利益和社会公共利益的重大技术攻关项目，市政府可以通过下达指令性任务等方式组织关键核心技术攻关，这是我国地方立法首次就政府主导的重大技术攻关作出明确规定。

——摘自《深圳特区报》

四　加快构建现代产业体系

从经济发展的角度来看,要想真正实现从"富起来"向"强起来"的战略转变,就必须构建现代产业体系,现代产业体系是实现高质量发展以及全面建设社会主义现代化强国的基础。广东是第一经济大省,在推动经济高质量发展中肩负着"走在全国前列"的新使命,在全国构建现代产业体系过程中扮演了举足轻重的角色。自党的十九大以来,广东在新的历史起点上制定实施了一系列旨在促进产业转型升级发展的重大战略,围绕提升产业链供应链现代化水平、壮大战略性支柱产业、培育战略性新兴产业和发展提升现代服务业四方面任务加快构建现代产业体系。

（一）提升产业链供应链现代化水平

1. 以供给侧结构性改革为主线夯实产业发展基础

广东贯彻落实习近平总书记"推动经济高质量发展,要把重点放在推动产业结构转型升级上,把实体经济做实做强做优"的指示精神,在全国率先部署供给侧结构性改革总体方案及行动计划,制定和实施了一系列行之有效的举措,着力切实解决实体经济发展中遇到的痛点、难点问题。截至2020年底,全省为各类市场主体减税降费达3000亿元,新增信贷2.8万亿元,占全国的1/7。供给侧结构性改革使广东经济发展展现了强大的韧性。在全国市场主体普遍有所减少的大势下,

2020年广东仍新增市场主体230万户，呈现出稳定增长的良好发展态势。目前，广东已形成新一代信息技术、绿色石化、智能家电等7个产值超万亿元产业集群；2020年，手机、空调、家用电冰箱产量分别占全国的42.2%、31.9%和25.6%；主导行业产品从技术含量、竞争力到产量均居全国前列；新能源汽车、工业机器人产量也在持续大幅度增长，现代产业体系初步建成，为全国经济发展提供了强有力的支撑。

2. 以创新为支撑提升产业链供应链的现代化水平

创新是产业链发展和提升的必要条件和动力源。广东始终秉持"创新是第一动力"的理念，不断加大科技创新力度，为产业链现代化水平的提升提供源源不断的动力。

一是瞄准世界科技前沿和国家重大战略需求，坚持"留""引"并举，内外合力攻克战略性产业关键核心技术难关。在战略性行业等重点领域，主动对接国家重大科技项目，为关键核心技术攻关贡献广东力量。区域创新综合能力排名从2017年起连续稳居全国第一，国家高新技术企业总量持续保持全国第一。[①]

二是通过建设科技企业孵化育成体系和成果转化体系，扶持中小型科技企业加快发展。在高新技术领域培育出一批瞪羚企业、独角兽企业，如主攻机器人的优必选、主攻柔性屏幕的柔宇科技、国内首家独立自主研发并制造纯电动汽车的新兴科技企业游侠汽车等，广东的瞪羚企业、独角兽企业数量在全国位居前列。围绕战略性新兴产业重点领域，积极创建国家和省级制造业创新中心、珠三角国际科技成果转化示范区，推动广东从全球制造业基地向全球科技成果转化基地转变。

三是深化粤港澳及国际科技合作，打通粤港澳三地科技转化和产

---

① 数据来源于广东统计信息网。

业化链条，支持广东大型骨干企业在全球布局具有国际影响力的研发机构。2020年，全省高新技术企业超5.3万家，主营业务收入5亿元以上工业企业实现研发机构全覆盖，广东省企业创新能力、区域创新能力连续4年排名全国第一，高新技术企业功不可没，为提升产业链供应链的现代化水平提供了有力支撑。广东有效发明专利量、专利授权总量、PCT国际专利申请量持续连年稳居全国首位。

四是强化企业创新主体地位，激发企业创新活力，促产业链供应链固链、补链、延链、强链、控链，提升产业链供应链的现代化水平。不仅大力支持企业技术创新，同时还大力支持企业开展模式创新，促新兴消费模式兴起，再以新模式带动信息业、物流业的大幅增长。2020年，在"快递＋直播带货"等新模式的带动下，广东网上零售额达2.58万亿元，占全国的21.9%。

3. 以深化要素市场改革支持产业链供应链迈向中高端

高质量的要素投入是提升产业链供应链现代化水平不可缺少的条件支持，广东持续以深化要素市场化配置改革为抓手支持产业链供应链迈向中高端。

一是以高度的政治站位和责任担当积极主动应对土地政策改革，为产业转型升级提供用地支持。在全国首创"划定工业用地保护红线和产业保护区块"政策举措，有力地保障了产业转型升级对土地要素的需求。

佛山积极探索土地管理新模式

佛山是广东制造业立省的支柱，也在国家制造业方阵中有着重要的影响和地位。我国每一次制造业的重大转型都有佛山的贡献。2016—2021年，佛山市场主体数量由53.6万户增至111.5万户。土地供给的制约变得越来越突显。为此，佛山通过"挣争腾用"四项举措，破除"旱涝保收、逐级下沉分配"的计划模式，重构"土地要素跟着项目走,确保以真实有效的项目落地作为配置计划的依据"和"新增用地指标与存量用地处置挂钩"的用地指标分配模式。积极主动应对政策改革的举措,使佛山在处置存量批而未供和闲置土地总量上全省排名第二,获取无偿用地指标 7032 亩,争取使用上级指标 1253 亩,其中用于保障重大制造业和产业项目用地总面积达 5741 亩,保障了徐工、格兰仕、大族激光、海天机械等一大批制造业项目转型升级的用地需求。

2018 年佛山市顺德区启动村级工业园区升级改造试点,聚焦"工改工",辅以"工改商""工改公益",探索了村级工业园升级改造的九种模式,对占地 13 万亩的村级工业园进行了升级改造,淘汰了一批低质、高污染、高消耗的产能,促使一批企业加快转型走向工业 3.0、工业 4.0,还吸引了一批在行业内具有较强影响力的龙头企业进驻顺德。由顺德村级工业园升级改造探索经验总结而形成的《村级工业园升级改造工作指南》被列入 2021 年第一批广东地方标准制修订计划项目中。

二是大力实施"广东技工"工程,为制造业转型升级提供人力资本。人力资本是劳动者身上体现人力资源质量的活的资本。对人力资本的投入带来的是人力资源质量的提升和与此相应的劳动生产效率的提高。教育投入是人力资本的核心构成。针对广东制造业立省和打造制造业强省的目标,出台了做大做强高等职业教育的《广东省职业教育"扩容、提质、强服务"三年行动计划(2019—2021 年)》,鼓励校企结合积极探索培养高素质产业生力军的模式。2021 年 8 月佛山市提出鼓励企业与省内外技工院校签订全日制"订单式"培养协议,培养对象结业后到企业稳定就业 3 个月后,技工院校可申请"订单式"培养补贴。这一政策调动起了校企双方人力资源培养的积极性,较好地解决了长期困扰珠三角的"技工荒"问题。

三是勇于创新金融服务,为现代产业体系建设提供充足的"血液"。资金是现代产业体系建设不可或缺的重要因素之一,广东积极探索金融服务改革创新,为企业,尤其是中小企业提级增速发展打通融资瓶颈(具体详见本章第四部分,此处不赘述)。

(二)壮大战略性支柱产业

制造业是我国现代产业体系的重要组成部分,是建设社会主义现代化强国的基础。广东坚持制造业立省不动摇,确立了十大战略性支柱产业,并且为促进其高质量发展出台了一系列政策举措。"十三五"时期广东制造业高质量发展取得突破性进展:规模实力全国领先,规模以上制造业增加值、规模以上工业企业数量均居全国第一;拥有全国41个大类工业行业中的40个,是全国制造业门类最多、产业链最完整、配套设施最完善的省份之一;形成了新一代电子信息、绿色石化、智能家电等7个产值超万亿元的战略性支柱产业集群,家电、电子信息等部分产品产量全球第一;累计推动1.5万家工业企业运用工业互联网数字化转型;规模以上制造业企业利润总额达8334.85亿元,占全国14.9%;进入世界500强制造业企业达6家,数量较2015年翻一番。①

1. 坚持"制造立省" 推动优势传统产业升级换代

改革开放给广东造就了一批在全国甚至在全世界都具有影响力的传统制造产业以及这些产业背后的地区:中国家电之都、中国家具商贸之都、中国涂料之乡、中国灯具之都……它们是广东制造业立省的支柱。面对新的发展环境下高质量发展的要求,传统制造产业只有转型升级才能"强柱",继续支撑起制造业强省的美名。省委、省政府以科技引领、体制机制创新为支撑,加快了广东传统制造业的转型升级,

---

① 资料来源于广东统计信息网。

推动着传统制造业发展向中高端迈进，产业结构持续优化，推动"广东制造"走向"广东智造"。珠三角涌现了一大批逐步走向制造业高质量发展的城市和地区。相继涌现了广州、深圳、佛山、东莞四个地区生产总值超万亿元的城市，在全国独占鳌头，广东也成为全国首个地区生产总值超 12 万亿元的省份。

广东制造看佛山，佛山制造看顺德

广东制造始终站在产业制高点上。佛山作为广东制造业大省的缩影，也是中国制造的代表。改革开放以来，佛山制造业以乡镇企业、民营企业起步，几十年里"制造立市"的定位始终不变。锚定制造业，不断寻求新突破、凝聚新动能是佛山经济发展的一贯遵循。坚实的制造业基础使佛山制造成为粤港澳大湾区乃至全国实体经济的有力支撑。

观察佛山制造的最佳窗口在顺德。中国制造每一次跨越都能在顺德找到其身影。作为广东高质量发展体制机制改革创新实验区，顺德集中力量开展核心技术攻关，推动传统制造业向数字化转型升级，通过产业数字化、制造业服务化、园区平台集约化、营商环境国际化，以科技引领，顺德制造闯出了一条高质量发展之路，完成了传统制造业的蜕变，实现了产业基础高级化、产业链条现代化，使顺德制造在越来越多的领域达到世界先进水平，彰显着中国制造的实力。目前，顺德制造业高质量发展成效逐步显现：已形成家用电器、机械装备两个 3000 亿元级的产业集群；涌现了美的、碧桂园两家世界 500 强企业；2021 年，顺德成为全国首个工业总产值超万亿元的市辖区。

2. 初步建成具有核心竞争力的现代产业集群

产业核心竞争力来自对产业链产业核心技术的自主可控，产业集群是实现产业链自主可控的重要载体。广东在对全省原有产业园进行清理整顿的基础上，通过体制机制创新进行资源整合优化，集中优势力量打造战略性支柱产业集群。目前已形成新一代电子信息、绿色石化、智能家电、软件和信息技术服务等 7 个产值超万亿元、具有核心竞争力的战略性支柱产业集群,家电、电子信息等部分产品产量全球第一。其中,新一代电子信息产业,总量占比高,增速快于全省规模以上工业增速,效益高于全省平均水平,成为全省工业占比最大的行业;产业集聚明显,主要集中在通信设备制造业,2020 年前三季度通信设备制造业实现工业总产值、实现增加值在新一代电子信息产业中的占比分别是 51.9%、55.1%。微型计算机设备、智能手机等产品占全国比重较高,分别为 12.5% 和 48.4%。人工智能发展方面,处于国内第一梯队,已初步形成以腾讯、华为等大型龙头企业为引领、众多中小微企业蓬勃发展的良好格局。电子信息制造业实现销售产值连续多年位居全国首位。

智能家电产业是促进广东战略性支柱产业发展的重要产业之一。近年来,智能家电产业规模持续稳定增长,增加值增速高于规模以上工业增加值增速,重点产品在全国占据重要地位,彩电、空调占比居全国第一,已形成美的、创维、康佳、TCL、格兰仕、格力等一批国内外知名智能家电制造企业;产业集聚明显,2020 年前三季度,家用电力器具制造业增加值占智能家电产业集群的 54.7%,是智能家电产业集群中拉动力最强的行业。

作为广东重要支柱产业之一的绿色石化产业,在全省工业经济体系中占有重要地位。近年来,广东绿色石化产业健康稳步发展,产业规模居全国第三,乙烯等部分产品产量居全国第一,产业结构相对均衡,形成了炼化、基础化工、合成材料、精细化工等上中下游产业链一体化发展格局,沿海石化产业经济带基本成型,成为我国重要的石化基地之一。

3. 以抓"品质工程"推动广东制造业高质量发展

质量标准是引领产业发展的标杆。质量水平是企业及其产业核心竞争力的集中体现。近年来,广东率先在全国开展质量强省工作,强化产业发展的质量基础支撑。

一是围绕战略性产业发展需要建成一批高水平的质量基础设施。建成一批国家级和省级质检中心、产业计量中心、技术标准创新基地；支持检验检测等专业技术机构与产业集群建立长期合作伙伴关系，全面提升检验检测"一站式"服务产业发展的能力；开展质量共性技术研究和攻关。目前获批设立国家计量基准3个、国家级和省级产业计量测试中心21个，国家技术标准创新基地6个、国家级标准检验检测验证点2个，国家质检中心80个，有效期内认证证书47.6万张，居全国第一。

二是构建产业先进标准体系，以标准领航战略性产业集群高质量发展。通过实施"技术研发—专利导航—专利标准化—质量技术服务—标准国际化"路径，建立并完善研发成果、专利技术向标准转化的机制，提升先进标准在产业协同与技术合作中的纽带和驱动作用。先进标准引领带动广东制造业高质量发展，收获了众多的"第一"：获得第21届"中国专利奖"奖项239项、金奖9项，均居全国第一；有效发明专利量连续10年居全国第一；累计PCT国际专利申请量连续18年居全国第一。

三是以战略性产业为目标，培育了一批高质量发展标杆。一方面通过计量、标准、认证认可、检验检测、质量管理等要素，在执行标准和质量指标上对产业集群开展重点产品与国内外标杆产品"双比对、双提升"，推动产业集群向产业链中高端提质升级。目前全省累计拥有国家"质量标杆"企业32个，居全国第一。另一方面大力鼓励并支持优秀企业和个人申报中国质量奖和省政府质量奖，树立精益求精、追求卓越企业及企业家标杆，充分发挥权威质量奖的示范引领作用，华为、格力、美的3家企业获中国质量奖，13家组织和1名个人获中国质量奖提名奖。实施以质量标准为基础的品牌战略，赋予了"广东制造"更高的含金量。近年来，广东制造业产品质量水平和质量竞争力指数逐年稳步上升，制造业产品质量合格率位于全国前列，中高端产品供给比重不断上升，越来越多知名度高的"广货"得到国内外消费者的广泛青睐。

（三）培育战略性新兴产业

1. 多措并举激活广东战略性新兴产业集群发展

战略性新兴产业是以创新为主要驱动力、以重大技术突破和重大发展需求为基础，对经济社会全局和长远发展具有重大引领带动作用，知识技术密集、成长潜力巨大、综合效益好的产业。近年来广东高度重视战略性新兴产业的发展，通过大力发展战略性新兴产业塑造新的竞争优势。自2018年以来，广东在已有的战略性新兴产业基础上，确立了10个具有产业基础优势和核心竞争力的新兴产业进行重点培育，先后出台了《广东省人民政府关于培育发展战略性支柱产业集群和战略性新兴产业集群的意见》（以下简称《意见》），以及10个战略性新兴产业集群的《行动计划》《广东省战略性产业集群联动协调推进机制》等重要政策文件，优化顶层设计，强化工作部署；出台实施"中小企业26条"、修订"民营经济10条"，围绕审批服务、降成本、活融资、促创新等十个方面提出75项政策措施，为产业集群发展营造良好的环境氛围，2020年为企业累计减税降费超过1500亿元，提供超过2800亿元的融资支持；2020年，政府加大资金投入力度，对第三代半导体产业进行补短板，提高了这一产业的国产替代率和市场占有率；强化涉企服务，大力培育"专精特新"企业；率先出台关于强化制造业高质量发展人才支撑的政策文件，强化人才队伍建设，等等。一系列举措推动着广东战略性新兴产业集群发展走在了全国前列。2020年，国家发改委公布的66个战略性新兴产业集群中，广东有6个，位居全国首位；智能机器人、高端装备制造、半导体与集成电路、前沿新材料等8个产业集群增速超过地区生产总值增速；5G产业和数字经济规模全国第一；已初步建成与战略性新兴产业集群布局相适应的省实验室集群；针对5G通信、自主芯片等快速启动应急响应项目8个。2021

年，广东全年境内外上市公司数新增 106 家，居全国第一，其中新增的 92 家 A 股上市公司中，创业板和科创板占 81.52%，属于战略性新兴产业的有 67 家，占 72.83%。① 智能机器人、高端装备制造、半导体与集成电路等战略性新兴产业已初步建立起从研发设计到检测，从原材料供应、关键零部件到生产组装等构成的较为完整的产业链，巨大的集聚效应日益显现。

2. 数字化赋能赢得发展先机

随着新一代信息技术的兴起，数字技术正对经济社会各领域进行全面渗透和深度融合。毋庸置疑，数字化赋能产业集群发展是赢得发展先机的重要突破口和手段。数字化赋能战略性新兴产业集群发展的重要战略举措就是以需求牵引加快全产业的数字化转型，实现产品制造的数字化、供应链的数字化以及营销环节的数字化，从原料投产、生产制程到质检包装、出厂运输，再到用户使用效果追踪与服务，数字化将赋能企业对产品全寿命周期的每个阶段、每个环节，实现全过程的精细化管理。因此，数字化与产业集群发展的深度融合带来了技术、战略和管理的全方位提质，提升了企业竞争力。广东制造业数字化转型一直走在全国前列。2018 年就在全国范围内率先出台支持工业互联网发展的政策措施，打造行业数字化转型标杆，推动工业企业"上云上平台"，开展数字化转型试点。到目前为止，已重点培育了华为、富士康、树根互联、腾讯等 4 家国家级跨行业、跨领域工业互联网平台，累计培育了 200 多个标杆示范项目。近五年来，累计 2 万家规模以上工业企业实现数字化转型，带动 20 个战略性产业集群支撑作用凸显，增加值约占地区生产总值的 1/3，还跑出了多个全国领先。

3. "小巨人"企业培育成效明显

战略性新兴产业因其新兴性，决定了它的产业必然是由众多具有

---

① 资料来源于广东统计信息网。

"专精特新"能力的中小企业所构成。为加快战略性新兴产业发展,抢占世界新兴产业高地,就必须让这些具有"专精特新"能力的中小企业尽快成长为行业中的"小巨人",众多的"小巨人"相连,最终形成产业巨人。广东积极贯彻国家战略部署,加大对战略性新兴产业中"专精特新"中小企业的培育力度,推动"小巨人"获得大发展。据省工业和信息化厅公布的数据,2021年广东省"专精特新"中小企业共计1459家,已覆盖战略性新兴产业中的核心基础零部件(元器件)、关键基础材料、先进基础工业、产业技术基础以及基础软件等多个新兴产业领域,"专精特新"能力十分突出。高端数控机床、智能机器人尤为耀眼。高端数控机床是直接决定产业基础高级化和制造业转型升级的高端装备。广东数控机床是由一批民营企业在零基础的环境下,凭借珠三角巨大的应用市场优势,坚持自主创新,不断地将积极响应市场需求与研发、生产融合,创新引领与解决市场需求融合,走出了一条贴近市场谋创新的广东高端数控机床发展之路,成就了中国南方高端数控产业基地。在数控系统、电主轴、导轨等关键核心部件以及机床整机方面,涌现出了广州数控、敏嘉制造、凯特精机、佳盟子机床、昊志机电等一批"小巨人"。正是这批"小巨人"支撑起美的、格力等企业实现空调压缩机国产化、改写了航空发动机叶片加工长期由国外垄断的态势,将战略性新兴产业的进取与战略性支柱产业的稳健进行了完美的链接,推动着广东经济高质量发展走在全国前列。

"小巨人"成大势

走进佛山市顺德区北滘镇,华南最大的机器人本体生产基地——库卡顺德园区即映入眼帘。2017年,美的集团收购了库卡机器人。次年,成为广东省智能制造创新示范园的重点项目。四年来,累计投入近6亿元开展创新研发,中国研发人员队伍在不断壮大,从2019年的40余人扩展到2021年的300人,开设了中国最大的机器人实验室,占地15000平方米,可完成产品所有实验测试,改写了原来所有产品研发均集中在德国的状况。2020年机器人产量只有6000台，2021年则猛增到1.8万台。目前，除库卡原有的大负载机型外，运用于3C和电子行业的小六轴机器人、食品级机器人等"小机器人"以及AGV机器人均诞生于库卡顺德园区。围绕中国市场需求，陆续研发并推出了十多款机器人新品、新应用及新软件，在研项目超过20个。库卡顺德园区成为华南最大机器人本体生产基地。全国每20台工业机器人中就有一台来自"库卡顺德"。2021年8月，库卡顺德园区被工信部列入第三批"专精特新""小巨人"企业名单。

在提升产能的同时，库卡顺德园区还致力于实现国产化、本地化。2021年启动库卡华南专项供应链布局，引进华东及至海外的上下游企业进驻。目前，已有电子物料、电缆物料、本体铸件等领域的7家供应商签署入园意向协议，埃斯顿、博智林、大族、中大力德等行业知名企业纷纷落户，已初步形成从核心零部件到本体制造、减速器、铸件和系统集成的机器人产业链。接下来的目标是把库卡顺德园区打造成年产10万台机器人、80%物料内部供应的智能园区，带动华南乃至整个智能制造产业发展和升级。

（四）发展提升现代服务业

现代服务业是以现代科学技术特别是信息网络技术为主要支撑，建立在新的商业模式、服务方式和管理方法基础上的服务产业，包括了因现代科技发展而产生的新兴服务业态和运用现代科技对传统服务业的改造和提升。世界工业化发展的历史告诉我们，工业化的发展与现代服务业的发展之间存在着共生共长不可分割的相互关联。因此，现代服务业是现代产业体系建设不可或缺的重要组成和支持，是影响现代产业体系向高级化提升的决定性因素。近年来广东经济社会发展取得可喜的成就与广东重视并大力发展现代服务业密不可分。

1. 现代服务业成为经济增长的"新引擎"

从表4-1可见,服务业已是广东经济增长的"新增长点",在服务业中占比超过60%并在逐年稳步提升的现代服务业则是经济增长的"新引擎"。2020年服务业对地区生产总值的贡献率为59.9%,中国服务业500强中广东占91席,位居全国第一。从入选广东企业500强的现代服务业企业来看,数字消费、金融科技等新兴产业和交叉领域成为其中的一大亮点。作为领军全省现代服务业的广州,已形成由万亿级产业规模、千亿级主要行业(6个)、百亿级龙头企业构成的现代服务经济体系,服务业对经济增长的贡献率达到82%以上。

表4-1 2015—2021年广东三次产业贡献率

单位(%)

年份	地区生产总值	第一产业	第二产业	第三产业
2015	100.0	1.7	41.2	57.1
2016	100.0	1.9	36.8	61.3
2017	100.0	2.0	39.8	58.2
2018	100.0	2.5	38.6	58.9
2019	100.0	2.6	33.6	63.8
2020	100.0	6.4	33.7	59.9
2021	100.0	4.2	43.0	52.8

注:资料来源于2015—2021年历年广东省国民经济和社会发展统计公报。

在总量扩张的同时,高端专业服务业集聚发展态势初步形成。图4-1的数据显示,2015—2020年广东现代服务业占服务业比重均超过了60%,且呈逐渐上升的态势。2020年,广东全省生产性服务业占地区生产总值的比重超过30%,广州的比重则在40%以上。广州集现代服务业和国家制造业重镇于一身,被列为全国首批六个服务型制造业示范城市之一,集聚了树根互联、阿里云、航天云网、浪潮、机智云

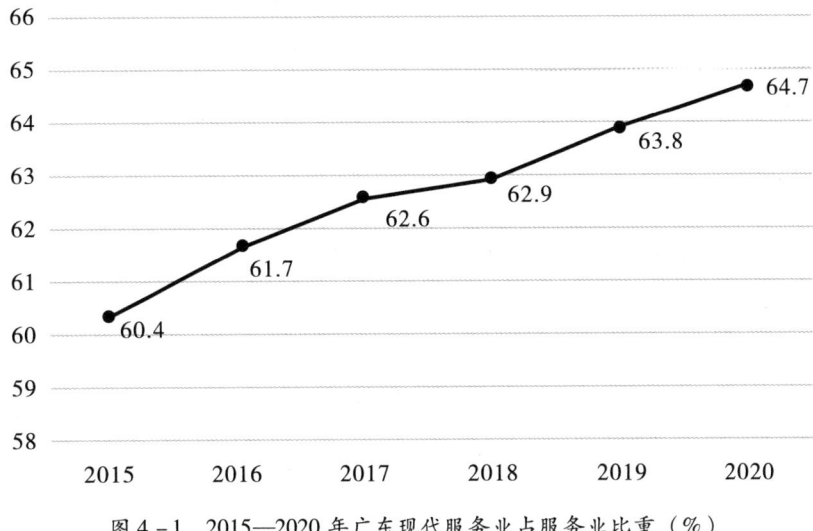

图 4-1 2015—2020 年广东现代服务业占服务业比重（%）

注：资料来源于广东统计信息网。

等 20 多家国内知名的工业互联网平台。工业互联网标识解析顶级节点（广州）为全国五个顶级节点之一。在支持制造企业创新发展、人才引进、公共服务平台上打造全球"定制之都"。在粤港澳大湾区建设的带动下，组织管理服务、法律服务、人力资源服务、知识产权服务、会展和相关服务、咨询与调查等高端专业服务增速喜人，集聚发展的水平迅速提高。

2. 交通强省建设是广东高质量发展的"加速器"

交通是支撑国民经济发展的"大动脉"。改革开放以来广东在经济发展中取得的巨大成就，广东交通发展功不可没。新时期广东担当起在全国率先实现经济高质量发展排头兵的重任，广东交通再次发力。2020 年，乘国家批复《交通强国建设广东试点实施方案》之东风，推出广东《交通强国建设纲要》的实施方案，提出了建设便捷高效的综合运输通道、打造协同开放的世界级港口群、建设全球通达的世界级机场群、打造一体高效的综合交通枢纽等十大工程。广东交通强国试点和交通强省建设步入全面加速期，在交通基础设施建设、改善出行环境、系统防范化解道路交通安全风险、数字化管理等多个领域取得突破性成效，四维综合立体式的发达交通运输网在人流、物流、信息流上为广东实现高质量发展提供了强有力的支撑。

表4-2　2021年广东交通成绩单

项目	内　　容	国内地位
高速公路	1. 通车总里程突破1.1万公里，县县通高速公路	八连冠
	2. 6车道以上高速公路总里程超过5000公里	
	3. 省通道总数达到30条	
	4. 建立了一套高速公路建设标准化管理体系	率先
轨道交通	1. 运营里程1137.5公里	第一
	2. 粤港澳大湾区主要城市间1小时通达	
航空机场	1. 广州白云机场旅客吞吐量	第一
	2. 深圳宝安机场旅客吞吐量	第三
	3. 广州白云机场货邮吞吐量	第二
	4. 广州白云机场飞机起降架次增速	第一
高铁	1. 运营里程超过2300公里	连续第一
	2. 市市通高铁	
	3. 再次开通时速350公里	
港口	1. 货物/集装箱吞吐量亿万吨港口	前列
地铁	1. 广州是中国内陆开通地铁的第四座城市，运营里程590公里	
	2. 线网客流强度1.44万人次/（公里·日）	第一
	3. 深圳是中国内陆开通地铁的第五座城市，运营里程419公里	
	4. 线网客流强度1.42万人次/（公里·日）	第二
	5. 地铁、汽车客运枢纽、航空客运枢纽互联互通	
	6. 广州与上海、重庆、北京、天津、深圳、南昌实行乘车二维码互联互通	

注：资料来源于广东省统计局、广东省交通运输厅。

3. 现代服务助力产业转型升级

一是深化金融体制改革创新，增强对实体经济的支持力度。近年来，广东从解决金融领域对经济发展关系最重大、最突出、最紧迫的问题入手，推动广东金融业改革发展，取得明显成效。截至 2021 年底，广东金融总量指标、主要金融指标继续保持稳定有力增长，增量占全国比重保持在较高水平，并高于广东经济占全国份额，形成了制造业贷款的增长与广东经济发展需要契合度较高的态势。普惠小微贷款增势良好，惠及企业数量不断扩大；"跨境理财通"业务的开通促进了粤港澳大湾区金融业的融合发展；普惠小微企业贷款延期还本付息极大地减轻了新冠肺炎疫情期间小微企业的发展压力；普惠小微贷款创新解决了长期以来小微企业因缺乏抵押物贷款难的问题。一系列的金融改革创新成果向社会展现着广东金融系统以综合多层次高效安全一体化的现代金融服务体系为实体经济提供合理充裕、力度稳固的资金支持。

二是加强人才服务，为产业转型升级提供高质量的人力资源支撑。综合实力的竞争说到底是人力资源质量的竞争。为破解广东制造强省人力资源尤其是人才资源不足的难题，近年来广东在增强"智力引擎"上持续发力。一方面加大力度多措并举，不断优化引才、聚才、留才的环境条件，效果显著；另一方面加大力度建设高水平大学体系，做大做强人才培养平台。表 4-3 的数据显示，截至 2021 年底广东博士后科研工作站，博士后科研流动站，在站博士后人数，专业技术人才、技能人才总量等主要人才指标数均居全国前列。在大力发展职业技术教育，实施"广东技工"工程的同时，大湾区内地九市有 20 所新高校筹建或动工，集中优质资源搭建一批高水平的国际一流创新平台。

表4-3 截至2021年底广东高端"智力引擎"一览表

类别	数量	国内地位
博士后科研工作站	566家	前列
博士后科研流动站	177家	前列
在站博士后人数	超1.1万人	前列
在粤两院院士	102人	
专业技术人才、技能人才总量	2100多万人	前列
创新创业孵化基地吸引港澳青年人才	3455人	

注：资料来源于广东省人民政府网。

三是科技创新成果转化、知识产权保护等公共服务平台建设成效显著。继广东建成全国首家民营知识产权交易中心、国际知识产权交易所落户广州之后，2018年广东成功获批建设珠三角国家科技成果转移转化示范区；2019年6月，华南技术转移中心总部（广州南沙）正式投入使用，同年，技术转移线上创新服务总平台"华转网"及其广东创新券专版正式上线运营，目前该平台已有来自省内各地市、北京、上海以及港澳的321家重点科技服务机构成功入网并开设线上服务产品旗舰店，来自省内的1500余家科技型中小企业完成平台注册，具备了创新券申领的基本条件，形成了平台与企业、企业与科技成果转化的最短对接路径，在推动科技成果转移转化上初见成效。知识产权保护上，继知识产权仲裁走入产业园区、异地线上开庭等常态知识产权保护载体后，2021年全国首个知识产权保险中心——中国人保粤港澳大湾区知识产权保险中心落户大湾区，它标志着广东在搭建海外知识产权保护机制及保护体系上迈出了重要而坚实的一步。日益完备的科技成果转化和知识产权保护服务为广东科技创新产业加速发展提供了极大的支持。

4. 以新一代信息技术促现代服务业高质量发展

一是以新一代信息技术扩展和加深现代服务业与制造业的融合，

为产业转型升级提供更好的支撑和支持。以数字化赋能战略性产业集群，加快战略性产业的数字化转型，是广东制造业转型升级的一大亮点。通过数字化转型，实现产品制造、供应链以及营销环节的数字化，对产品全寿命周期的每个阶段、每个环节实现全过程的精细化管理，为企业研发、制造、人才、融资、上市等提供更具柔性化的服务；通过数字化转型，打造了一批优质工业互联网平台、第三方专业服务商，形成一批全球数字新技术、新产品、新服务落地应用的最佳试验场和集聚地，为制造业的数字化、产业链协同数字化、智能化转型提供支撑和支持。广东的智能家电、智能机器人、高端数控机床等战略性产业集群随处可见数字化的成效。二是新一代信息技术在现代服务业上的广泛应用，也带来了工业性服务业和生活性服务业的扩展升级，反过来推动制造业新领域的形成和发展，制造业与现代服务业的融合更深更坚固。

五 构建"一核一带一区"区域发展格局

2019年8月26日,习近平总书记在中央财经委员会第五次会议上提出要推动形成优势互补高质量发展的区域经济布局,这为新发展阶段促进我国区域协调发展给出了新的思路,其关键要点是,一要尊重产业和人口向优势区域集中,形成以城市群为主要形态的增长动力源,进而带动经济总体效率提升这一客观规律,二要充分根据各地区的比较优势形成差异化的发展路径,发挥好各地区的主体功能,三要实现各地区基本公共服务均等化以及基础设施通达程度比较均衡,保障民生底线。为进一步促进广东优势地区发展并解决区域差距仍然较大的问题,2018年6月,中共广东省委十二届四次全会依据习近平总书记的有关重要论述创新性地提出了以功能区为引领的广东区域发展新战略,即着力形成由珠三角核心区、沿海经济带、北部生态发展区构成的"一核一带一区"区域发展新格局①,其核心就是进一步突出优势地区的引领带动作用,充分发挥各地区的主体功能,保障欠发达地区的民生底线。2019年7月,广东省委、省政府印发《关于构建"一核一带一区"区域发展新格局促进全省区域协调发展的意见》(以下简

---

① 在"一核一带一区"区域发展格局中,"一核"指珠三角地区,是引领全省发展的核心区和主引擎,范围包括广州、深圳、珠海、佛山、惠州、东莞、中山、江门、肇庆九市;"一带"指沿海经济带,是新时代全省发展的主战场,范围包括珠三角沿海七市和东西两翼地区七市,东翼以汕头市为中心,包括汕头、汕尾、揭阳、潮州,西翼以湛江市为中心,包括湛江、茂名、阳江;"一区"指北部生态发展区,是全省重要的生态屏障,范围包括韶关、梅州、清远、河源、云浮五市。

称为《意见》）对推进"核""带""区"的协调发展又进行了具体部署。随着各项工作的深入推进，广东高质量发展的区域布局正在逐步形成，区域协调发展的水平也明显提升。

（一）建设珠三角世界级城市群

珠三角地区发展的重要任务就是建设世界级城市群，成为广东乃至全国参与全球竞争的重要平台。而城市群发展的关键就是内部城市形成统一的市场、合理的分工以及深度的合作，从而发挥整体合力，实现规模经济，提高城市群内部的资源配置效率。为此，广东主要做了三方面工作，一是优化珠三角城市体系，二是促进城市间融合互动，三是提高城市群的综合承载能力。

1. 优化珠三角城市体系

不断优化城市体系是城市群建设的关键，这包括城市的规模体系和分工体系，只有形成合理的城市体系，才能促进城市间的要素充分流动，从而实现规模效率、配置效率和技术效率。近年来，珠三角强化中心城市的引领作用，支持特大城市和节点城市的发展，城市体系得到进一步优化。

首先是充分发挥中心城市的引领作用。2019年，《中共中央、国务院关于支持深圳建设中国特色社会主义先行示范区的意见》为深圳赋予了新的重大使命，广东和深圳按照中央的部署扎实推进中国特色社会主义先行示范区建设，取得了初步成效，2021年，深圳地区生产总值达到30664.85亿元，位列全国地级以上市第三位，位居亚洲城市第五位。同时，为推动提升广州的发展水平，充分发挥其中心城市的作用，2019年10月，广东省委印发了《中共广东省委全面深化改革委员会关于印发广州市推动"四个出新出彩"行动方案的通知》，支持广州全力提升经济中心功能，建设先进制造业强市，建设现代服务业强市，近两年广州经济增长步伐加快，2021年地区生产总值达到28231.97亿元，与深圳的差距有所缩小。

其次是促进特大城市和节点城市高质量发展。2018年以后，广东按照珠江口西岸核心城市的目标来支持珠海的发展，珠海发展明显提速，自2017年以来，珠海地区生产总值增速高于全省平均水平，总体上也高于广州和深圳的增速，2021年地区生产总值已达3881.75亿元，常住人口也达到244.96万人，人均地区生产总值达到157914元，在省内仅次于深圳。佛山和东莞两个特大城市的城市品质明显提升，人口持续流入，2016年，东莞常住人口就超过了1000万，2021年东莞常住人口达到1053.68万人，佛山达到961.26万人。随着产业转型升级快速推进，佛山和东莞两个城市的经济规模再上新台阶，2019年，佛山地区生产总值就超过1万亿元，2021年达到1.22万亿元，2021年东莞的地区生产总值也突破了1万亿元。其他节点城市发展势头也较好，惠州现代产业增长较快，2021年的地区生产总值达到4977.36亿元，中山和江门在2021年地区生产总值分别为3566.17亿元和3698.1亿元，肇庆2021年的地区生产总值达到2649.99亿元。

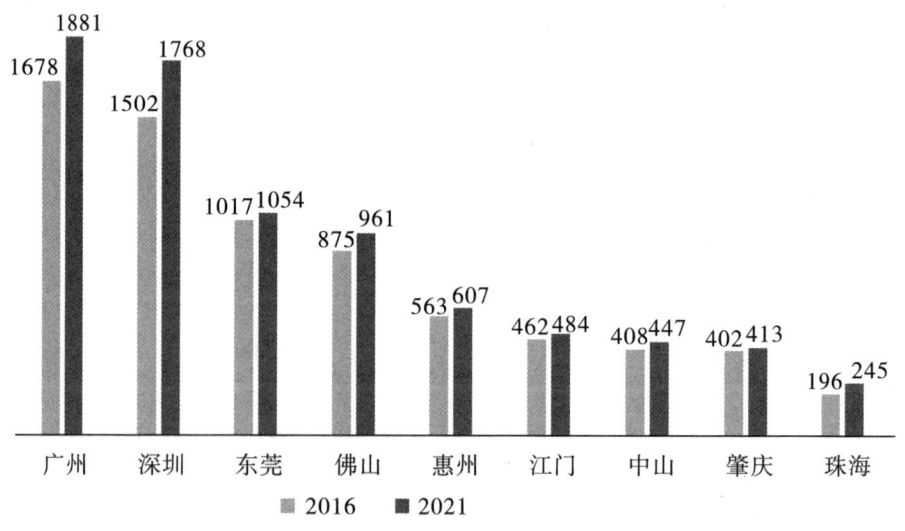

图5-1　2016、2021年珠三角城市常住人口数量（万人）

注：数据来源于《广东统计概要》。

五 构建"一核一带一区"区域发展格局

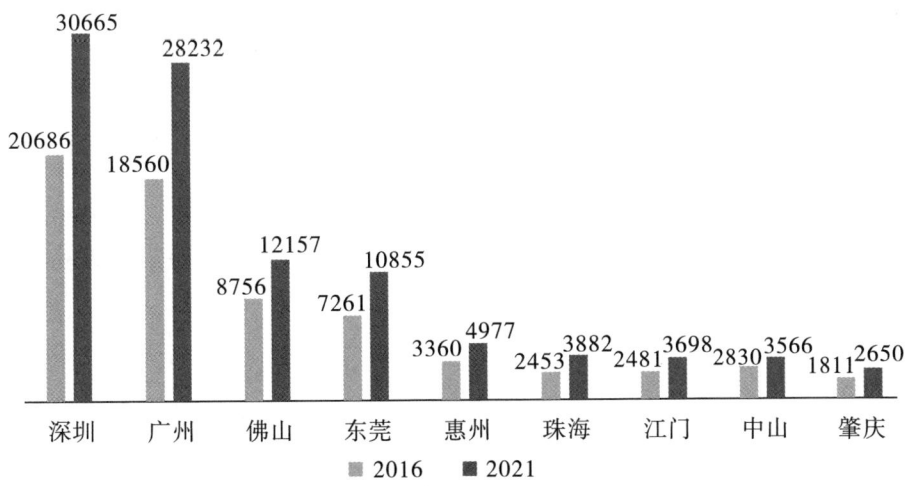

图 5-2 2016、2021 年珠三角城市地区生产总值(亿元)

注:数据来源于《广东统计概要》。

现代城市经济学把齐普夫指数作为判断城市群城市规模分布是否合理的一个重要标准。城市规模分布的齐普夫指数与城市群城市规模的集中程度正相关,但在齐普夫指数接近于 1 时,城市规模分布最为合理。我们以常住人口作为城市规模的衡量指标,发现珠三角在 2000

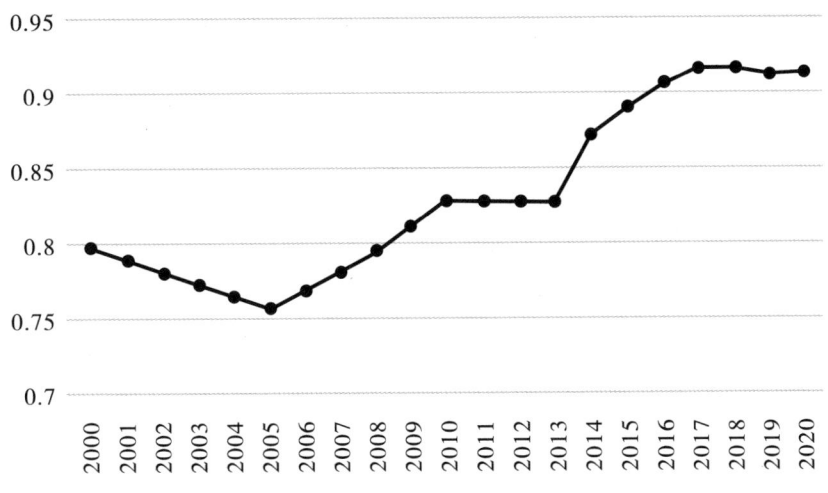

图 5-3 2000—2020 年珠三角城市规模分布的齐普夫指数

注:图中数据系根据相关年份《广东统计年鉴》计算而得。

至2008年的齐普夫指数都在0.7至0.8之间，在2005年以后持续上升，2016年开始超过0.9，之后稳定在0.9以上，2020年的齐普夫指数达到0.9143。这说明，近年来，珠三角城市群城市规模的集中程度不断提高，尤其是广州、深圳、佛山和东莞等中心城市和特大城市人口集中速度较快，这导致城市群的规模分布更趋合理。

同时，珠三角城市分工体系也进一步完善。一般来说，在发达的城市群中，大城市由于经济多样化程度高、基础设施和公共服务比较完善，高端要素集聚程度高等原因，主要承担城市群中的创新中心、总部中心、生产性服务中心等职能，中小城市主要承担生产制造等职能。近年来，珠三角城市群的这一分工格局更加明显。

首先是中心城市的服务功能以及创新能力进一步增强。广州和深圳第三产业增加值在珠三角的占比由2015年的66.24%上升到2020年的67.71%，两市全社会研发经费投入在珠三角占比，由2016年的67.32%上升至2019年的67.72%，虽然上升幅度不大，但广州和深圳都牢牢占据珠三角高端服务和创新中心的位置。深圳在创新上的成就

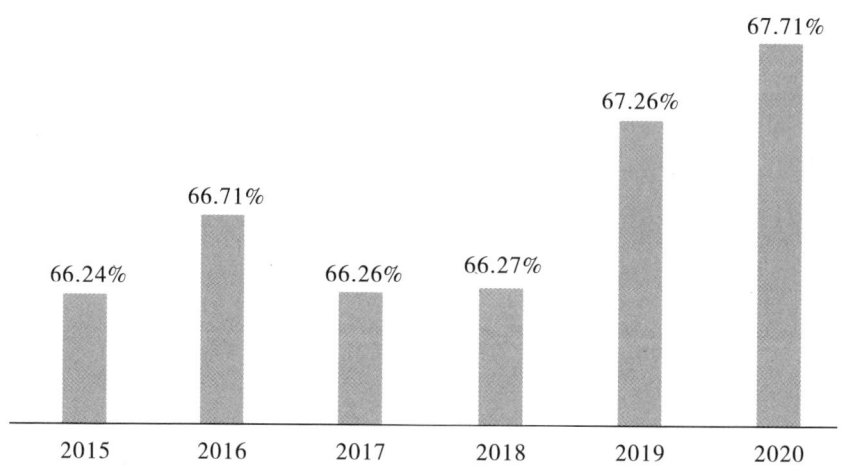

图5-4　2015—2020年，广州、深圳第三产业增加值合计占珠三角的比重
　　注：数据来源于2016、2021年《广东统计年鉴》。

更加突出，2020年，深圳在国家创新型城市创新能力排名中位居第一，全社会研发投入占地区生产总值比重达4.93%，国家级高新技术企业达1.86万家，PCT国际专利申请量连续17年居全国城市首位。[①] 其次是非中心城市的生产制造地位得到巩固，2020年，广州和深圳之外的珠三角城市工业增加值在珠三角比重达到53.23%，是珠三角地区工业的主导力量。因此，总体看来，珠三角地区城市间分工体系在进一步完善。

表5-1 珠三角全社会研发经费及广深占比（亿元）

城市	2019年	2016年
广州	677.7	457.5
深圳	1328.3	843.0
珠海	108.3	55.2
佛山	287.4	200.4
惠州	109.4	69.9
东莞	290.0	164.8
中山	65.4	76.0
江门	71.1	43.0
肇庆	24.9	22.0
珠三角合计	2962.5	1931.8
广深合计占比	67.72%	67.32%

注：数据来源于2017、2021年《广东统计年鉴》。

[①] 资料来源于2021年深圳市人民政府工作报告，2021年5月25日。

表 5-2 珠三角工业增加值（亿元）

城市	2020 年	2016 年
广州	5722.5	5215.7
深圳	9528.1	7268.9
珠海	1276.9	960.8
佛山	5768.3	4967.2
惠州	1931.5	1733.7
东莞	4974.6	3089.3
中山	1456.8	1608.3
江门	1168.0	1085.2
肇庆	779.7	940.9
珠三角合计	32606.4	26870.0
广深合计占比	46.77%	46.46%
广州、深圳之外珠三角城市合计占比	53.23%	53.54%

注：数据来源于 2017、2021 年《广东统计年鉴》。

2. 促进珠三角城市融合互动

发挥城市群整体效应的重要途径就是进一步实现城市群内部的深度一体化和同城化，促进统一市场形成和要素充分流动。近年来，珠三角在促进城市深度融合互动方面做了大量工作。

（1）促进广深双城联动发展。近年来，广深"双城联动，比翼双飞"成为强化珠三角中心城市发展的重要思路。广州和深圳既有较大的共同之处，也存在明显的差异和互补性，这些都成为两市联动发展的重要基础。在同质性方面，两市都具有非常大的人口和经济体量，也都拥有优质的营商环境以及高水平的基础设施和公共服务，这为高端要素在两市之间的流动创造了条件，两市之间也有很强的相互溢出效应。在互补性方面，一是在发展空间上，深圳土地比较紧缺，广州面积相对广阔,深圳可在土地利用较集约的高精尖技术和产业上持续升级,而广州还有一定的空间发展土地依赖程度相对较高的高端制造业,从而与深圳形成产业链上的合作。二是在创新类型上,广州由于集中了大量的高校和科研院所,因此在基础创新上有着很强的实力,而深圳高技术产业实力雄厚,所以产业创新上在全国具有领先地位,两者也可以形成深入的合作。三是在现有产业结构上也具有互补性,服务业领域中,广州是商贸物流之都,批发零售业以及交通运输、仓储和邮政业表现突出,深圳的金融业以及信息传输、软件和信息技术服务业占有较大比重,两市的支柱服务业可以相互形成辐射;工业领域中,广州汽车工业占比较大,2020年在本市规模以上工业增加值中占比为27.09%,深圳的计算机、通信和其他电子设备制造业是本市的绝对支柱产业,2020年在本市工业中的占比达到59.22%,随着新能源汽车以及智能网联车产业的快速发展,两市汽车制造业与电子信息产业的深度融合和合作的空间巨大。

为推动广深双城联动,2019年,广州、深圳两地签署了《广州市深圳市深化战略合作框架协议》,协议明确了支持深圳建设中国特色社会主义先行示范区、共建国际科技创新中心、打造国际性综合交通枢纽、共建具有国际竞争力的现代产业体系、共建宜居宜业宜游优质生活圈等事项。同年9月6日两市共同印发了包括广深第二高铁等27个合作事项在内的重点合作项目(事项)清单。2020年10月22日,广州和深圳政府部门在"广州深圳'双城联动'论坛"上签署了7项深化合作专项协议,涉及科技创新、智能网联汽车产业、智能装备产业、生物医药产业、基础设施、营商环境、自贸区等7个领域。目前两市的科技创新合作推进速度比较快,如南方海洋科学与工程广东省实验室(广州)已在深圳设立了分部,人工智能与数字经济省实验室由广深联合共建,首批建设的10家粤港澳联合实验室中有2家由广深两市共建。

表5-3 2019年广州、深圳第三产业分行业增加值及内部结构

行业	广州 增加值（亿元）	占比（%）	行业	深圳 增加值（亿元）	占比（%）
批发和零售业	3175.03	18.65	金融业	3609.74	21.82
房地产业	2616.52	15.37	信息传输、软件和信息技术服务业	2650.49	16.02
金融业	1991.90	11.70	批发和零售业	2512.95	15.19
交通运输、仓储和邮政业	1521.04	8.94	房地产业	2355.31	14.24
信息传输、软件和信息技术服务业	1395.16	8.20	租赁和商务服务业	1202.37	7.27
教育	1281.04	7.53	科学研究和技术服务业	819.10	4.95
租赁和商务服务业	1205.25	7.08	交通运输、仓储和邮政业	783.56	4.74
公共管理、社会保障和社会组织	1023.46	6.01	教育	668.98	4.04
科学研究和技术服务业	765.99	4.50	公共管理、社会保障和社会组织	566.96	3.43
卫生和社会工作	697.92	4.10	住宿和餐饮业	457.21	2.76
居民服务、修理和其他服务业	458.78	2.70	卫生和社会工作	401.31	2.43
住宿和餐饮业	445.85	2.62	居民服务、修理和其他服务业	328.66	1.99

续表

行业	广州		行业	深圳	
	增加值（亿元）	占比（%）		增加值（亿元）	占比（%）
文化、体育和娱乐业	312.40	1.84	文化、体育和娱乐业	111.62	0.67
水利、环境和公共设施管理业	130.01	0.76	水利、环境和公共设施管理业	74.19	0.45

注：数据来源于2021年《广州统计年鉴》和2021年《深圳统计年鉴》。表中的"占比"指该行业增加值占全市第三产业增加值的比重。

表5-4　2020年广州、深圳规模以上工业增加值排名前8位的行业情况

行业	广州		行业	深圳	
	增加值（亿元）	占比（%）		增加值（亿元）	占比（%）
汽车制造业	1231.08	27.09	计算机、通信和其他电子设备制造业	5073.03	59.22
计算机、通信和其他电子设备制造业	443.14	9.75	电气机械和器材制造业	631.31	7.37
化学原料和化学制品制造业	305.18	6.72	专用设备制造业	478.87	5.59
电力、热力生产和供应业	259.54	5.71	电力、热力生产和供应业	268.03	3.13
食品制造业	212.17	4.67	通用设备制造业	259.61	3.03
石油、煤炭及其他燃料加工业	183.70	4.04	石油和天然气开采业	202.74	2.37

续表

行业	广州		行业	深圳	
	增加值（亿元）	占比（%）		增加值（亿元）	占比（%）
烟草制品业	183.63	4.04	橡胶和塑料制品业	185.34	2.16
医药制造业	163.42	3.60	金属制品业	157.29	1.84

注：数据来源于2021年《广东统计年鉴》。表中的行业"占比"指该行业增加值占全市规模以上工业增加值的比重。

(2) 推进广佛同城。广佛同城具有良好的条件和基础，广州和佛山中心城区直线距离只有20公里，接壤地段长达197公里，从地理上基本可以看作一个大都市区，从历史上看广佛就同根同源，两市居民的自然交流非常深入，经济的相互依赖程度很高，比如佛山的大量制造业产品就是通过广州的贸易平台销往全国和全世界。2008年底，国务院出台《珠江三角洲地区改革发展规划纲要（2008—2020年）》，正式把广佛同城化作为珠三角一体化发展的重要内容，将其提升到国家战略层面，之后，广佛同城加速推进。近年来，广佛同城又取得了多方面的重要进展：一是合作前沿区域进一步明确，2018年1月，佛山市将禅城、南海、顺德三区与广州交界的130平方公里的范围划为三龙湾，并确定"一环创新圈"的战略规划，明确以三龙湾高端创新集聚区为龙头和创新极核来推进广佛同城。2020年，广州、佛山两市携手编制《广佛高质量发展融合试验区建设总体规划》，提出在广佛边界两侧，选取629平方公里极具发展潜力的区域，合力建设包括"1个先导区和4个片区"的高质量发展融合试验区，推动两市在各个领域实现全面互联和深度融合，试验区启动区正在加快建设。二是两市交通连接进一步推进，目前两市跨区域路网越织越密，海华大桥、番海大桥正式通车，广佛大桥动工建设，广州地铁7号线西延顺德段开通，未来两市将有18条地铁互通，广佛轨道交通正向着"一张网、一票通、一座城"的目标不断迈进。数据显示，广佛跨城日出行量超过163

万人次，相当于一个中等城市的人口规模。三是两市的"软联通"方案也在逐渐细化、落地。两市在政务服务领域的"跨城通办"渠道和范围不断拓展，广佛跨界河流水质首次实现全面达标，广佛都市圈共建共治共享水平持续提高。四是两市的创新合作也在不断深化，广佛两市联合印发了《关于推进广佛科技创新合作的工作方案》，在佛山，来自广州高校院所的专项合作项目累计超过110个。五是两市产业协作成效初显，自提出携手打造先进装备制造、汽车、新一代信息技术、生物医药与健康等4个万亿级产业集群的目标以后，广佛装备制造业产业集群已率先实现了工业总产值超万亿元的目标。①

（3）推进珠江口两岸融合发展。珠江口两岸由于地理上的交通分隔，形成了差异较大的经济发展路径，东岸毗邻香港，改革开放的早期便以香港为桥梁通过加工贸易方式嵌入全球价值链，经济外向程度很高，在参与国际分工过程中东岸地区接触到产业和技术的最前沿，逐步形成了以电子信息为主的高技术制造业集群；西岸在原有工业和发达的专业市场基础上形成了家电、机械装备、陶瓷、纺织服装等主要面向国内市场的产业集群。② 由于东岸创新更加活跃，产业升级速度较快，近十几年来东岸和西岸的经济体量差距也在不断扩大，2010年东岸深莞惠三市的生产总值是西岸佛珠中江四市生产总值的1.56倍，2020年扩大到2.01倍，因此如何促进东西两岸的融合发展，形成合力，共同提升珠三角的竞争力，是一个重要的课题。交通连接是两岸融合的重要基础，近年来，跨珠江口通道的建设加速推进，目前正在推进深中通道、黄茅海跨海通道、狮子洋通道、莲花山通道等公路通道建设，两岸配套集散道路正在同步完善，深圳至江门铁路、佛莞城际铁路、中南虎城际铁路等铁路通道建设也在加速推进，2021年广东

---

① 资料参考自《广佛同城化，一个"超级大城市"呼之欲出》，澎湃新闻，2021年4月19日。

② 王珺、丘海雄等：《珠三角产业集群发展模式与转型升级》，社会科学文献出版社2013年版。

印发了《广东省综合交通运输体系"十四五"发展规划》又明确提出"研究深圳经港珠澳大桥至珠海、澳门通道",未来一系列重大交通基础设施的建成将大幅度缩减珠江口两岸的交通时间。此外,两岸城市之间的合作与互动也更加频繁和深入,如深圳就着力加强与中山、珠海、江门等珠江西岸城市合作,推动前海与横琴等国家级平台交流互动;佛山正在积极促进佛山实体经济与深圳科创、金融等优势资源对接,推动"深圳创新+佛山产业"协同发展,积极建设深圳科技园佛山科创园、顺深产业城等平台项目,主动承接深圳电子信息、装备制造、新能源、新材料等优势产业和科技创新溢出效应。

3. 提升珠三角综合承载能力

由于经济集聚带来的外部性会提升效率并促进创新,因此城市群和都市圈日益成为经济增长的区域动力源和经济活动的主要承载空间。但在一定的空间范围内,大量人口和经济活动的集中会消耗大量的资源、产生较大的环境问题以及加大交通拥堵程度。因此,为促进城市群的进一步集聚,从而获得更高的效率,有必要在一定程度上提高城市群的承载能力。为此,珠三角近年来在交通基础设施建设和水的供给等方面加大了建设力度。

在交通基础设施建设方面,广东着力打造"轨道上的大湾区",2016至2020年,珠三角轨道交通运营车辆由4086辆增加至6593辆,运营线路条数由22条增加到31条,运营线路长度由631.8公里上升至1028.9公里。目前珠三角正在推进珠肇高铁、广佛环线等项目建设,也在抓紧推动广州铁路枢纽能级提升工程、深圳枢纽西丽站、广珠(澳)高铁、深惠城际、广佛江珠城际、珠三角枢纽(广州新)机场、莲花山通道等项目的前期工作。2022年,广珠(澳)高铁鹤州至横琴段、深惠城际前海至坪地段等7个项目约400公里将开工建设。珠三角的铁路网络得到进一步完善,新白广城际、广东南海一汽大众铁路专用线力争完工,珠三角内将新增铁路总里程139公里。预计至2025年,珠三角各城市将实现高铁"一小时通达"。珠三角近年来的公共汽电车运营能力也有了大幅度的提升,2016年公共汽电车的运营车辆、运营线路条数及运营线路长度分别为51193辆、4295条和87083公里,到2020年,分别达到56581辆、4577条和95930公里。在机场建设方面,广州白云机场三期扩建、深圳机场三跑道扩建、珠海机场改扩建等重大项目加速推进。在水运方面,2021年,广东省交通运输厅印发《广东推进内河航运高质量发展实施方案》,明确了内河航运发展相关规划,内河航运基础设施建设,港航资源整合和结构优化,航运营商环境,智慧水运建设,绿色水运发展等六大方面的工作任务,珠三角是重点建设发展区域之一。

表5-5 2016—2020年珠三角轨道交通运营情况

年度	运营车辆（辆）	运营线路条数（条）	运营线路长度（公里）	客运量（万人）
2016	4086	22	631.8	388964
2017	4837	25	742.1	450141
2018	5234	26	829.6	495175
2019	5602	26	885.2	538681
2020	6593	31	1028.9	407694

注：数据来源于相关年份《广东统计年鉴》。

表5-6 2016—2020年珠三角公共汽电车运营情况

年度	运营车辆（辆）	运营线路条数（条）	运营线路长度（公里）	客运量（万人）
2016	51193	4295	87083	639914
2017	55012	4463	84199	600687
2018	55962	4375	91818	567183
2019	55373	4440	93649	551989
2020	56581	4577	95930	355045

注：数据来源于相关年份《广东统计年鉴》。

针对珠三角地区水资源分布不均、开发利用不平衡问题，2019年，珠江三角洲水资源配置工程可行性研究报告获得国家发展改革委批复。该工程旨在解决广州、东莞、深圳生活生产缺水问题，提高供水保证程度，同时为香港及广州番禺、佛山顺德等地提供应急备用供水条件。工程西起西江干流鲤鱼洲，东至深圳公明水库，以深层管道输水方式穿越珠三角核心城市群。该工程是国务院确定的172项重大节水供水水利工程之一，输水线路全长113.1公里，其中干线长90.3公里，渠首设计引水流量为80立方米每秒。工程估算总投资339亿元，其中中央投资安排34亿元。珠江三角洲水资源配置工程建成后，将实现从西江水系向珠江三角洲东部地区供水，对保障城市供水安全和经济社会发展具有重要作用，同时也将对粤港澳大湾区发展提供战略支撑。[①]

（二）建设现代化沿海经济带

改革开放以来，广东充分发挥沿海优势，大力发展外向型经济，取得巨大成就，沿海经济带已发展成为全国经济最具活力、开放程度最高、创新能力最强、集聚人口最多的区域之一。由于沿海经济带贯穿珠三角和粤东、粤西地区，因此，建设现代化沿海经济带也是充分利用各地区优势，促进区域协调发展的重要途径。

1. 培育区域发展极

发展极对于周边地区的辐射需要考虑距离，如果距离太远，则人员、货物和信息在发展极和外围地区流动的成本比较高，外围地区就很难接受到发展极的辐射。由于广东东西距离长，大陆海岸线长度达到3368千米，珠三角地区处于沿海经济带的中心，其对沿海经济带东

[①] 资料参考自《珠江三角洲水资源配置工程获批　将从西江调水供给广深莞》，新华网，2018年8月11日。

西两端城市的辐射效果较小,因此有必要在东西两翼各形成一个省域副中心城市,以通过资源集聚带来规模效率,从而促进周边地区的发展。东西两翼的汕头和湛江便是省域副中心城市的首选。虽然汕头和湛江在本区域内经济规模并不突出,但两市的地位特殊,有着重要的功能,也有着巨大的发展潜力。首先,汕头是我国四个经济特区之一,湛江是我国设立的首批14个沿海开放城市之一,两者都在全国具有重要的战略地位;其次,汕头和湛江在东西两端作为陆海交通枢纽的地位比其他城市更加明显;再次,经过多年来的建设,两市也具有相对更高的城市品质。基于此,在2017年公布的《广东省沿海经济带综合发展规划(2017—2030年)》中,汕头和湛江被确定为"省域副中心城市"。

2021年3月,省委、省政府印发了《中共广东省委、广东省人民政府关于支持湛江加快建设省域副中心城市打造现代化沿海经济带重要发展极的意见》,确定了湛江服务重大战略高质量发展区、陆海联动发展重要节点城市、现代化区域性海洋城市、全省区域协调发展重要引擎的战略定位。近年来,湛江聚力推进参与共建西部陆海新通道、推动湛江港和东海岛纳入广东自贸区扩区的片区、建设国家海洋经济发展示范区等,全力做好临港产业、滨海旅游、特色优势农业、军民融合"四篇文章",大力实施重大工业产业项目达产增效、传统产业转型升级、现代服务业提速、高新技术产业培育、蓝色海洋综合开发"五大产业发展计划",发展开始加速,2021年,湛江地区生产总值达到3559.93亿元,比2020年增长8.5%,超过全省8.0%的平均增速。东翼的汕头也在努力通过"湾+区+带"协同联动来加快省域副中心城市建设。汕头着力强化大湾区战略性新兴产业和高新技术产业等产业承接合作,深化科技创新协同,加大华侨试验区、综合保税区、国家高新区等平台对接引领,努力加强与大湾区城市在科技、教育、医疗、文化,以及商贸、物流、农产品等领域合作共建,出台招商引资考核办法,2019年底就有总投资673亿元的171个重点项目集中启动、竣工、签约,海上风电智能制造项目试投产,5个风电项目加快建设,

5G 产业园成为省首批 3 个 5G 产业园之一，近年来汕头也总体保持了不错的经济增长势头，2021 年汕头地区生产总值达到 2929.87 亿元，比上一年增长了 6.1%。

为进一步推动两个省域副中心城市的发展，省级层面推动建立广州与湛江、深圳与汕头深度协作机制。广州与湛江着力从加强区域协同和交流互鉴、推动基础设施互联互通、构建创新产业融合发展新格局、加强社会民生领域合作、加强人才培训交流 5 个方面开展深度协作。目前，产业协作正加速落地，广州越秀集团携手湛江市，将重点围绕生猪养殖、城市综合开发建设和运营、金融服务等领域开展深度合作；2021 年 3 月，签署《广州市与湛江市文化旅游合作框架协议》，支持湛江创建广东省公共文化服务体系示范区（项目）和广东省全域旅游示范区。[1] 深圳也与汕头签署深度协作框架协议，打造沿海经济带重要发展极，旨在推动"核+副中心"区域协调发展新格局加速形成。

2. 坚持陆海统筹发展

国家"十二五"规划中就明确提出坚持陆海统筹发展，党的十九届五中全会进一步强调要坚持陆海统筹，发展海洋经济，建设海洋强国。陆海统筹就是要构建陆地与海洋相协调的可持续发展之路。对于广东沿海经济带，坚持陆海统筹发展既是必须坚守的原则，也带来了巨大的发展机会。近年来，沿海经济带东西两翼坚持陆海统筹发展，重点发展海洋经济，取得了明显的成效。

一是海洋空间开发格局得到优化。"湾+带"联动优势逐渐显现，珠三角及东西两翼与港澳在海洋交通运输、海洋装备制造、邮轮旅游等领域的合作不断加强；沿海经济带东西两翼的临海能源、临海现代工业、滨海旅游业等海洋产业集聚效应凸显，成为海洋经济发展新增长极。此外，广东沿海经济带成为国家海洋经济发展的重要试验示范

---

[1] 资料参考自《穗湛签署文旅合作框架协议》，湛江市人民政府网，2021 年 3 月 8 日。

区域，2016年10月，国家海洋局和财政部共同批复"十三五"海洋经济创新发展示范城市工作方案，确定湛江市等8个城市为首批海洋经济创新发展示范城市，2018年11月，湛江市又获批海洋经济发展示范区，湛江在试点示范区建设过程中取得了较好成效，如在2019年，湛江就完成新增海洋产业省级及以上新产品79个，新增海洋产业有效发明专利300项，新立项行业及以上标准10项。[①]

二是加快海洋科技创新驱动发展。在这方面比较突出的一项工作就是海洋科技创新平台的建设。2019年，广东省政府在广州、珠海、湛江同步建设南方海洋科学与工程广东省实验室。南方海洋科学与工程广东省实验室（湛江）规划建设用地2000亩，启动建设期内完成湛江国家高新区海东园区龙王湾核心研发基地内各研究中心功能实验室、大型科学装置、公共服务平台等建设，总投资约60亿元，该实验室重点研究领域涵盖深海装备、海洋牧场、海洋绿色能源和海洋大数据等方向，致力于打造具有国际重大影响力的一流海洋科研创新高地。

三是打造海洋生态文明系统。首先，广东省海洋生态保护制度不断完善，目前已印发实施了《广东省海洋生态文明建设行动计划（2016—2020年）》，出台了《广东省海洋主体功能区规划》《广东省海洋生态红线》《广东省严格保护岸段名录》。逐步建立自然岸线保有率考核制度。沿海经济带东西两翼的湛江市和汕头市南澳县、茂名市电白区"湾长制"试点工作顺利推进。其次，海岸带生态保护修复扎实推进。推进实施了海岸线整治修复、魅力沙滩打造、海堤生态化、滨海湿地恢复以及美丽海湾建设等"五大工程"。在全国率先启动美丽海湾建设，印发实施《广东省美丽海湾规划（2019—2035年）》。稳步推进汕头南澳县、湛江徐闻县等国家级海洋生态文明示范区建设，推动汕头华侨经济文化合作试验区、湛江海东新区等11个海岸带保护与利用综合示范区建设。再次，陆海污染综合治理取得积极成效。强化入

[①] 资料参考自广东省自然资源厅和广东省发展和改革委员会共同发布的《广东海洋经济发展报告（2020）》。

海河流污染治理，创新性开展"一市一策一专班"督导服务，深化"一河一策"精准治理劣Ⅴ类主要入海河流，全省27个入海河流国考断面全面消除劣Ⅴ类。省生态环境厅、省海洋综合执法总队、广东海事局及广东海警局等四部门初步建立"共商共治共管"合作新机制，开展"陆上堵、水上查、海上巡"联合执法。①

3. 推进重大产业项目布局

沿海经济带的临海优势是产业发展的重要依托，临海现代工业一般以资本和技术密集型的重化工业为主，上下游产业链条长，对经济发展有着重要的拉动作用。此类产业项目规模庞大，且牵涉土地、用海、环境保护、关联配套以及基础设施等众多方面，因此，临海工业重大产业项目的引入和布局必须在政府部门的深度参与和引导下才能顺利推进。近年来，省政府及相关沿海城市推进临海重大工业项目布局，取得了明显的成绩。目前这方面主要涉及石化、能源、海上风电装备制造、冶炼等领域，世界级的临海产业带正在逐步兴起。

石化领域。近年来，伴随着巴斯夫湛江新型一体化、中石油广东石化炼化一体化、埃克森美孚惠州乙烯一期、中海壳牌惠州三期乙烯等一批重大石化项目落户广东，广州、惠州大亚湾、湛江东海岛、茂名、揭阳大南海等五大炼化一体化基地发展水平进一步提升，世界级绿色石化产业集群雏形初现。2020年5月30日在东海岛打桩开建的巴斯夫（广东）一体化项目，总投资达100亿美元，是巴斯夫迄今为止最大的海外投资项目。2019年底，中科合资广东炼化一体化项目在湛江东海岛举行工程交接仪式，2020年6月投产。茂名正在已有石化产业基础上加快发展烷烃资源综合利用项目，着力打造世界级绿色化工和氢能源产业园，茂名烷烃资源综合利用项目总投资达到1000亿元，其中一期投资400亿元。揭阳大南海石化产业园引进中石油炼化一体

---

① 资料参考自广东省自然资源厅和广东省发展和改革委员会共同发布的《广东海洋经济发展报告（2021）》。

化项目,项目总投资为600多亿元,在2021年底已经累计完成投资493.44亿元,2022年3月底前化工部分建成,力争2022年6月全部建成投产。揭阳还同步引进吉林石化ABS、中石油揭阳LNG、广物巨正源、GE等石化产业链重点项目。

能源领域。目前,阳江的海上风电已有1000万千瓦项目通过核准,已开工建设350万千瓦,建成投产90万千瓦,开工建设容量和建成投产容量均位居全省第一。汕头在2019年以来,加快建设近海浅水区三峡、华能、大唐等5个风电项目。潮州依托闽粤经济合作区和临港产业园区两大平台,成功引进一批百亿级重大项目,着力打造粤东清洁能源供应及应用示范基地。在汕尾,2019年,广东陆丰甲湖湾电厂新建工程完工,总投资88.3亿元,年发电能力100亿千瓦时,年总产值约35亿元,中广核汕尾后湖海上风电项目规划容量50万千瓦,汕尾甲子海上风电项目规划容量90万千瓦,均完成核准批复。揭阳也在加快建设临港产业园,着力打造海上风电产业,规划海上风电总装机容量1380万千瓦,现已核准装机容量640万千瓦,投资额超过1000亿元,2021年底,国电投海上风电项目累计完成投资125.15亿元。

在海上风电装备制造方面,阳江正加快打造国际风电城,截至2021年底,已吸引24家风电整机及零部件生产企业落户,达产后年产值超过500亿元,为阳江及周边海域海上风电开发提供装备保障。预计到2025年,阳江风电整机年产约1000套,产量约占全省60%,成为全省乃至全国风电装备制造规模最大的集聚区。目前,国家风电装备质量监督检验中心、广东(阳江)海上风电柔性直流输电技术应用示范基地挂牌成立,成为阳江风电装备制造产业链的重要环节。阳江也成立了总规模120亿元的海上风电产业发展基金,为产业发展提供资金支持。在汕尾,明阳智能汕尾海上高端装备制造基地投产,大型海上风电漂浮式风机项目已开工建设,2020年,汕尾海洋工程基地(陆丰)项目正式实施,项目总投资约54亿元,用海面积约45公顷,产能规模按年均76万千瓦配套设备能力规划设计。在汕头,广东海上风电智能制造项目已落户汕头濠江区广澳物流园区,总投资约5亿元,建成投产后将达到年产200套风电装备的生产水平。

金属冶炼领域。2021年1月，宝钢湛江钢铁三高炉系统项目全天候码头正式投入试生产运行，对湛江钢铁产业发展起到重要推动作用。阳江积极推进完善合金材料从基础原料到金属制品的完整产业链条，加快推动形成产值超千亿元的高端不锈钢产业集群，产能规模居华南地区首位。

随着沿海经济带临海工业重大项目的布局，西翼产业结构调整已经产生效果，2015至2020年，湛江的石油、煤炭及其他燃料加工业增加值由89.63亿元上升至151.65亿元，累计上升了69.20%，在本市的工业比重由12.43%上升至23.20%，在全省该行业的比重由11.06%上升至20.65%，相信随着中科炼化、巴斯夫项目的投产和生产规模的扩大，湛江的石化行业还会有一个大跨越。2015—2020年，湛江的黑色金属冶炼和压延加工业增加值由2.79亿元上升至86.96亿元，累计上升了3016.85%，在本市的工业比重由0.39%上升至13.30%，在全省该行业的比重由0.77%上升至22.51%，石油和天然气开采业也增长较快，在此期间由133.04亿元上升至171.11亿元，在全省该行业的比重也由34.74%上升至37.82%，另外湛江的电力、热力生产和供应业在全省该行业的比重也有一定的增长。

表5-7 2015—2020年湛江主要工业行业规模以上工业增加值情况

	工业增加值（亿元）		占本市工业比重（%）		占全省本行业比重（%）	
	2015年	2020年	2015年	2020年	2015年	2020年
石油和天然气开采业	133.04	171.11	18.44	26.18	34.74	37.82
农副食品加工业	86.4	31.28	11.98	4.79	19.21	9.13
造纸和纸制品业	48.79	31.65	6.76	4.84	11.51	6.32
石油、煤炭及其他燃料加工业	89.63	151.65	12.43	23.20	11.06	20.65

续表

	工业增加值（亿元）		占本市工业比重（%）		占全省本行业比重（%）	
	2015年	2020年	2015年	2020年	2015年	2020年
黑色金属冶炼和压延加工业	2.79	86.96	0.39	13.30	0.77	22.51
电气机械和器材制造业	70.99	8.29	9.84	1.27	2.63	0.24
电力、热力生产和供应业	47.36	51.34	6.57	7.85	2.45	3.06

注：数据来源于2016、2021年《广东统计年鉴》。

对于茂名，石化行业占主导地位，2020年，石油、煤炭及其他燃料加工业以及化学原料和化学制品制造业规模以上工业增加值在茂名的工业中的合计比重接近70%，石油、煤炭及其他燃料加工业规模以上工业增加值有一定的下降，但2020年在全省的份额仍然占到37.84%，在全省石化行业具有举足轻重的地位。

表5-8 2015—2020年茂名主要工业行业规模以上工业增加值情况

	工业增加值（亿元）		占本市工业比重（%）		占全省本行业比重（%）	
	2015年	2020年	2015年	2020年	2015年	2020年
农副食品加工业	63.25	23.88	8.35	5.15	14.06	6.97
石油、煤炭及其他燃料加工业	317.9	277.9	41.98	59.99	39.22	37.84
化学原料和化学制品制造业	65.1	41.29	8.60	8.91	4.38	3.47
非金属矿物制品业	51.55	23.94	6.81	5.17	4.17	1.63

续表

	工业增加值（亿元）		占本市工业比重（%）		占全省本行业比重（%）	
	2015年	2020年	2015年	2020年	2015年	2020年
电力、热力生产和供应业	44.01	33.49	5.81	7.23	2.28	2.00

注：数据来源于2016、2021年《广东统计年鉴》。

阳江增长较快的行业是电力、热力生产和供应业，2015至2020年，该行业规模以上工业增加值由55.96亿元上升至118.14亿元，期间累计增长了111.12%，占本市的比重由12.38%上升至39.50%，占全省该行业的比重也由2.90%上升至7.04%。

表5-9 2015—2020年阳江主要工业行业规模以上工业增加值情况

	工业增加值（亿元）		占本市工业比重（%）		占全省本行业比重（%）	
	2015年	2020年	2015年	2020年	2015年	2020年
农副食品加工业	31.15	7.63	6.89	2.55	6.93	2.23
食品制造业	8.46	17.98	1.87	6.01	1.46	2.66
木材加工和木、竹、藤、棕、草制品业	18.26	1.89	4.04	0.63	8.84	1.78
非金属矿物制品业	28.61	34.6	6.33	11.57	2.31	2.35
黑色金属冶炼和压延加工业	25.09	20.47	5.55	6.84	6.88	5.30
有色金属冶炼和压延加工业	47.91	35.08	10.60	11.73	10.11	7.77
金属制品业	127.64	27.23	28.24	9.10	9.42	1.93

续表

	工业增加值（亿元）		占本市工业比重（%）		占全省本行业比重（%）	
	2015年	2020年	2015年	2020年	2015年	2020年
电力、热力生产和供应业	55.96	118.14	12.38	39.50	2.90	7.04

注：数据来源于2016、2021年《广东统计年鉴》。

沿海经济带的东翼在临海工业上的布局目前虽然还没有显现出较强的产值效应，但随着时间的推移会逐步增强。2015至2020年，汕头的纺织业，纺织服装、服饰业，橡胶和塑料制品业以及化学原料和化学制品制造业等轻纺工业出现了一定幅度的增长，在全省的比重也总体有一定上升。

表5-10 2015—2020年汕头主要工业行业规模以上工业增加值情况

	工业增加值（亿元）		占本市工业比重（%）		占全省本行业比重（%）	
	2015年	2020年	2015年	2020年	2015年	2020年
纺织业	47.81	49.8	6.88	7.36	8.13	10.34
纺织服装、服饰业	128.33	167.99	18.47	24.84	12.56	26.12
文教、工美、体育和娱乐用品制造业	105.37	59.57	15.17	8.81	13.67	10.65
化学原料和化学制品制造业	36.66	36.8	5.28	5.44	2.47	3.09
橡胶和塑料制品业	81.89	85.48	11.79	12.64	7.12	6.64
电力、热力生产和供应业	90.83	59.87	13.08	8.85	4.71	3.57

注：数据来源于2016、2021年《广东统计年鉴》。

表5-11 2015—2020年潮州主要工业行业规模以上工业增加值情况

	工业增加值（亿元）		占本市工业比重（%）		占全省本行业比重（%）	
	2015年	2020年	2015年	2020年	2015年	2020年
农副食品加工业	8.4	11.01	2.39	4.37	1.87	3.21
食品制造业	17.32	13.52	4.92	5.37	2.99	2.00
皮革、毛皮、羽毛及其制品和制鞋业	17.72	6.74	5.03	2.68	2.57	2.09
非金属矿物制品业	112.92	87.26	32.07	34.66	9.13	5.93
金属制品业	23.4	11.44	6.65	4.54	1.73	0.81
计算机、通信和其他电子设备制造业	19	20.67	5.40	8.21	0.29	0.24
电力、热力生产和供应业	50.49	32.67	14.34	12.98	2.62	1.95
燃气生产和供应业	21.94	10.02	6.23	3.98	10.87	3.94

注：数据来源于2016、2021年《广东统计年鉴》。

表5-12 2015—2020年揭阳主要工业行业规模以上工业增加值情况

	工业增加值（亿元）		占本市工业比重（%）		占全省本行业比重（%）	
	2015年	2020年	2015年	2020年	2015年	2020年
纺织业	106.04	26.78	10.05	5.80	18.03	5.56
纺织服装、服饰业	162.19	37.87	15.38	8.20	15.87	5.89
皮革、毛皮、羽毛及其制品和制鞋业	88.88	45.59	8.43	9.87	12.89	14.15
橡胶和塑料制品业	81.27	31.47	7.70	6.81	7.07	2.44

续表

	工业增加值（亿元）		占本市工业比重（%）		占全省本行业比重（%）	
	2015年	2020年	2015年	2020年	2015年	2020年
黑色金属冶炼和压延加工业	82.9	42.61	7.86	9.22	22.73	11.03
金属制品业	77.29	43.82	7.33	9.48	5.71	3.10
电气机械和器材制造业	37.33	24.35	3.54	5.27	1.38	0.70
电力、热力生产和供应业	66.55	38.3	6.31	8.29	3.45	2.28

注：数据来源于2016、2021年《广东统计年鉴》。

表5-13 2015—2020年汕尾主要工业行业规模以上工业增加值情况

	工业增加值（亿元）		占本市工业比重（%）		占全省本行业比重（%）	
	2015年	2020年	2015年	2020年	2015年	2020年
纺织服装、服饰业	38.75	16.85	15.81	9.45	3.79	2.62
文教、工美、体育和娱乐用品制造业	44.1	20.6	17.99	11.56	5.72	3.68
橡胶和塑料制品业	25.6	19.28	10.45	10.82	2.23	1.50
金属制品业	10.67	13.13	4.35	7.37	0.79	0.93
计算机、通信和其他电子设备制造业	49.37	40.54	20.14	22.75	0.76	0.47
电力、热力生产和供应业	43.84	34.27	17.89	19.23	2.27	2.04

注：数据来源于2016、2021年《广东统计年鉴》。

（三）推动北部生态发展区绿色发展

粤北地区是广东重要的生态屏障，生态价值极大，因此，这里要以保护和修复生态环境、提供生态产品为首要任务，要突出生态优先、绿色发展。广东在推进北部生态发展区绿色发展中，重点做了以下三方面工作。

1. 建设和巩固北部生态保护屏障

为力求实效，广东省成立了省区域协调发展领导小组、省老区苏区振兴发展领导小组、广东国家公园建设领导小组等，加强省级层面统筹力度，全面推进北部生态发展区绿色发展的各项工作，取得了较好效果。

首先是优化空间发展格局。一是加强国土空间规划。大力推动生态保护红线、永久基本农田、城镇开发边界三条控制线划定工作，推动形成与北部生态发展区战略功能定位相适应的国土空间格局。高质量推进生态保护红线划定工作，北部生态发展区陆域生态保护红线划定比例达26.58%，高于全省平均水平。在编制省级国土空间规划时，统筹好经济高质量发展和生态环境保护的关系，合理下达建设用地规模等指标，设置包括北部生态产业片区在内的重点产业空间建设指引，对于基础教育、基本医疗、基本养老设施等基本公共服务设施空间"应保尽保"，全力支持北部生态发展区产业发展和基础设施建设。支持培育形成北部生态发展区五大高质量发展城镇圈。二是强化用地支持力度。在分配用地计划指标时优先保障北部生态发展区用地，下达粤东粤西粤北等欠发达地区扶持指标，涉农市县各级安排不少于10%用地计划指标用于保障乡村振兴新增建设用地需求。倾斜下达北部山区使用林地定额指标，对北部山区涉及使用林地的重点项目以及基础设施、公益民生等项目，争取做到即报即审。对重点老区苏区所在县和少数民族自治县各安排300亩重点扶持指标。三是拆旧复垦，释放发展空间。出台《广东省全面推进拆旧复垦促进美丽乡村建设工作方案（试行）》等政策文件，大力推进农村旧住宅、废弃宅基地、空心村等闲置建设用地拆旧复垦，有力推动了北部生态发展区乡村振兴和脱贫攻坚。认真落实国家"占优补优、占水田补水田"耕地保护要求，全面推进垦造水田工作，截至2020年4月底，北部生态发展区5市垦造水田已动工10.43万亩，完工9.68万亩，验收6.72万亩。

其次是加大环境保护和生态建设力度。一是持续改善生态环境治理。结合打好污染防治攻坚战，不断加大生态环境保护力度，确保北部生态发展区环境治理保持优良水平，城镇集中式饮水水源水质100%稳定达标，流经区域的北江、西江、东江、韩江等大江大河干流水质总体优良，PM2.5、PM10等主要大气污染物浓度逐年下降；2019年北部生态发展区五市空气质量（AQI）达标率为95%，分别比珠三角地区和全省平均水平高11.5个和5个百分点。生态治理与修复取得积极进展，韶关市成功申报为国家山水林田湖草生态保护修复工程试点、土壤污染防治先行区示范试点；河源东源县荣获国家"绿水青山就是金山银山"实践创新基地。二是稳步推进环境治理和保护各项工作。建立国家重点生态功能区产业准入负面清单制度，强化区域空间、环境总量、行业管理"三位一体"环境准入机制，推动产业集中入园，严防低端产业、污染项目向北部山区转移。加强自然保护区监督执法，核查北部生态发展区五市问题共732个，整改完成率70%。积极推进农村环境综合整治，印发《广东省农村生活污水治理攻坚实施方案（2019—2022年）》，2019年北部生态发展区五市共完成332条村庄环境综合整治。三是推进粤北生态特别保护区和南岭国家公园工作。2019年省政府常务会议议定将《粤北生态特别保护区总体规划》修改为《粤北生态特别保护区总体规划——国家公园创建方案》，在原粤北生态特别保护区范围的基础上重新规划建设南岭国家公园，包括南岭—石门台片区和丹霞山片区（部分划入）。近年来省财政不断加大对南岭国家公园建设的投入力度，2020—2021年共落实经费2.59亿元主要用于南岭国家公园筹建工作,同时,南岭国家公园建设已取得了一定的进展:一是初步划定南岭国家公园范围;二是成立广东国家公园建设工作领导小组,并经省委编委领导同意,省委编办正式同意在省林业局成立南岭国家公园筹建工作办公室;三是南岭国家公园设立前期材料顺利通过国家林草局组织的专家预审评估。未来,南岭国家公园建设将进入快车道。[1]

从废水、废气和固体废物排放的统计数据来看,2015 至 2019 年北部生态发展区废水排放量由 7 亿吨下降至 5.64 亿吨,累计下降 19.43%,下降幅度大于全省水平。其中工业废水排放总量下降的幅度也明显大于全省水平。工业固体废物产生量由 2015 年的 1951.33 万吨上升至 2019 年的 2756.96 万吨,累计上升 41.29%,明显低于全省 80.77% 的上升幅度。2015 至 2018 年工业废气排放总量的上升幅度也明显小于全省水平,工业烟(粉)尘排放总量的下降幅度略低于全省水平。因此,从"三废"排放变动来看,北部生态发展区的环境保护工作取得了明显的成效。

表 5-14 北部生态发展区五市"三废"排放情况

年度	废水排放总量（亿吨）	工业废水排放总量（亿吨）	工业废气排放总量（亿立方米）	工业烟（粉）尘排放总量（万吨）	工业固体废物产生量（万吨）
2015	7.00	1.82	5948.88	10.94	1951.33
2016	7.40	1.40	7265.70	8.30	1743.40
2017	7.46	1.45	6298.41	7.60	1813.17
2018	8.06	1.41	7823.29	8.19	1737.40
2019	5.64	1.33			2756.96

---

[1] 资料参考自《广东省财政厅关于省政协十二届四次会议第 20210952 号提案答复的函》,来源于广东省财政厅网站。

续表

年度	废水排放总量（亿吨）	工业废水排放总量（亿吨）	工业废气排放总量（亿立方米）	工业烟（粉）尘排放总量（万吨）	工业固体废物产生量（万吨）
累计增长	-19.43%	-26.92%	31.51%	-25.14%	41.29%

注：数据来源于相关年份《广东统计年鉴》。由于缺乏2019年工业废气和工业烟（粉）尘排放总量的数据，工业废气排放总量和工业烟（粉）尘排放总量的累计增长为2015至2018年的累计增长，其他指标的累计增长率为2015至2019年的累计增长率，表5-15与此表相同。

表5-15 广东省"三废"排放情况

年度	废水排放总量（亿吨）	工业废水排放总量（亿吨）	工业废气排放总量（亿立方米）	工业烟（粉）尘排放总量（万吨）	工业固体废物产生量（万吨）
2015	88.56	15.59	30318.52	29.67	5593.00
2016	93.60	12.90	38846.10	23.40	5609.70
2017	88.20	13.03	41267.54	21.63	6340.00
2018	90.40	12.25	45023.01	21.65	6623.36
2019	76.24	12.99			10110.67
累计增长	-13.91%	-16.68%	48.50%	-27.03%	80.77%

注：数据来源于相关年份《广东统计年鉴》。

2. 加大生态补偿力度[①]

为保证北部生态发展区生态功能的发挥，必须对生态保护的成本、

[①] 本节的部分内容综合参考自《广东省财政厅关于广东省十三届人大四次会议第1917号代表建议答复的函》《广东省财政厅关于省政协十二届四次会议第20210952号提案答复的函》《广东省发展改革委关于省政协十二届三次会议第20200515号提案答复的函》《广东省财政厅关于省政协十二届三次会议第20200920号提案答复的函》《广东省财政厅关于省政协十二届四次会议第20210012号提案答复的函》等材料，来源于相关部门网站。

当地基础设施建设、公共服务的供给以及居民的基本福利给予财政补偿。近年来，广东通过完善生态补偿转移支付制度、建立基本农田保护补偿制度、探索建立横向生态补偿新模式等措施，不断加大生态保护补偿力度，有效支持了北部生态发展区市县的经济社会发展。

一是完善生态区财政补偿转移支付制度。为激励北部生态发展区加强生态环境保护及促进高质量发展，积极完善生态补偿转移支付制度，2019年，省财政厅印发实施《广东省生态保护区财政补偿转移支付办法》，充分考虑了生态发展区和生态保护红线区的生态环境状况，在生态补偿核算过程中将生态地区的森林覆盖率、水质、陆地生态保护红线划定比例等环境保护情况统计在内，实现了生态保护补偿与高质量发展绩效评价结果和生态环境状况指数（EI）挂钩，有效提高生态地区所在地政府的基本公共服务保障能力。同时，按照"谁保护、谁得益，谁改善多、谁得益多"的原则，省财政资金分配加大对北部生态区特别是生态建设成效好地区的倾斜支持，充分调动北部生态区市县加强生态环境保护的积极性。2020年，省财政下达生态保护区财政补偿转移支付资金73.7亿元，在2019年增长20%的基础上再增长10%，增幅显著高于省级一般公共预算收入增幅。

二是生态公益林差异化补偿向生态区倾斜。近年来，广东不断提高生态公益林补偿标准，并实施分区域差异化补偿制度。2018—2020年连续三年每年平均每亩提高4元，并将北部生态发展区大部分区域的省级生态公益林纳入特殊区域执行最高补偿标准，较其他一般区域给予额外6.1元/亩的补偿。在此前连续三年调增补偿标准的基础上，2021—2022年每年平均每亩再提高2元，进一步加大生态公益林的补偿力度。

三是加大均衡性和县级基本财力保障等转移支付力度。除落实生态区财政补偿转移支付政策外，省财政还通过均衡性转移支付、县级基本财力保障机制等加大对生态区的支持，缩小地区财力差距。比如在2020年，省财政安排云浮市税收返还和转移支付合计达166.8亿元，占当地一般公共预算支出的62%。

四是建立基本农田保护补偿制度。2012年，广东在全国范围内率先建立了永久基本农田保护经济补偿制度，省财政按照30元/亩年的标准，对承担了永久基本农田保护任务的村集体和国有农场给予补助。2012年至2020年，省财政累计投入补助资金84.4亿元，其中补助粤北山区五市共27.6亿元，为各地永久基本农田后期管护、农田水利建设、农民合作组织发展等提供了资金支撑。

五是完善流域横向生态补偿机制。为促进生态地区和非生态地区基本公共服务均衡发展，加大生态保护补偿力度，2020年8月，经省政府常务会议审议通过，省生态环境厅、省财政厅、省水利厅联合印发了《广东省东江流域省内生态保护补偿试点实施方案》，旨在推动落实东江流域上下游横向生态保护补偿试点，实现珠三角核心区作为水质保护成果受益者向北部生态发展区优良水质保护区域进行补偿。在具体实施过程中主要根据断面水质监测结果，统筹东江下游的深圳、东莞等市资金，用于补偿上游韶关、河源、梅州开展水质保护工作。2020年、2021年东江流域省内生态保护补偿合计预拨给韶关、河源、梅州市省级资金2亿元。东江流域生态保护补偿机制试点的推进标志着广东省推进省内流域上下游横向生态保护补偿工作迈出了实质性的一步，跨市流域生态保护补偿机制初步建成。

在转移支付和各类生态补偿的财政支持下，北部生态发展区财政支出的保障水平持续上升，为生态发展区功能的实现奠定了基础。2015至2020年珠三角与北部生态发展区人均一般公共预算收入的比值由4.65上升至5.08，在2016年以后基本上在5.08至5.38之间波动，没有出现明显下降，但在2015至2020年间，人均一般公共预算支出的比值由1.42下降至1.25，尤其是2017年以后下降幅度较大。这说明，北部生态发展区与珠三角地区在人均财政收入差距变化不大的情况下，人均财政支出的差距在明显缩小，其原因就是各类财政转移支付以及生态补偿对粤北地区的财政起了很大的支撑作用。

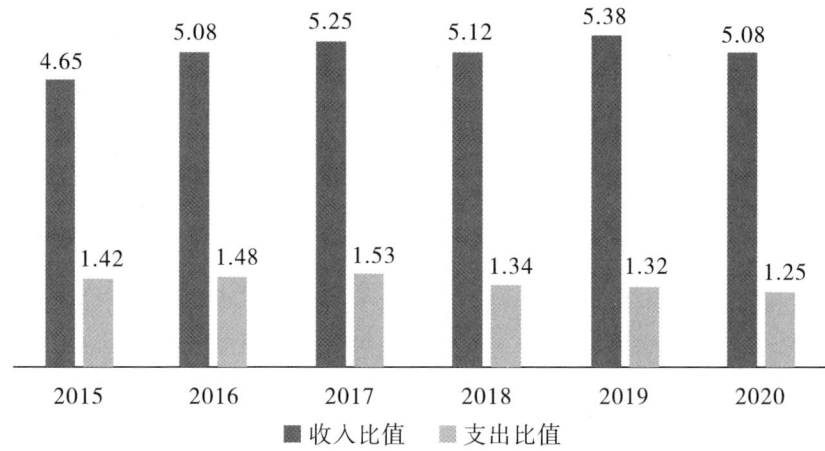

图 5-5 2015—2020 年珠三角与北部生态发展区人均一般公共预算收入及支出的比值（珠三角/北部生态发展区）

注：数据根据 2021 年《广东统计年鉴》相关数据计算而得，人均一般公共预算收入和支出按年末常住人口计算。

3. 促进绿色产业发展

广东着力在粤北生态发展区打造特色产业聚集带，逐步形成龙头企业带动、特色产业集聚的产业发展格局。

一是支持粤北地区开展特色优势产业园区建设。支持粤北发挥资源禀赋优势，引导现代轻工纺织、农产品加工、生物医药等当地具有一定基础的产业集聚发展。2021 年，韶关曲江经济开发区申报现代轻工纺织特色产业园已通过初步审核。2020 年省工业和信息化厅、农业农村厅和中医药局联合组织开展首批中药材产业化种植基地建设，其中位于粤北地区的共 10 个。

二是推进粤北地区节能环保产业发展。落实安全应急与环保战略性产业集群行动计划，在粤北地区发展节能环保装备制造和资源综合利用产业。开展节能环保特色产业园培育创建，促进产业集聚发展，支持空气能产业集聚地河源龙川产业转移工业园申报广东首批特色产业园。在粤北地区开展工业固体废物资源化综合利用示范项目创建，累计创建省级示范项目16个,项目总投资28.9亿元。

三是提升粤北地区绿色制造水平。以大气、水、土壤污染防治行业为重点,推动企业开展清洁化改造,实施清洁生产审核,"十三五"以来累计推动粤北五市实施清洁生产审核企业1330家。推动粤北地区构建具有区域产业特色的绿色制造体系,积极培育创建各类绿色制造示范典型。"十三五"期间共推动粤北地区12家绿色工厂、9种绿色设计产品、1个绿色工业园区、2家绿色供应链管理企业成功列入工业和信息化部绿色制造名单。

四是支持北部生态发展区高新区建设。着力强化地市开发建设高新区的主体责任,切实提高高新区自主创新能力和产业竞争力。目前北部生态发展区形成了清远、河源2个国家高新区,云浮、韶关、梅州3个地市省级高新区协调发展格局,实现了省级以上高新区全覆盖。开展高新技术企业树标提质行动,北部发展生态区高企数量增长势头良好,企业创新能力和绩效都得到大幅提升。2020年,粤北地区高新技术企业存量1238家,其中规上高新技术企业866家。

五是推动粤北地区旅游业发展。坚持"绿水青山就是金山银山"发展理念,大力推进全域旅游发展。目前,粤北5市共有国家全域旅游示范区2个(韶关仁化县、梅州梅县区),省级全域旅游示范区17个。加强生态旅游品牌建设,着力推进"大丹霞、大南华、大南岭、大珠玑"四大工程。实施乡村旅游提质升级行动,积极打造"粤美乡村"乡村旅游品牌。推动红色旅游加快发展,重点打造"建党百年红色旅游十条精品线路",涉及粤北的有5条线路。清远在广东率先探索出由政府引导、酒店指导、民宿运营三位一体的合作经营模式,2021年,新增民宿超过1000家,精品民宿集群已是清远农业产业新业态和助力乡村振兴的重要抓手,美丽乡村正转化成美丽经济。

六是发展农业特色产业,厚植绿色产业发展优势。推进乡村产业加快发展,农业产业化经营加快了步伐,农业现代化水平明显提升,农业发展质量和效益显著提高,有效促进了农民收入持续增长。

（四）促进区域间协同联动发展

在推动"核""带""区"按照自身主体功能进行差异化发展的同时，也有必要促进三大区域之间的协同联动发展，以充分发挥区域发展的整体效应。一方面，需要增强区域之间的市场联系度，尤其是进一步密切欠发达地区与珠三角核心区的联系，重要途径是建设珠三角与粤东西北地区相结合的都市圈；另一方面要从大局着眼统筹安排全省各地区的利益，重要途径是促进发达地区与欠发达地区政府间的合作与帮扶。2020年以后，广东省委、省政府特别重视区域间的协同发展。2020年11月，省委十二届十一次全会提出要提升中心城市和都市圈综合承载能力，推动"核""带""区"一体协同，各扬所长。2020年12月，省委十二届十二次全会提出要推动"核""带""区"在打造新发展格局战略支点中一体协同，各扬所长。广东省"十四五"规划又进一步提出要推动"一核""一带""一区"协同联动发展。近年来，广东在促进区域间协同联动发展方面，重点做了以下三方面工作。

1. 建设现代化都市圈

都市圈是以辐射带动功能强的大城市为中心、通勤距离较短、具有明显圈层结构的城镇化空间形态。围绕大城市构建都市圈，一方面有利于中小城镇融入大城市发展体系，共享大城市中的规模经济，另一方面也有利于拓展大城市的辐地，减小大城市内部的拥挤效应。因此都市圈建设是促进区域间协同联动发展的重要途径。根据都市圈的发展思路，2017年公布的《广东省新型城镇化规划（2016—2020年）》提出为充分发挥珠三角城市群以及广州、深圳、珠海等重点城市的带动作用，要构建"广佛肇+清远、云浮、韶关""深莞惠+河源、汕尾""珠中江+阳江"三大新型都市区以及粤东城市群和粤西沿海城市带。2021年公布的《广东省新型城镇化规划（2021—2035年）》又进一步提出要培育壮大广州、深圳、珠江口西岸、汕潮揭、湛茂五大现代化都市圈，着力推进都市圈产业专业化分工协作、基础设施一体化、公共服务共建共享、生态环境共保共治，为促进全省经济转型升级和区域协调发展提供重要支撑。

目前，五大都市圈中，广州都市圈和深圳都市圈发展比较成熟，表现为中心城市辐射带动能力强，圈层梯度明显，都市圈内城市融合互动程度较深，但同时也存在覆盖面过大，外围边远地区难以融入都市圈的问题，广州都市圈6个城市的合计面积达到71171平方公里，深圳都市圈涉及5个城市的合计面积也达到36324平方公里，即使仅考虑纳入规划的范围（见表5-16），覆盖面积也偏大。珠江口西岸、潮汕揭以及湛茂三个都市圈具有空间相对紧凑，内部城市间经济联系度高，地域接近等发展的有利条件，但也面临着都市圈内部梯度不明显，中心城市不突出的问题，珠江口西岸城市群中，珠海虽然人均地区生产总值明显高于其他城市，但2020年地区生产总值总量也仅为3482亿元，与中山和江门差别并不大，汕头和湛江在各自都市圈内也不够突出，茂名的地区生产总值规模甚至一直高于湛江。

未来要进一步优化都市圈圈层结构，将其建设成为联结珠三角与粤东西北的功能平台。一是要加快推进省内五大都市圈的规划和建设，根据与中心城市的距离区分同城圈、经济圈与拓展圈的圈层结构，根据圈层结构配置交通基础设施和公共服务，将大中小城市以及城市之间的乡村结合成为紧密联系和统一的发展空间。在围绕中心区30公里、1小时通勤时间范围内，大力发展包括城市轨道交通在内的公共交通体系，全面提升公共服务的质和量，推进区域同城化。在围绕中心区100公里、2小时交通时间范围内，重点推进城市间的产业链合作，重点发展高铁和公路运输体系，加强货运物流体系建设，与中心城市形成一体化的公共服务供给体系，形成流动顺畅、功能互补的经济圈。在围绕中心区300公里、3小时交通时间范围内，强化城市与农村、二三产业与第一产业分工明确但生活水平一致的大都市区，外围区域强化生态功能和农业功能，形成与第一和第二圈层的明显分工，重点发展高铁和高速公路体系，实现基本公共服务均等化与高质量公共服务供给并重。推进各圈层内部城市节点以及乡村空间的优化布局，避免圈层内部的同质化，从而形成大城市对外围地区的梯度辐射。二是要优化都市圈的圈层梯度，对于珠江口西岸都市圈，应进一步提升珠海作为中心城市的能级，规模与发展质量并重，对于沿海经济带两端的都市圈，短时间培育起中心城市的难度较大，可以考虑形成双中心格局，如针对湛茂都市圈，更加强调双城联动发展。

表 5-16 五大都市圈的范围

都市圈	包括范围
广州都市圈	广州都市圈范围包括广州、佛山全域，肇庆端州区、鼎湖区（含新区）、高要区、高新区、四会市、清远清城区、清新区、佛冈县，有关任务举措涵盖清远英德市和云浮、韶关都市区部分
深圳都市圈	深圳都市圈范围包括深圳、东莞、惠州全域和深汕特别合作区，有关任务举措涵盖河源都市区和汕尾都市区、海丰县、陆丰市
珠江口西岸都市圈	珠江口西岸都市圈范围包括珠海、中山、江门、阳江四市
汕潮揭都市圈	汕潮揭都市圈范围包括汕头、潮州、揭阳三市全域，梅州都市区为联动发展区
湛茂都市圈	湛茂都市圈范围包括湛江、茂名两市

注：资料来源于《广东省新型城镇化规划（2021—2035年）》。

表 5-17 2020 年广州都市圈基本情况

	面积（平方公里）	地区生产总值（亿元）	常住人口（万人）	人均地区生产总值（元）	人口密度（万人/平方公里）	经济密度（亿元/平方公里）
广州	7249	25019	1874	135047	0.2585	3.4514
佛山	3798	10816	952	114157	0.2507	2.8478
肇庆	14891	2312	412	56318	0.0277	0.1553
清远	19036	1777	397	44828	0.0209	0.0933

续表

	面积 （平方公里）	地区 生产总值 （亿元）	常住人口 （万人）	人均地区 生产总值 （元）	人口密度 （万人/ 平方公里）	经济密度 （亿元/ 平方公里）
韶关	18413	1353	286	47441	0.0155	0.0735
云浮	7785	1002	238	42047	0.0306	0.1287
合计	71172	42279	4159		0.0584	0.5940

注：数据来源于2021年《广东统计年鉴》。人口密度根据常住人口和行政区面积计算，经济密度根据地区生产总值和行政区面积计算，下面表5-17至表5-21也按此方法计算。

表5-18 2020年深圳都市圈基本情况

	面积 （平方公里）	地区 生产总值 （亿元）	常住人口 （万人）	人均地区 生产总值 （元）	人口密度 （万人/ 平方公里）	经济密度 （亿元/ 平方公里）
深圳	1997	27670	1763	159309	0.8828	13.8558
东莞	2460	9650	1048	92176	0.4260	3.9228
惠州	11347	4222	606	70191	0.0534	0.3721
汕尾	4865	1124	267	41950	0.0549	0.2310
河源	15654	1103	284	38802	0.0181	0.0705
合计	36323	43769	3968		0.1092	1.2050

注：数据来源于2021年《广东统计年鉴》。

表5-19 2020年珠江口西岸都市圈基本情况

	面积 （平方公里）	地区 生产总值 （亿元）	常住人口 （万人）	人均地区 生产总值 （元）	人口密度 （万人/ 平方公里）	经济密度 （亿元/ 平方公里）
珠海	1736	3482	245	145645	0.1411	2.0058
中山	1784	3152	443	71478	0.2483	1.7668

续表

	面积 （平方公里）	地区生产总值 （亿元）	常住人口 （万人）	人均地区生产总值 （元）	人口密度 （万人/平方公里）	经济密度 （亿元/平方公里）
江门	9507	3201	480	66984	0.0505	0.3367
阳江	7956	1360	261	52357	0.0328	0.1709
合计	20983	11195	1429		0.0681	0.5335

注：数据来源于2021年《广东统计年鉴》。

表5-20 2020年汕潮揭都市圈基本情况

	面积 （平方公里）	地区生产总值 （亿元）	常住人口 （万人）	人均地区生产总值 （元）	人口密度 （万人/平方公里）	经济密度 （亿元/平方公里）
汕头	2199	2731	550	49661	0.2501	1.2419
潮州	3146	1097	257	42605	0.0817	0.3487
揭阳	5266	2102	558	37495	0.1060	0.3992
梅州	15865	1208	387	31011	0.0244	0.0761
合计	26476	7138	1752		0.0662	0.2696

注：数据来源于2021年《广东统计年鉴》。

表5-21 2020年湛茂都市圈基本情况

	面积 （平方公里）	地区生产总值 （亿元）	常住人口 （万人）	人均地区生产总值 （元）	人口密度 （万人/平方公里）	经济密度 （亿元/平方公里）
湛江	13263	3100	698	44408	0.0526	0.2337
茂名	11428	3279	618	53311	0.0541	0.2869
合计	24691	6379	1316		0.0533	0.2584

注：数据来源于2021年《广东统计年鉴》。

2. 推进区域产业合作

由于发达地区政府部门已经形成比较成熟的经济社会管理模式，

且在优良营商环境打造、招商引资、城市和产业园规划和建设方面经验丰富，发达地区与欠发达地区的政府可以在欠发达地区开拓出一片土地，针对产业发展进行合作，从而共享收益。

2005年开始，广东在粤东西北地区及惠州、江门、肇庆市欠发达地区规划建设省产业转移工业园，作为承接珠三角地区相关产业有序梯度转移的重要载体，形成区域间产业合作的早期形态。"十二五"期间，中共广东省委、广东省人民政府于2013年出台《关于进一步促进粤东西北地区振兴发展的决定》，并配套出台了《促进粤东西北地区产业园区扩能增效工作方案》，将省产业园扩能增效作为促进粤东西北地区振兴发展的三大抓手之一，赋予园区引领带动粤东西北地区产业振兴的重任。截至2019年底，共设立93个省产业转移工业园，粤东粤西粤北地区基本实现县域全覆盖。① 目前，在产业转移园共建的基础上，城市间产业合作因地制宜形成了两种模式类型。第一种类型是双方共建、收益共享的合作模式，比较典型的案例为正在推进的广清经济特别合作区。广清经济特别合作区前身是2014年开始建设的广清产业园，2021年5月，广东省委、省政府正式批复了《广清经济特别合作区建设总体方案》，自此，在广清一体化发展的基础上，广清产业园拓展为由广州开发区主导开发建设的"三园一城"模式［广清（清城）、广德（英德）、广佛（佛冈）产业园和广清空港现代物流产业新城］，特别合作区规划面积112.5平方公里。根据建设方案，广清经济特别合作区的基本特点就是双方共建共享，合作区由广州主导开发建设、管理运营，清远主要负责社会管理事务，双方按约定分享开发收益。作为广清两市产业共建的重要阵地，广清产业园龙头企业持续集聚、产业布局得到不断优化，2020年园区工业总产值突破百亿元规模，

---

① 资料参考自《关于省政协十二届三次会议第20200221号提案主办意见的函》，来源于广东省农业农村厅网站。

截至 2021 年 6 月底，广清产业园累计签约项目 225 个，80% 来自广州。①

第二种类型就是飞地经济模式，主要是在被帮扶方地区内划出一片区域，由帮扶方自主经营开发，控制权单一，被帮扶方只是提供必要的帮助，收益主要由帮扶方享受，但也会根据情况给予被帮扶方一定的补偿，目前飞地经济模式比较典型的就是深汕特别合作区模式。

这两种合作模式是根据合作双方的资源和能力、合作内容等方面综合考虑进行理性选择的结果，因此，在地区合作过程中需要根据具体情况选择适宜的合作模式。

深汕特别合作区的发展历程

2008 年 10 月，广东省政府批准在汕尾海丰县的鹅埠镇设立深圳（汕尾）转移工业园，规划面积 13 平方公里。2011 年 2 月 11 日，广东省委、省政府批复《深汕（尾）特别合作区基本框架方案》，深汕特别合作区正式成立，行使地级市管理权限，发展空间在已有产业转移工业园基础上拓展到 468.3 平方公里，包括海丰县的鹅埠、小漠、鲘门和赤石四个镇以及圆墩林场。2011 年成立合作区后，最初深圳和汕尾的分工并不明确，深汕特别合作区的发展有些缓慢，2013 年 8 月，广东省政府研究决定对深汕特别合作区体制机制进一步优化，加快合作区建设发展。明确了在合作区起步区深圳主导经济管理和建设事务，征地拆迁和社会事务按照属地管理原则由汕尾市和海丰县全权负责［见《关于优化深汕（尾）特别合作区体制机制加快合作区建设发展的会议纪要》（省政府工作会议纪要〔2013〕100 号）〕。但深圳与汕尾在经济建设和征地拆迁及社会事务方面的分工又导致多方面的脱节，深圳方面推进工作受到很多限制，合作区建设进展仍然比较缓慢。一

---

① 资料参考自《广清共携手　九年磨一剑　双城一体化再迎重大发展机遇》，《清远日报》，2021 年 8 月 12 日。

是征地与项目落地之间脱节，出现项目等地的情况；二是经济建设与社会管理之间脱节，出现经济管理与社会事务两张皮的情况；三是管人与管事之间的脱节，四个镇的人事归汕尾市海丰县管，深圳方面不能对人事有全面的管理权，则经济事务也很难有效推进；四是发展要求与人员数量质量之间的脱节，省委、省政府对深汕特别合作区的发展给予了很高的定位，但合作区干部数量不足，干部来源多样，素质也参差不齐，不能满足合作区的建设要求。为解决以上的问题，推进深汕特别合作区发展，2017年9月，省委、省政府批复《深汕特别合作区体制机制调整方案》，明确了由深圳全面主导深汕特别合作区建设，汕尾给予积极配合，同时该文件也提出将依据法定权限和程序制定深汕特别合作区发展条例，对合作区体制机制调整相关事项以立法形式予以明确。在体制机制调整之前，深汕特别合作区党工委和管委会为省委、省政府的派出机构，享有地级市一级管理权限，委托深圳、汕尾两市管理，合作区所在的4镇1场由汕尾海丰县管理。体制机制调整后，深汕特别合作区由深圳全面主导，党工委和管委会成为深圳的派出机构，并直接管理4镇1场，合作区成为深圳第"10＋1"区。这样一个深度的飞地模式在全国是第一例。体制机制调整之后，合作区的外部投资大幅度增加，由招商引资变为招商选资，2020年，合作区供地产业项目已累计96个，计划总投资超过528亿元，全部达产后预计年产值近千亿元。

3. 推进区域对口帮扶

对口帮扶是指地区或城市之间横向的人力、物力、资金以及管理经验的支援，这是社会主义优越性的重要体现，是实现区域协调发展和共同富裕的重要途径。对口帮扶也有利于发达城市通过深入的沟通和合作对欠发达地区给予更有针对性、更有效率的帮助。

随着珠三角与粤东西北地区经济差距的不断扩大，为加快粤东西北地区的发展进程，促进区域协调发展，20世纪90年代初开始，广东省委、省政府就将珠三角地区和粤东西北区域对口帮扶工作作为全省的重大发展战略，将扶贫开发作为对口帮扶的重中之重，不断拓展丰富帮扶内容，强化对贫困地区基础设施建设、产业发展、贫困劳动力就业的带动作用。2009年以来，广东先后实施了"双转移"战略、扶贫开发"双到"战略以及粤东西北振兴发展战略，都将对口帮扶作为重要工作来抓。目前广东省内的对口帮扶关系由2014年发布的《关于调整珠三角地区与粤东西北地区对口帮扶关系的通知》确定，该通知明确了广州帮扶梅州、清远，深圳帮扶河源、汕尾，珠海帮扶阳江，佛山帮扶云浮，东莞帮扶韶关，中山帮扶潮州的对口关系。此后第一轮对口帮扶工作是2014年开始至2016年结束。

在2017至2019年进行的第二轮对口帮扶过程中，珠三角6市及其帮扶的8市在推进产业梯度转移和产业共建、完善基础设施建设、加强民生保障、配合打好精准脱贫攻坚战等多个方面取得丰硕成果，本轮对口帮扶工作所确定的各项任务全面完成，有效弥补了粤东粤西粤北经济社会发展的短板和弱项，为全面建成小康社会奠定了基础，有效提升了全省区域发展的平衡性与协调性。其间，在产业帮扶方面，广东各级财政投入专项资金138亿元，帮助引进项目2389个，完成投资2453亿元，对于推动粤东西北的经济发展起了重要作用。在民生事业领域，对口帮扶也成效明显。在教育领域，在帮扶过程中通过设立分校、联合办学、教师互派交流、教学研究合作、资助基建等多种方式，推动教学资源共享，如广州清远全面推进教育结对，结对帮扶各类学校达206所，支持清远新建3所学校和改善124所学校教学条件，又如深圳在对口帮扶河源中，投入帮扶资金1亿元用于建设深河中学并将其纳入深圳中学共同体进行全面管理；推动深圳河源59对学校结成共建关系，开展深圳名师送教、技师学院专业师资培训、河源中小学校骨干教师跟岗培训等。在医疗卫生帮扶合作方面，主要是针对被帮扶市医疗卫生发展实际需求进行帮扶，如广州42家高水平医疗机构与清远32家县级以上医疗机构结对，推动跨区域医联体建设，推行"远程医疗诊断"模式，支持清远建立远程会诊平台6个，引进医疗新技术356项；再如深圳对口帮扶汕尾，多渠道引导资金投入援建深汕中心医院，累计投入财政专项帮扶资金1.4亿元，推动23个卫生院等帮扶项目落地；出资1.26亿元帮扶10个基层卫生院的标准化建设。①

---

① 资料参考自《第二轮全省对口帮扶完成　加快构建区域发展新格局》，《羊城晚报》，2020年8月3日。

六　全面实施乡村振兴战略

全面实施乡村振兴战略，是脱贫攻坚取得胜利后"三农"工作重心的历史性转移，也是推动我国经济转向高质量发展阶段的必然要求。广东坚持把解决好"三农"问题作为工作重中之重，按照"产业兴旺、生态宜居、乡风文明、治理有效、生活富裕"的总要求，将"以大力实施乡村振兴战略为重点，加快改变广东农村落后面貌"纳入全省"1+1+9"工作部署，充分发挥广东产业与市场优势，以发展精细农业、建设精美农村、培育精勤农民为主攻方向，深化农村重点领域改革，深入推进城乡融合发展，加快农业农村现代化发展，以"小切口"推动"大变化"，走出了一条以高质量发展推进更高水平乡村振兴的广东路径。

（一）发展乡村特色优势产业

1. 实施"百园强县"

习近平总书记指出，"产业兴旺，是解决农村一切问题的前提"[①]。乡村有了产业，才能真正活起来。建设现代农业产业园是党中央作出的重要决策部署，是引领农业高质量发展的重要载体。以特色农业产

[①] 习近平：《把乡村振兴战略作为新时代"三农"工作总抓手》，《社会主义论坛》2019年第7期，第5页。

业为主导，通过规模化种养基地和龙头企业带动，将各地资源优势转化为产业优势，打造产业集群，拓展产业链，这些功能和特点使现代农业产业园成为多功能、复合型、创新性的现代农业发展平台，也成为推动乡村产业振兴的"牛鼻子"。

乡村产业根植于县域，实施"百园强县"是推进县域产业发展的有效举措，是适应广东省情农情的一项产业振兴战略工程。产业园责任主体是县一级政府，广东创新性地建立由县长直接担任园长的"园长制"，压实责任。制定支持产业园建设的"1＋N"政策"组合拳"，并将产业园列入重点建设项目，列入各市绩效考核范畴，督导推进。自2018年始，省级财政三年拿出75亿元，每个特色产业园投入5000万元、优势产区产业园1.5亿元。特别是，广东创新省级财政投入方式，直接将资金拨付到牵头实施主体（大型农业企业、农民合作社等），减少拨付层级，增加财政资金使用效率和自主性。据统计，三年共撬动社会资本300多亿元参与，财政资金撬动比达1∶4.36。① 广东目前已建设16个国家级、161个省级、55个市级现代农业产业园，实现了全省主要农业县、主导产业和主要特色品种全覆盖，形成国家级、省级、市级现代农业产业园递次发展的格局，同时初步构建"跨县集群、一县一园、一镇一业、一村一品"现代乡村产业体系，形成拉动"县—镇—村"全面振兴的新型产业布局。

现代农业产业园通过"补链""强链"，打造"研发＋种植＋加工＋销售＋旅游"的产业融合链条，在发展壮大特色产业的同时，催生出休闲农业、创意农业等新业态，不断延伸产业链和提升价值链。目前，省级现代农业产业园总产值3051亿元，二、三产业产值超过一半。全省休闲农业与乡村旅游年接待人数超过1.35亿人次，一、二、三产业融合发展新格局初步形成。此外，在增创品牌、提高农业科技水平和带动农民增收方面，现代农业产业园也发挥了重要的龙头带动

---

① 数据来源于中华人民共和国农业农村部发展规划司网站。

作用,"百园强县、千亿兴农"的产业振兴格局基本形成。截至2020年底,广东省产业园区已创建农业品牌2875个,比入园前新增1019个[①];产业园内实施"智能监测+生态控制+统防统治"全程绿色防控技术,基于大数据与云计算技术的智慧种植及保鲜、物流冷链等先进科学技术,园内农产品生产提质增效;产业园形成"企业+基地+合作社+农户"等联农带农模式,园内农民人均可支配收入达2.7万元/年,比建设前增长26.7%。

广东现代农业产业园建设不断突破前行、与时俱进,《广东省推进农业农村现代化"十四五"规划》明确提出聚力打造核心增长极提升现代农业产业园水平。目前,广东省出台《2021—2023年全省现代农业产业园建设工作方案》,提出将建设第二轮现代农业产业园100个以上,打造产业园2.0版,实现现代农业产业园的"从有到优""从优到强"。

表6-1 广东打造现代农业产业园2.0版特色内容

总要求	产业园类型	建设目标	重点项目	数量
谋篇布局——系统性建设内容——整体性绩效目标——实效性	跨县集群产业园	以优势产业打造现代农业标志性工程	丝苗米跨县集群产业园 荔枝跨县集群产业园 油茶跨县集群产业园 柚子跨县集群产业园 菠萝跨县集群产业园	5
	功能性产业园	构建全链条的现代农业服务体系	种业功能性产业园 数字农业产业园 加工服务产业园 农业装备产业园	6

---

① 数据来源于《广东:构建现代农业产业新体系 助力乡村振兴》,央视网,2021年11月24日。

续表

总要求	产业园类型	建设目标	重点项目	数量
	特色产业园	做大做强县级主导产业	澄海区蔬菜产业园 平远县脐橙产业园 郁南县黄皮产业园 怀集县稻蔬产业园等	49

注：资料来源于《广东省推进农业农村现代化"十四五"规划》和《2021—2023年全省现代农业产业园建设工作方案》。

2. 建设农产品"12221"市场体系

"产不好、卖不掉、卖不好"是影响农民增收致富和乡村产业发展的主要难题。马克思将由商品到货币的过程称为"惊险的一跃"，商品生产者只有把商品卖出去，并且卖出好价钱，才能生存发展下去。十九大报告强调，使市场在资源配置中起决定性作用，更好发挥政府作用。市场指挥生产是农业产业发展的新趋势，也是解决农产品销售困境的根本方式。只有处理好生产与市场"两手抓"、有效市场和有为政府有机结合两组关系，才能从根源上摆脱农产品"丰产不丰收""果贱伤农"的难题。

2018年，以徐闻菠萝、高州荔枝优势特色农产品滞销为契机，广东创新探索出了一套可复制、可推广的农产品"12221"市场体系。该市场体系是一场政府部门职能深度延伸和工作深度拓展的改革行动，即前期政府统筹配置要素，有效组织协调市场；后期市场为主，政府为辅，市场发挥自主"造血"功能，依靠"有效市场+有为政府"，有效解决了产销对接不紧密、供需不平衡、利益联结不稳定等突出问题。其带来的是从过去重生产、轻市场到现在的"生产+市场"双轮驱动发展的思维转变，成为带动广东省农业全产业链变革的动力源。

利用"1"个农产品大数据平台，通过组建销区采购商和培养产区经纪人"2"支队伍、拓展销区和产区大市场"2"大市场、策划采购商走进产区和农产品走进大市场"2"场活动,最终实现品牌打造、销量提升、市场引导、品种改良、农民致富等"1"揽子目标。随着该市场体系逐步推广成熟,打开了农产品的价值空间。2020年,"网络节+云展会"后一个鲍鱼苗从3毛钱提升到6毛钱,一斤鲍鱼从30元提升到60元;化橘红年产值超30亿元,已带动30万名农民从事化橘红种植产业工作,人均年增收1800元以上。2021年,徐闻菠萝收购价每斤普遍1.8~2.5元,最高价达3元,是30年来最高;广东荔枝产量约147万吨,实现产值140.8亿元,上半年广东荔枝出口量同比增加79.8%[①]。图6-1所示为广东省2017—2020年农业总产值趋势。由图可知,广东省农业总产值呈现逐年递增的趋势,尤其是2019年与2018年相比增幅最大,达到13.58%,这与广东省委、省政府大力推进"12221"市场体系建设时间相契合。可以说,该市场体系在提高农业产值、促进农民增收方面发挥了重要作用。

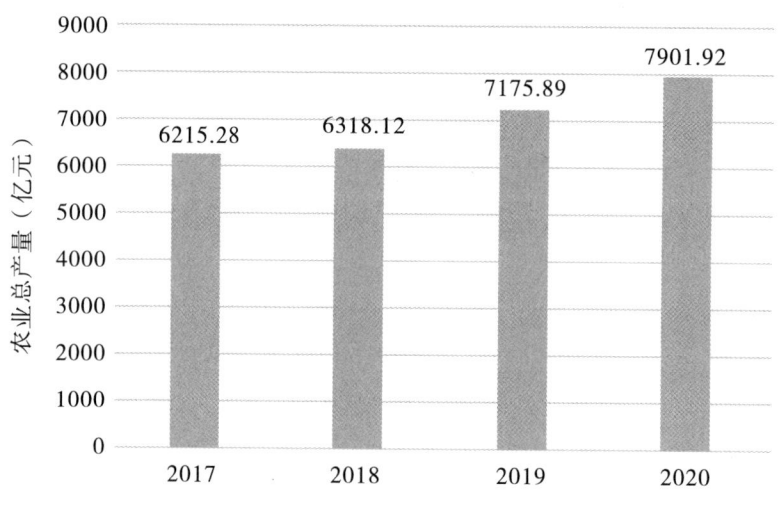

图6-1 2017—2020年广东省农业总产值

注：数据来源于2021年《广东统计年鉴》。

---

① 数据来源于《今年广东荔枝产量创历史新高 产值逾140亿元》,央广网,2021年7月28日。

"十四五"时期,广东将持续突破创新农产品"12221"市场体系,围绕产业、科技、文化、市场"四张牌"主线,把握RCEP机遇,利用国内国际两个市场、两种资源,推动广东农产品走出去,充分做好"1"个农业大数据的文章,开展全产业链大数据应用示范,立足中央厨房等农产品食品化的重要风口,助推农产品食品化工程建设,大力推动"12221"向市场化、数字化、食品化、国际化迭代升级。

徐闻菠萝这样火起来

一到节假日,广东省湛江市徐闻县的游客便骤增,优质菠萝收购价超3元/公斤。"人山人海只为'菠萝的海'""广东喊全国人民吃菠萝"等网络短视频火爆,累计点击量达数十亿人次。原先销量平平的徐闻菠萝,为何能够火起来?

"产业痛点就是工作发力点!"在广东省、湛江市支持下,徐闻制定菠萝产业3年行动计划——筹建一个大数据库、拓展产销两个市场、成立购销两个联盟、组织请进来与走出去两地活动、一揽子解决产业堵点,简称"12221"方案。2019年初,广东省农业农村厅成立专项工作组,进驻徐闻,排忧解难。"政府、农户、采购、经销等多方联合,发布采购商指数和采购价格指数,产购销一体发力。"专项工作组组长、广东省农业展览馆副馆长黎小军说,"一亩田"农产品交易平台、唯品会、京东、每日优鲜等电商纷纷加盟,助力徐闻菠萝的销售。

"大数据链接产销,产业有了风向标。卖给谁、找谁买、啥价格,大家心中有数,能掌握市场投放节奏。""一亩田"联合创始人刘志嘉说,根据对去年菠萝大宗交易量前三名的分析,今年徐闻菠萝高铁专列开通了,重点开拓西北、东北、中部以及东南沿海地区市场。徐闻菠萝产业发展渐入佳境,辐射带动约5万农户、14.6万劳动力。全县菠萝种植户2019年增加存款储蓄9.8亿元、2020年增加存款储蓄12.56亿元,预计今年户均增收1.2万元。

——摘自《人民日报》2021年7月8日

3. 创响"粤字号"农业品牌

品牌是农业竞争力的核心标志，是现代农业的重要引擎，是乡村振兴的关键支撑。超额价值理论认为，商品的社会价值与个别价值存在着差额即超额价值。这一理论为品牌价值提供了重要的理论依据，当农产品不仅通过产品本身，而且更多通过符号体系、文化意蕴、与消费者的关系等建立品牌后，农产品便产生超额价值，即品牌价值，类似于马克思所说的超额价值。农产品的竞争实质上已经转变为品牌的竞争，品牌战略已经成为农产品加工业优化升级的关键。[①] 农产品只有走品牌化之路，才能真正实现农业的价值跃升。

广东深入实施品牌强农，不断探索创新，构建出"抓培育—强品质—拓市场—重创新"的农业品牌打造链条。抓培育，即充分挖掘各地资源优势，采取重点扶持、梯队发展、整体推进的方式，按照农业品牌的四大关键指标要求，发挥企业的品牌建设主体作用。强品质，即创建首批"六新"（新品种、新技术、新装备、新模式、新营销、新农人）示范基地，着重对生产端提质升级，同时解决了市场端的品质需求和生产端高质量供给。拓市场，即立足销区批发市场，展示广东优势农产品，如"广东菠萝广场"等落地各大批发市场，并依托核心城市，辐射华南、华东、华北、西北等重点销区；以冠名飞机、上央视、亮屏广州塔、登陆上海滩等宣传模式，扩大广东特色农业品牌影响力。重创新，即通过"短视频＋粤字号品牌""微综艺"等新型品牌推介形式，孵化营销市场新业态，创新农业品牌推广平台。

目前，广东已构建了"二类三级"的农产品品牌培育框架。"二类"指区域公用品牌和经营专用品牌。"三级"指广东省"十大名牌"系列农产品、广东省名牌产品、广东省名特优新农产品共三级品牌。近年来，"粤字号"农产品质优量增，产出约占全国 4.7% 的蔬菜、

[①] 王岱、杨琛：《乡村振兴背景下农产品品牌战略研究》，《价格理论与实践》2018 年第 4 期，第 135 页。

6.5%的水果、5.2%的肉类和13%的水产品。① 广东荔枝、梅州柚、徐闻菠萝、广东丝苗米、英德红茶、新会陈皮等一批"老广的味道"走向全国和世界。根据"中国农业品牌目录2019农产品区域公用品牌价值评估榜单",广东梅县金柚（113.27亿元）、新会陈皮（98.21亿元）、德庆贡柑（53.14亿元）、斗门白蕉海鲈（28.55亿元）成功登榜,具有岭南特色的"粤字号"农业品牌价值不断提升。广东在"十四五"时期将围绕"大而优"大宗农产品和"精而美"特色农产品,突出区域特色,进一步提升"粤字号"农业品牌。

4. 提升乡村产业人才技能

以乡村产业需求为导向精准培养技能人才,提升人才技能,是乡村产业可持续发展的内生动力,也是带动农民就业创业、增收致富的根本途径。将产业发展落到农民增收上,全力以赴推动乡村生活富裕,是广东乡村产业振兴的初衷和"落脚点"。广东省委书记李希亲自部署推动"粤菜师傅""广东技工""南粤家政"三项创新性民生工程,开展大规模职业技能培训,帮助农民以"一技之长"稳定高质量就业,推动人才集聚与产业发展同频共振、互促共进。

广东持续推进"粤菜师傅"工程,通过上游对接食材供应,中游支撑粤菜餐饮,下游连接文化旅游、农业生产、食品加工、餐饮零售、休闲旅游、健康养生等产业联动发展,加快了粤菜产业全链条贯通,成为劳动者技能就业、技能致富新引擎。全力打造"粤菜师傅"品牌,在传承粤菜文化的同时,也培育和催生出了创意菜和中央厨房预制菜,有效促进了粤菜特色化、品牌化和产业化发展。广东推出"粤菜师傅+乡村旅游"新业态,开发32条粤菜美食主题旅游精品线路,打造384个乡村旅游粤菜美食点,进一步带旺乡村旅游产业,多渠道保障农民收入。目前,广东省累计开展"粤菜师傅"培训33.6万人次,带动就

---

① 数据来源于《广东省推进农业农村现代化"十四五"规划》,2021年9月7日。

业创业 74.3 万人次①。

深入实施"广东技工",开展百万农民培训工程,聚焦广东主导、特色产业发展,构建"线上+线下"多元化、多样式的培训体系。线上推出"田头课"直播培训,以遂溪圣女果、澄海狮头鹅、惠来鲍鱼为代表的"田头课",使海南圣女果种植户落户遂溪,澄海狮头鹅供不应求,惠来鲍鱼打响品牌。还推出"粤农通""广东精勤农民网院"等线上培训平台,截至 2021 年 12 月,各平台直播培训在线学习人数累计超过 2372.3 万人次。线下推出"高素质农民市场体系建设培训班""广东乡村工匠专项培训""预制菜"等专场培训,有效提升了农民增收致富技能。

广东推动"南粤家政"与现代服务业形成良性互促,着力打造家政产业集群,推动家政服务业与养老、育幼、托养等行业融合发展。如湛江市探索对接农产品、南药种植等"一村一品"乡村产业,推进月子餐、药膳配送等家政配套服务。此外,依靠各地特色,高质量培育家政品牌,当前已涌现出"河源阿嫂""客家大嫂""德庆家嫂"等特色品牌。广东全省家政企业约 2.68 万家,从业人员超 127 万人,实现劳动力工作能力和收入水平的明显改善。

"粤菜师傅"工程小切口解决就业"大问题"

广东出台《"粤菜师傅"工程高质量发展方案》,聚焦服务乡村振兴、脱贫攻坚、健康中国、文化强国等重大战略部署,以规范化、标准化、特色化、国际化为方向,全面构建"粤菜师傅"人才体系、产业体系、标准体系和文化体系,大力推进"粤菜师傅"工程,加快高质量发展步伐。一系列扎实举措,帮助更多人成为"粤菜师傅",在灶火与汗水中迈向稳稳的幸福。

---

① 数据来源于"粤菜师傅""广东技工""南粤家政"三项工程服务乡村振兴新闻发布会,2021 年 12 月 29 日。

跨过南澳大桥来到广东潮州饶平，当地紧扣海鲜特色开发的"妈鲜网海鲜电商基地"项目，实现农产品线上日销上千件。再往北到广东梅州大埔，当地凭借 200 余种特色小吃建设"大埔小吃文化城"，并依托"粤菜师傅"大师工作室举办美食旅游文化节，让"中国小吃名县"声名远扬。

广东创新"粤菜师傅＋旅游"就业创业模式，挖掘、推广乡村本土特色菜式、特色宴，打造了一批乡村粤菜美食旅游景点和乡村粤菜美食旅游精品线路。到 2022 年，全省打造 1000 个乡村粤菜美食旅游点，建设 100 条乡村旅游美食精品线路。

如今，"粤菜师傅"成了弘扬岭南饮食文化的一张崭新的国际名片。随着"粤菜师傅"在海外越来越抢手，粤菜品牌正不断做大做强，走向世界。前不久，加拿大中华烹饪协会专门来到广东江门台山，与广东厨艺技工学校签订长期合作交流框架协议，双方将共同办学，向海外输出粤菜人才。

——摘自《光明日报》2021 年 4 月 23 日

（二）建设美丽宜居新乡村

1. 加快"三清三拆三整治"

乡村振兴，生态宜居是关键。习近平总书记指出，"生态宜居，是乡村振兴的内在要求，从'村容整洁'到'生态宜住'反映了农村生态文明建设质的提升，体现了广大农民群众对建设美丽家园的追求"[1]。广东将农村人居环境整治作为实施乡村振兴战略的第一场硬

---

[1] 习近平：《把乡村振兴战略作为新时代"三农"工作总抓手》，《社会主义论坛》2019 年第 7 期，第 5 页。

仗,部署开展以"三清三拆三整治"为重点的村庄清洁专项行动,着力解决农村突出环境问题,全域提升农村人居环境质量。

广东在全国率先建成省市县镇村五级农村人居环境整治管理信息系统,集纳了全省两万余个行政村(含涉农社区)和15万多个自然村的数据,形成超千万级资料库。利用大数据准确掌握"三清三拆三整治"工作进展,实现农村人居环境整治"一张图",达到有效管护。目前,全省完成"三清三拆三整治"的自然村覆盖率达到99.5%,珠三角地区100%村庄达到干净整洁村标准。清拆破旧泥砖房322万余间,累计1239个行政村及6763个自然村整村完成存量农房微改造[①]。充分利用"三清三拆三整治"后的空闲土地打造"四小园"(小菜园、小果园、小花园、小公园)小生态板块,全省已因地制宜打造"四小园"60万余个。广东农村面貌已发生从"脏乱差"向"全域干净整洁"的历史性变化。

广东注重示范创建引领作用,以万村整治为基础,形成以点带面、连线成片,辐射带动全域农村人居环境整治的新格局。实施具有广东特色的"一十百千万"工程,即重点打造一个示范市、十个左右的示范县、百个左右示范镇、千个左右示范村,带动全省10000个以上村全面开展农村人居环境整治。其中,要求示范县、示范镇干净整洁村比例达到100%。打造"连线成片建设岭南特色乡村风貌示范带"的"四沿"示范创建工程,通过这些示范村、示范带的示范效应,带动全省其他村庄进行美丽乡村建设。广东省财政按每个示范村500万元、每个示范镇1000万元、每个示范县3000万元的标准进行资金奖补;按每个村1000万元的奖补标准安排6亿元推进沿边示范带建设。以全域农村人居环境整治为抓手,广东将继续加快建设宜居宜业宜游的优质生活圈,努力打造天更蓝、山更绿、水更清、环境更好的美丽生态家园。

---

① 数据来源于2021年《广东农村统计年鉴》。

2. 着力乡村建设补短板

美丽乡村建设，归根到底是为了让农民群众生活得更好更舒适。广东农村基础设施建设薄弱，尤其粤东西北地区农村长期发展滞后、投入不足和历史欠账多。广东省委、省政府始终抓重点、补短板、强弱项，因地制宜加快农村基础设施建设，着力提升农村民生保障水平，全面改善农村生产生活条件，努力使乡村具有与城市一样的吸引力、让农民享有与市民一样的品质生活。

广东改革创新体制机制，着重建立健全长效管护制度，并将其纳入乡村振兴绩效考核内容；创新审批制度，鼓励农民工匠团队承接农村小型项目，简化流程，节省资金；区别公益性、准公益性与经营性的投入领域，提高资金使用效率。综合考虑路、水、电、网等多方面，系统性改善农村基础设施，如促进"四好农村路"提档升级，打通到田头道路的"最后一公里"；推进"垃圾革命"及污水处理体系、供水网络体系建设；将大数据、物联网、云服务平台等新基建向农村延伸；以十大民生实事大力推进农村"厕所革命"等。

目前，广东累计新建改造农村公路381公里，实现涉农地区全部通地铁、山区镇全部通高速，村道硬底化率达100%；自然村集中供水覆盖率达87%以上，农村光纤入户率近57%；农村生活垃圾"村收集、镇转运、县处理"收运处置体系全覆盖；农村卫生户厕1341万余户，普及率达99%以上[①]。此外，广东积极完善农村物流配送中心、专业批发市场、保鲜冷链物流等配套建设；不断健全乡村公共服务体系配套，如东莞市镇街24小时自助图书借阅、15分钟健身圈、"文化莞家"数字化服务等均实现全覆盖；以教育联合体改革让优质教育资源下沉到基层，优化农村教育质量；开通重点医疗救助对象参加城乡居民基本医疗保险的"绿色通道"，推动城乡基本公共服务均等化发展。

---

① 数据来源于《广东省推进农业农村现代化"十四五"规划》和2021年《广东农村统计年鉴》。

3. 传承发展岭南特色乡村文化

习近平总书记强调，乡村振兴，既要塑形，也要铸魂。文化振兴是乡村振兴的灵魂，是乡村高质量发展的内生动力。要把传统优秀文化和现代文化融为一体，潜移默化地渗透到乡村生产发展和社会生活方式中，转变成人们的行动自觉，内化为人们的信仰和习惯。① 振兴岭南乡村，必须要传承发展岭南特色乡村文化。多年来，广东高度重视岭南优秀特色文化，既大力挖掘保护，也重视弘扬、传承和创新，更力争开拓市场，使美丽宜居新乡村既有"颜值"更有"内涵"。

古祠堂、古村落、古驿道、古建筑等等都是岭南文化最为鲜明的符号。广东注重盘活岭南特色乡村文化资源，通过"轻改造"，在保持原有风貌和乡土气息的基础上，注入现代新功能、新元素，发展创新岭南古建筑文化；大力挖掘龙舟制作、广东剪纸、粤绣等乡村非遗资源，打造乡村博物馆和特色展览馆，发扬非物质文化遗产和优秀岭南农耕文化。着力以岭南特色乡村文化反哺乡村振兴。建设体现岭南文化精髓、展现岭南文化特点的特色小镇，有效整合乡村历史、民俗、节庆等文化资源，发展"文化+旅游"新产业；建设包括民俗表演艺术厅、文化集市、艺术家主题工作室在内的文化商业综合体，刺激旅游消费、增加农民收入；以祠堂等为载体，引入公共文化服务，打造群众文化活动阵地，不断融入党建、社会组织孵化、文明教化、乡村治理等内涵；以"文化+新乡贤"为突破口，着力推动乡村自治功能的回归。广东还积极推动岭南特色乡村文化广泛传承。"互联网+民俗"是互联网赋能传统文化发展的有益尝试，以网络直播形式开启岭南特色文化的传播发扬新路径；打造"岭南理学堂""朱子学堂"等研学基地，面向不同年龄阶段的群体，引进形式多样的社区课程，如朱子家训、寻根之旅、文创设计等，传承发扬优秀岭南特色乡村文化；

---

① 孔祥智等：《乡村振兴的九个维度》，广东人民出版社2018年版，第239页。

创新开展"文化+音乐""文化+赛事"等活动,形成文化聚民、文化悦民、文化惠民的新格局,使岭南特色文化真正融入社会生活,焕发岭南文化新活力。

南粤古驿道文体融合观察

定向越野大赛是南粤古驿道的另一道风景线。南粤古驿道定向越野大赛因地制宜,将在野外举行的活动定在古村落中举行。以驿道沿线传统村落巷子多又深、迂回曲折的特点设置比赛地图,在驿道沿线各个村落设置分站站点、年终决赛的比赛方式,串联了分散在驿道沿线的古村落。

村民第一次从手绘地图中看到自家的巷道房宅,对世代居住的村落有了新的认识。不仅是村民,每年文创大赛、定向越野大赛在南粤古驿道沿线各个村落交织展开,为古村落聚集了人气与活力。日渐荒废的古村落一瞬间迎来满村子的人,让参与人员、观赛人士增进了对岭南乡村历史文化的认识,实现了村民重新认识本地文化、来访者赏寻不同文化的双赢效应。

内容丰富的活动涌入各个村落,沿线古屋、古巷、古井、古寨、古港、古码头等多元文化资源被重新发掘,吸引了媒体、文化体育机构、名人的关注与参与。来自外界的关注,让生活在其中的村民看到身边村落封存已久的遗产价值,内部活力得以激发。一批曾在城里打工返乡的村民重新翻出家谱,梳理自家的宗族文化,与民营机构组建村内的博物馆;有的村民与生活在城里、经营电商的子女分工协作,共同在修缮整治后的驿道边开设商铺、民宿,收入多了起来。

——摘自《人民日报》(海外版)2021年4月5日

（三）加快农村重点领域改革

1. 深化农村土地制度改革

马克思在《资本论》中曾引用威廉·配第的名言"劳动是财富之父，土地是财富之母"。土地是农民最基本的生产生活资料。由于农村集体土地权能不完整，转让、抵押等权利受到限制，制约了农村土地作为资产的价值实现。① 深化农村土地制度改革，要始终把维护好、实现好、发展好农民权益作为出发点和落脚点，坚持土地公有制性质不改变、耕地红线不突破、农民利益不受损三条底线，进一步打通城乡要素平等交换、双向流动的制度性通道。党的十八届三中全会以来，广东南海区、蕉岭县、阳山县、德庆县等十四个县（市、区）先后入选集体经营性建设用地入市、农村承包土地的经营权抵押贷款、农民住房财产权抵押贷款以及新一轮宅基地制度等国家级改革试点，取得了大量创新成果。

耕地是国家粮食安全的基石。广东将落实最严格的耕地保护制度作为战略性的头等大事，建立了耕地"田长负责制"，实行县、乡、村三级联动全覆盖的耕地保护网格化监管，推动建立耕地保护责任落实与基层干部绩效评价挂钩的奖惩机制。遏制耕地"非农化"和"非粮化"，严格耕地农业用途管制，实施高标准农田建设和垦造水田行动，以粮食生产功能区和重要农产品生产保护区为重点，加快耕地质量保护与整治提升。实施农村耕地整合行动，发挥村集体统筹作用，通过多种方式放活土地经营权，推动土地流转适度规模经营。建立工业和城镇污染向耕地转移的防控机制，切断重金属污染物进入农田的途径，

---

① 王世元：《新型城镇化之土地制度改革路径》，中国大地出版社2014年版，第11页。

建立耕地土壤环境质量分类清单动态管理机制,推进受污染耕地安全利用。第三次全国土地调查显示[①],广东耕地面积为2852.87万亩,其中粮食生产功能区稳定在1350万亩以上,承包地流转面积达1776.12万亩,占农村承包地面积的50.45%。

着力活化利用农村土地,保障乡村振兴用地需求。针对乡村三产业融合发展特点,探索实施"点状供地"和"农业+"混合供地政策。稳步推进宅基地制度改革,探索宅基地所有权、资格权、使用权分置的具体实现形式,全面推进农村旧住宅、废弃宅基地、空心村等闲置建设用地拆旧复垦,腾退出来的建设用地指标优先保障所在村建设需要,节余指标依托省网上交易平台公开交易,所得收益由出售指标地区按5%、5%、5%、10%和75%的比例分配给县级财政、镇级财政、村民委员会、土地所有权人和土地使用权人。加快实施珠三角地区村镇工业集聚区改造攻坚行动,通过"淘汰关停一批、合并搬迁一批、功能转换一批、改造提升一批集聚区",进一步优化城乡空间布局,重整乡村经济动能,探索出一条高度城市化地区农村再发展、农民再致富的乡村振兴之路。

粤每年复垦指标流转面积将超2万亩

拆旧复垦是广东国土资源领域贯彻落实党的十九大和十三届全国人大一次会议关于"实施乡村振兴战略"部署的重要举措,复垦指标交易净收益的绝大部分归土地使用权人,县、镇及土地所有权人获得的收益分成也将全部用于美丽乡村建设。自今年起,广东力争用10年的时间,全面完成农村旧住宅、废弃宅基地、空心村等闲置建设用地的拆旧复垦,助力乡村振兴。据初步估算,今后每年复垦指标流转面积将超2万亩。

根据《广东省全面推进拆旧复垦促进美丽乡村建设工作方案(试

---

① 数据来源于《南方日报》2021年12月28日第A07版。

行)》规定，复垦指标在优先保障所在村建设需要后，节余部分以公开交易方式在省内流转用于城镇建设。据悉，广东将2277个省定贫困村和韶关市乳源瑶族自治县等34个县（市、区）列为复垦指标优先交易地区。广东省人民政府近期也将对复垦指标交易出台最低保护价，今后复垦指标交易价格不得低于省政府的最低保护价。为调动各地市开展拆旧复垦的积极性，珠三角地区9个地级以上市（不含龙门县等9个县市）范围内出让商业、娱乐和商品住宅等经营性用地（不含"三旧"改造用地）应当与全省农村建设用地拆旧复垦形成的复垦指标挂钩，没有复垦指标或复垦指标不足的，不得出让商业、娱乐和商品住宅等经营性用地使用权。

——摘自《南方日报》2018年3月11日

2. 农村集体资产股份制改革

党的十八届三中全会提出"保障农民集体经济组织成员权利，积极发展农民股份合作，赋予农民对集体资产股份占有、收益、有偿退出及抵押、担保、继承权"。农村集体资产股份制改革是在保留集体所有权和不改变集体经营权的前提下，通过股权量化将集体资产产权由集体共同共有变为农民按份共有，以股份合作社形式经营管理集体资产，从而明晰集体资产的产权归属，实现"资源变资产、资金变股金、农民变股东"，农民共享集体资产收益。[①]

广东作为经济大省，农村集体资产总量规模庞大。2018年全省农村集体资产清产核资结果显示，广东有各类农村集体经济组织24.4万个，涉及集体账面资产（不含资源性资产）5598.76多亿元，约占全国的17%，其中珠三角8市（深圳除外）农村集体资产总额占全省的88.5%。早在20世纪90年代初，佛山市南海区就开展了农村集体资产

---

① 张建、诸培新、王敏：《基于内生交易费用的农村集体资产股份制改革》，《华南农业大学学报》（社会科学版）2016年第5期，第11—19页。

股份制改革探索。然而随着经济社会结构变化，农村集体资产仍面临归属不明、经营收益不清、分配不公开、成员的集体收益分配权缺乏保障等突出问题，亟待进一步改革。

2018年2月，广东省委、省政府将实践探索的成功经验上升为制度安排，出台了《关于稳步推进农村集体产权制度改革的实施意见》。该意见围绕建立归属清晰、权能完整、流转顺畅、保护严格的中国特色社会主义农村集体产权制度，将集体经营性资产以股份或份额的形式量化到本集体成员，确权到户，发展多种形式的股份合作制。针对省内农村差异和集体经济发展不平衡等现状，广东精准靶向施策，对经营性资产较多的城中村、城郊村，重点解决成员边界不清、资产家底不明的问题，明晰产权关系，量化集体资产等；对资产较少或没有资产的纯农业村，重点界定成员身份、核查确认"四荒地"、机动地等未承包到户的资产，进一步盘活农村闲置资源，发展股份合作和壮大集体经济，消除集体经济"空壳村""薄弱村"，发展一批集体经济多元化发展强村。目前，改革试点已经取得丰富成效。例如，东莞市研发"东莞村财"APP，推动农村集体资产在"阳光下"运行，同时，探索搭建金融机构与集体经济组织对接平台，推进村（社区）"租赁经济"向"投资经济"转型。中山市以新理念新思路破解发展难题，引入"BOT"运作模式推动农村集体经济转型升级。南海区探索形成了"确权到户、户内共享、社内流动、长久不变"的股权管理模式，积极提倡户内股权均等化，以户代表作为股权登记主体，明晰集体产权和股份分配关系，使农村股权从过去的动态调整型向稳定规范型转变。与此同时，积极构建村自治组织和集体经济组织各司其职、相互配合的治理体制和运行机制，明晰农村集体经济组织与村（社区）自治组织的职能关系，实行村（社区）自治事务与集体经济事务分离。

3. 以都市圈为牵引的城乡融合发展改革

马克思认为，城乡融合是社会发展的必然趋势，是城乡发展的终极目标①。然而长期以来,在优先发展重工业超赶性任务目标驱动下,我国形成了一套城乡二元的体制机制,尤其在快速工业化、市场化和城镇化进程中,农村土地、资金、人才等要素持续快速、大量、单向、过度向城市集中,导致城乡差距持续拉大,乡村发展严重滞后。习近平总书记指出,乡村振兴必须重塑城乡关系,走城乡融合发展之路。②

目前,广东常住人口城镇化率达74.15%③,处在城镇化发展中后期,已具备以城带乡、以工促农来实现城乡互补、工农互促的必要条件。现阶段推进城乡融合发展,既是破解广东城乡发展不平衡、农村发展不充分的关键抓手,又是实现农业农村现代化的重要推力,也是拓展城市发展空间、释放更多农村要素市场的强大动力。考虑到广东乡村振兴与区域协调问题在时空上叠加共振,都市圈成为城乡融合发展与乡村振兴的最有利地域空间。以都市圈为依托实施乡村振兴,可以增加有效投资和消费,扩大内需;加快推动农民市民化,增加土地和劳动力的有效供给,缓解要素价格上升;减少空间交流的成本,提高空间交易的效率;有利于乡村分享和利用城市生产、供应和价值链的辐射带动作用。

2020年,广东省委、省政府印发《广东省建立健全城乡融合发展体制机制和政策体系的若干措施》,提出建设广州、深圳、珠江口西岸、汕潮揭、湛茂等五大都市圈。广东以都市圈为牵引,以国家城乡融合发展试验区广清接合片区和10个国家县城新型城镇化建设示范县(市)为重点,促进都市圈内中心城市与周边城乡同城化发展,率先推动统一市场建设、基础设施一体高效、公共服务共建共享、产业专业化分工协作、生态环境共保共治,增强都市圈综合承载能力和辐射带动作用,推动形成城乡利益共同体和互促互荣格局。在"一核一带一

---

① 周志山:《从分离与对立到统筹与融合——马克思的城乡观及其现实意义》,《哲学研究》2007年第10期,第9—15页。
② 参见习近平总书记在2017年中央农村工作会议上的讲话。
③ 参见广东省第七次全国人口普查公报(第六号)。

区"区域发展新格局下,五大都市圈实行差异化定位。珠三角地区对标建设世界级城市群,加快理顺经济发达镇、城中(郊)村等管理体制,推进镇村融合,支持都市区优化升级和高端功能集聚。沿海经济带东西两翼地区全力打造新增长极,着重推进中心城区、县城扩容提质,拓展产业发展空间,稳步提升城镇化发展水平,增强对乡村的辐射带动能力。北部生态发展区围绕打造重要生态屏障,合理引导常住人口向珠三角地区、沿海经济带中心城市和城镇转移,推进城区、开发区点状集聚开发,发展与生态功能相适应的生态产业,促进城乡共同形成生态资源优势。

表6-2 广东"十四五"城乡融合发展破壁建制行动

行动目标	方案内容
建立进城落户农民依法自愿有偿转让退出农村权益制度	探索流转承包地经营权、宅基地使用权、集体收益分配权和向农村集体经济组织退出承包地农户承包权、宅基地资格权、集体资产股权等具体办法
建立城乡基础设施一体化发展体制机制	推动城乡基础设施统一规划、统一建设、统一管护,构建分级分类投入机制,推动建设市域(郊)乡村产业旅游路、城乡垃圾污水一体处理体系和冷链物流设施等,明确投入主体和产权归属。推进城乡交通一体化示范创建
建立城乡基本公共服务均等化发展体制机制	实行义务教育学校教师"县管校聘"、乡村医生"乡聘村用",组建一批"教育集团""教育联盟""联合校""协作校"等联合体,探索建立以县级医院为龙头、乡镇卫生院为成员单位的紧密型医疗集团
开展农村深化改革先行试点	继续推进国家城乡融合发展试验区广清接合片区建设,深入推进7个省级城乡融合试验区市县试点和39个中心镇试点建设,创建一批国家县城新型城镇化建设示范县(市、区)。支持以县域为单元分区分类创建15个国家农业现代化示范区,支持珠三角地区有条件的地级市全域创建农业现代化示范区

注:资料来源于《广东省推进农业农村现代化"十四五"规划》。

广州与清远深入推进一体化发展

2018年10月,习近平总书记在广东清远考察时指出,城乡区域发展不平衡是广东高质量发展的最大短板。2019年12月,18部委联合印发了《国家城乡融合发展试验区改革方案》,包括广州市增城区、花都区、从化区,清远市清城区、清新区、佛冈县、英德市连樟样板区在内的广清接合片区成为全国11个试验区之一。今年4月,广东省人民政府印发了《国家城乡融合发展试验区广东广清接合片区实施方案》,列出省级支持事项13项,明确要求高质量建设国家城乡融合发展试验区广清接合片区和广清经济特别合作区。广州、清远两市充分发挥广州"辐射源"引领带动和清远"潜力地"的支撑联动作用,坚定推动"两区"建设,深入推进广清一体化,探索建立城乡融合发展的体制机制和政策体系。

广清接合片区广州(片区)重点推进城乡融合发展"5+3"试验任务改革探索,编制实施一体化综合交通规划,新开通广清城际一期、广佛中环(花都—白云机场北段)等城际铁路。上半年,花都、从化、增城发展势头良好,经济增长高于全市平均水平。广清接合片区清远(片区)则明确"1221"思路,即突出改革1条主线,抓住城乡要素自由流动和公共资源合理配置2个关键,建立以探索乡村振兴为主要内容的"连樟标准"和以探索城乡融合为主要内容的"广清一体标准"2类标准体系,建设1批推动城乡融合发展示范项目。

——摘自《人民日报》2021年8月13日

4. 加快农业农村投融资体制改革

习近平总书记指出,全面实施乡村振兴战略的深度、广度、难度都不亚于脱贫攻坚,必须加强顶层设计,以更有力的举措、汇聚更强大的力量来推进。① 全面实施乡村振兴战略需要真金白银。解决乡村振兴"钱从哪里来"的问题，必须加快农业农村投融资体制改革，激活市场、激活要素、激活主体，加快形成财政优先保障、金融重点倾斜、社会积极参与的多元投入格局。②

广东建立健全了实施乡村振兴的财政投入保障制度，公共财政大力向农业农村倾斜。推进涉农资金统筹整合改革，建立"大专项＋考核任务＋绩效管理"涉农资金管理新机制，实现省级9个部门26项专项资金的统筹整合，进一步下放涉农项目审批权限，并通过建立"考核任务"清单制度确保涉农资金使用安全高效。据统计，2019—2021年每年安排的省级统筹整合资金规模均超300亿元，其中八成以上涉农资金投向基层，九成以上涉农资金投向粤东、粤西、粤北地区，③ 涉农资金安排使用分散的问题得以根本性改变。按照中央部署，进一步调整完善土地出让收入使用范围。按照"取之于农，主要用之于农"的要求，广东将分年度稳步提高土地出让收入用于农业农村比例。到"十四五"期末，实现土地出让收益用于农业农村比例达到50%以上。在此基础上，探索建立涉农资金改革财政激励机制，对改革成效突出的市县予以财政激励，充分调动市县的积极性、主动性。

广东创新金融服务乡村振兴机制。从需求端，建立健全农村产权交易市场，积极拓宽农业抵质押物范围。支持银行机构推广温室大棚、养殖圈舍、大型农机具等抵押融资和生猪、肉牛、水产等"活体抵押＋保单增信＋银行授信"融资模式，依托动产融资统一登记公示系统为涉农市场主体提供农业设施装备、存货、牲畜水产活体等各类动产融资服务。从供给侧，出台《广东省人民政府办公厅关于金融支持全面推进乡村振兴的实施意见》，建设广东金融支农联盟，推动广东省中小

---

① 参见习近平总书记在2020年中央农村工作会议上的讲话。
② 叶兴庆：《创新乡村振兴投入机制》，《山东经济战略研究》2018年第10期，第49—50页。
③ 参见2020—2022年历年广东省《政府工作报告》。

企业融资平台建设，探索设立"农业专区"，加快推进"广东农业高质量发展板"建设，支持农业企业上市，推进"保险+期货"试点，推动广东特色农产品成为期货交易品种，发挥期货公司及其风险管理子公司专业优势，支持涉农经营主体利用期货市场开展套期保值，探索建立涉农信贷、农业保险和农产品期货（期权）联动机制，创新"供银担"合作机制，推广"粤供易贷"等供应链产业链融资模式，着力解决农业农村"融资难""融资贵"突出问题。2021 年，广东涉农贷款余额高达 1.8 万亿元，同比增长 11.7%[①]。

广东创新社会资本参与机制。社会资本进入，不仅可以弥补政府和农民投入的不足，而且可以带来先进的理念、管理和技术。实施"万企帮万村"行动，充分发挥广东市场主体优势，通过直接补助、贴息等方式，引导企业饮水思源，反哺乡村，将更多生产要素向农村转移，实现村企共赢。2018 年以来，全省已发动"万企帮万村"帮扶企业 10630 个，结对帮扶村 8805 个，累计投入帮扶资金 131 余亿元，已开展对接帮扶项目 5655 个，已竣工项目 1836 个。[②] 同时，政府采取竞争性方式择优选择具有投资、运营管理能力的社会资本参与项目建设，涵盖了农村污水处理、垃圾处理等民生项目和农业产业发展等多个领域。[③]

（四）提升乡村治理效能

1. 建立党管"三农"工作新体制

乡村振兴承载了中国共产党百年奋斗的历史使命。党建引领乡村

[①] 数据来源于 2021 年广东省金融运行形势新闻发布会，2022 年 1 月 25 日。

[②] 数据来源于《南方日报》2021 年 1 月 14 日第 A03 版。

[③] 数据来源于广东省财政厅网站。

振兴是遵循基层党组织的意图和能力会影响国家战略推进的经验要求，有利于吸纳和整合多元力量，促进农民主体参与，提高资源配置效度，提升乡村振兴实效①。办好农村的事情，实现乡村振兴，关键在党，必须加强和改善党对"三农"工作的领导，真正把实施乡村振兴战略摆在优先位置，把党管农村工作的要求落到实处。

广东省委贯彻落实习近平总书记的重要指示要求，将农业农村摆在优先发展的位置，强化五级书记抓乡村振兴，形成了党管"三农"工作新体制。高规格成立了实施乡村振兴战略领导小组，省委、省政府主要负责同志担任组长和常务副组长。按照省部总负责、市县抓落实的工作机制和党政一把手第一责任人的机制，省市两级抓统筹、抓规划、抓政策研究，县镇村三级主任主要抓实施、抓操作、抓落实，从而大幅度强化了乡村振兴的领导力量。省委十二届四次全会将"以大力实施乡村振兴战略为重点，加快改变广东农村落后面貌"纳入"1+1+9"工作部署，将推动乡村振兴与粤港澳大湾区建设有机结合起来，制定了实施乡村振兴战略施工图。

农村基层党组织是党在农村的全部工作和战斗力的基础，是振兴乡村的顶梁柱。广东以完善上下贯通、执行有力的组织体系为重点，以提升基层党建工作质量为主线，实施新一轮加强党的基层组织建设三年行动，强化农民合作社、农业企业、社会化服务组织的党建工作，探索在乡村产业链、社会化服务领域创设功能型党小组。持续动态排查与整顿软弱涣散农村基层党组织，推行村党组织书记"三个一肩挑"工作，推动村级重大事项决策"四议两公开"，全面推行小微权力清单制度，形成群众监督、村务监督委员会监督、上级部门监督和会计核算监督、审计监督等全程实时、多方联网的监督体系。大力实施"头雁"工程、南粤党员先锋工程，进一步健全"选、育、管、用、储"全链条管理，严格落实村（社区）两委干部县级联审，全面加强基层

---

① 梅立润、唐皇凤：《党建引领乡村振兴：证成与思路》，《理论月刊》2019年第7期，第5—12页。

党组织建设。据统计,近三年广东累计调整撤换"四不"(即政治上不合格、经济上不廉洁、能力上不胜任、工作上不尽职)书记1272人,建立4.6万人的党组织书记后备队伍。① 如清远市着力打造组织示范、队伍示范、制度示范、保障示范、作用示范"五个示范",提升农村基层党组织的组织力、战斗力、治理力、推动力、引领力"五个力",实现村村有强项、镇镇有标杆、县县当示范,创建全省农村基层党建示范市。

引入乡村振兴擂台赛,强化乡村振兴实绩考核。广东省委制定出台了实施乡村振兴实绩考核办法,将考核结果作为选拔任用领导干部的重要依据。考核形式上引入第三方评估,在每个地市选择2个县(区)及所属的6个行政村实地开展进村入户调查,确保考核结果的客观公正性。尤其是,由广东省委农办、省农业农村厅、省乡村振兴局、广东广播电视台联合主办的《乡村振兴大擂台》,创造性地采取"户外真人秀+沉浸式舞台表演+融媒体多屏互动",立体展现各地乡村振兴的做法与成效,通过同台PK、专家拍砖等独特形式查找问题短板,进一步压实了"五级书记"抓乡村振兴责任。例如,清远市阳山县原县委书记余国平亲抓农村综合改革,亲自组织推动承包土地整治整合了全县80.5%的承包土地。中山市每一周开展乡村一把手会议,全面展示各地区实施乡村振兴战略的情况和成效倒逼工作落实。

2. 创新驻镇帮镇扶村工作机制

驻镇帮镇扶村工作机制是广东乡村振兴的创新探索。在我国行政治理体系中,镇既是行政结构的最基层,也是联通县和村的关键节点。同村一级相比,乡镇人财物等事权更完整,资源要素和公共服务更聚集,统筹协调能力更强大。同县一级相比,乡镇又能最直接地获取民情民意民智,是推进全面乡村振兴的"细胞"、支点和"一线指挥

---

① 数据来源于《南方日报》2020年10月26日第A03版。

部"。因此，2021年中央一号文件明确提出"把乡镇建设成为服务农民的区域中心"，"加快小城镇发展，完善基础设施和公共服务，发挥小城镇连接城市、服务乡村作用"。

2021年6月，广东省委、省政府印发《广东省乡村振兴驻镇帮镇扶村工作方案》，决定将帮扶对象由行政村上提到乡镇，把工作的着力点从过去主要在村一级转向统筹镇、村两级发展，推动镇村一体谋划，有利于顺应新型城镇化的县域人口迁移规律，加速推进城乡融合发展，实现碎片化存量建设用地的空间整合与规模化利用，提高基础设施与公共服务的供给效率，切实破解城乡二元结构。

驻镇帮镇扶村的主要任务是补齐乡村全面振兴的短板。一是提升脱贫攻坚成果水平。重点落实中央"四个不摘"政策要求，巩固"两不愁三保障"成果，分层分类及时落实帮扶政策，守牢不发生规模性返贫底线。二是提升镇村公共基础设施水平。重点落在乡镇政府驻地和中心村，完善乡村水、电、路、气等基础设施，全面优化提升人居环境，增强吸引投资、集聚要素、辐射带动、融合创新的能力。三是提升镇域公共服务能力。重点统筹优化配置教育、医疗、文化等公共资源，改善镇村基本办学条件和医疗卫生服务条件，强化服务农民功能，把乡镇建设成为服务农民的区域中心。四是提升乡村产业发展水平。重点打造一个主导产业突出、综合竞争力较强的优势特色产业集群，完善一套吸纳农户积极参与乡村产业发展的利益联结机制，全方位促进农民增收和村集体经济发展。五是提升抓党建促乡村振兴水平。重点强化乡镇党委在推进乡村振兴中的作用，巩固和加强村党组织对乡村治理的领导，增强村级组织服务群众能力。

驻镇帮镇扶村工作以乡村发展的内在需求为抓手，主要采取三种帮扶方式：一是分类分级帮扶。广东将全省1127个乡镇分为重点帮扶镇、巩固提升镇和先行示范镇三类，安排省、市、县三级帮扶，实现帮扶全域全覆盖。二是组团结对帮扶。传承延续了定点帮扶、对口帮扶和社会帮扶的经验做法，着力推动"分散帮扶"向"组团式"帮扶转变，采取"党政机关+企事业单位+农村科技特派员"、"三支一扶"人员、志愿者、金融助理模式组团结对帮扶。三是驻镇帮镇扶村。选派优秀干部、年轻干部驻镇帮镇扶村,每3年轮换一次。同时,向乡村振兴任务较重的村、红色村、集体经济薄弱村、党组织软弱涣散村等重点村持续选派驻村第一书记,并兼任驻镇帮镇扶村工作队队员。

目前,驻镇帮镇扶村工作成效明显。全省有7174个组团单位,共有8099名党政机关和企事业单位干部参与驻镇帮镇扶村,其中向乡村振兴任务重的村、红色村、集体经济薄弱村、党组织软弱涣散村选派驻村第一书记3976名,选派"三支一扶"、农村科技特派员、金融助理等专业人才4000多名,团省委招募1030名高校毕业生志愿者驻镇参与乡村振兴。已实施帮扶项目8754个,引导2108家企业到粤东粤西粤北地区投资,辐射带动低收入群众6万人。通过线上或举办脱贫村农副产品产销对接活动,带动销售4.05亿元帮扶产品。①

3. 全面推进"三治融合"

"治理之道,莫要于安民。"20世纪80年代以来,随着家庭联产承包责任制和市场经济改革深入推进,我国乡村社会治理面临诸多困境,如乡村空心化,乡村主体自治缺位;后备干部资源匮乏,乡村治理权威性减弱;乡村法治思维单薄,法治保障不健全;乡村文化内生动力不足,乡土文化流失严重②。基于乡村社会复杂治理生态,构建自治为基、法治为本、德治为先的"三治融合"乡村治理模式,充分发挥其系统治理、依法治理、综合治理和源头治理的优势是解决乡村"治理失灵",实现乡村善治的治本之策。

广东因地制宜推进乡村治理"三治融合",促进乡村文明善治。拓展村民参与村级公共事务平台,建立村党组织领导下的"民主协商、一事一议"的村民协商自治模式。推行积分制乡村治理模式,将农民

---

① 数据来源于《南方农村报》2022年2月15日第04版。
② 邓建华:《构建自治法治德治"三治合一"的乡村治理体系》,《天津行政学院学报》2018年第6期,第61—67页。

群众心中所感、眼中所见转化为具体分值，让乡村治理由无形变有形，从根本上解决了群众主体意识不强、内生动力不足等问题。如云浮"微网格＋小积分"、韶关"民情夜访"、佛山"五治"模式入选全国第三批乡村治理典型案例。打造乡贤参与平台，充分发挥乡贤在乡村治理方面的作用。如普宁市大力推进"乡贤咨询委员会"建设，云浮和雷州市成立乡贤理事会，广泛调动乡贤力量为村庄发展"出钱出力""出智献策"，实施"新乡贤"回归工程，吸进新乡贤返乡创业。实施数字乡村战略，着力建设乡村集体资产、公共服务、公共事务、公共安全、乡村党建等数字系统，充分发挥信息化在推进乡村治理体系和治理能力现代化中的基础支撑作用。如汕尾"善美村居"、云浮"智慧治理云图"等信息化载体有序搭建。广州南沙区发布数字乡村平台，提供疫情防控、党建引领、美丽乡村、三务公开、惠农补贴等29个功能模块，为村委和村民提供"一站式"服务，全方位提升乡村治理能力的智能化、精细化和专业化水平。大力推进法治乡村建设，聚焦土地承包、宅基地等重点问题和关键领域，打造公共法律服务生态网，创新"互联网＋公共法律服务"模式，开展"法律进乡村"活动。目前，广东建成500个示范性乡镇公共法律服务工作站和3000个示范性村（社区）公共法律服务工作室，创建省级乡村治理"百镇千村"示范村998个、示范镇97个，创建45个全国民主法治示范村（社区）。[1]

专业优质便捷的法律服务进村来

2010年10月，惠阳区在20个行政村试点，设立村法律顾问——村法制副主任。2011年以来，惠州在总结试点经验的基础上，建立完善村法制副主任制度，明确功能定位、工作职责，分批分阶段推行到所有村居。

"法制副主任"是按法律专业性和公益性原则招募并组建的法律服

---

[1] 数据来源于广东省农业农村厅网站。

务志愿者队伍。惠州市明确提出，法制副主任每月至少抽出8小时到驻点村（社区）开展法律服务，一年内不少于12个工作日，平时通过电话、微信等提供咨询。为此，财政出资，给予每名法制副主任每年1万元补贴。

2019年以来，惠州市各区县还陆续组织开展律师事务所与镇司法所"所所对接"签约，原则上由一个律师事务所对口一个镇，试行律师和镇属各村居"双向选择、动态调整"。在"所所对接"基础上，不少地方的法制副主任逐渐从"单打独斗"，转变为以一个团队覆盖多村的"组团式服务"。为调动法制副主任的服务积极性，近年来惠州市鼓励有条件的村，在政府购买基本法律服务的前提下，可自行增加出资，购买更加全面的法律服务。

这些年，惠州1280个村居全部实现"一村一法律顾问"，已完成法律咨询23万次，协助调解各类矛盾纠纷2万多宗。

——摘自《人民日报》2020年7月24日

七 深入推进生态文明建设

生态文明建设是关系中华民族永续发展的根本大计。广东作为改革开放的排头兵,承担着率先建设生态文明、实现人与自然和谐共生的现代化的历史使命。习近平总书记指出,"环境就是民生,青山就是美丽,蓝天也是幸福"。广东省委、省政府深入学习贯彻习近平生态文明思想,完整、准确、全面贯彻新发展理念,坚持把生态文明建设摆在突出位置,科学谋划、系统部署、强力推进,坚决贯彻党中央决策部署,扎实践行"绿水青山就是金山银山"的理念,大力实施绿色发展战略,生态文明建设取得重大关键进展,人民群众生态环境获得感、幸福感和安全感不断增强。

(一)推进绿色低碳循环发展

近年来,广东省以前所未有的力度推动绿色发展,持续优化产业、能源、交通结构,突出打造电子信息、装备制造等20个战略性产业集群,加快推进高铁、城际轨道、地铁等绿色交通网络和海上风电、核电等清洁能源项目建设,为高质量发展"筑保障"。

1. 稳步推进能源结构调整

随着经济社会快速发展和生活水平不断提高,居民对能源消费的需求也日益增强。作为经济大省、人口大省和用能大省,广东做好节能降耗、缓解能源资源约束,对打赢污染防治攻坚战,实现碳减排,促进全省经济社会绿色高质量发展意义重大。

"十三五"以来,广东省狠抓节能增效,以能耗双控为抓手,加快新旧动能转换,促进能源资源要素向优势地区、优势行业和优势项目集中,推动高质量发展。"十三五"期间,广东碳排放强度累计下降22.35%,超额完成国家下达的目标;单位生产总值化学需氧量、氨氮、二氧化硫和氮氧化物排放强度累计下降40.6%、40.0%、38.5%和35.0%;以年均2.8%的能耗增速支撑了年均6.0%的地区生产总值增速,能耗强度累计下降17%,用更少的能源消费推动经济社会更好的发展。2020年全省单位生产总值能耗相当于全国平均水平的63%;以占全国6.9%的能源消费支撑了占全国10.9%的经济总量,能耗强度约为全国平均水平的2/3,位于全国前列,为全国节能工作做出了重要贡献。2020年,全省能源消费总量3.45亿吨标准煤,煤炭、石油、天然气、一次电力及其他能源的比重为33.4%、26.2%、9.8%、30.6%,非化石能源消费比重达30.3%,与2015年相比,煤炭消费比重下降7.3个百分点,天然气消费比重提高3.4个百分点,非化石能源消费比重提高5.7个百分点,2020年全省万元生产总值用水量为36.6立方米、万元工业增加值用水量为20.7立方米,分别较2015年下降34%、45%。能源清洁低碳水平显著提升,能源利用效率达到国际先进水平。

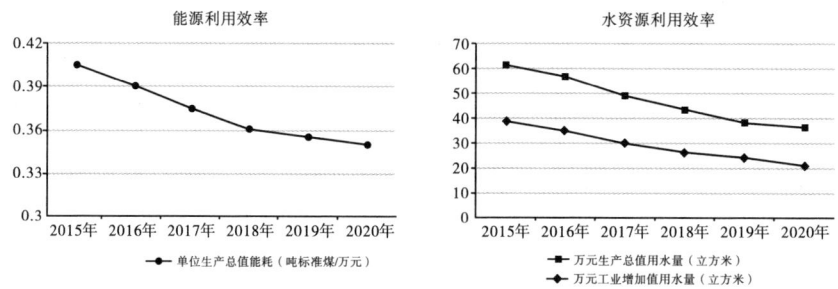

图7-1 能源结构调整成效

注:数据来源于《广东省生态文明建设"十四五"规划》。

2. 经济结构绿色转型步伐加快

产业结构调整加快推动，现代产业体系初步形成。广东省三次产业增加值比重由2010年的4.8∶50.1∶45.1调整为2020年的4.3∶39.2∶56.5，第二产业占地区生产总值比重逐步下降，第三产业占比逐年提高，服务业成为经济第一大产业。全省先进制造业增加值占规模以上工业增加值比重达56.1%，高技术制造业增加值占规模以上工业增加值比重达到31.1%，现代服务业增加值占服务业增加值比重达64.7%，新经济增加值占地区生产总值比重达25.2%，初步形成以战略性新兴产业为先导、先进制造业和现代服务业为主体的产业结构。

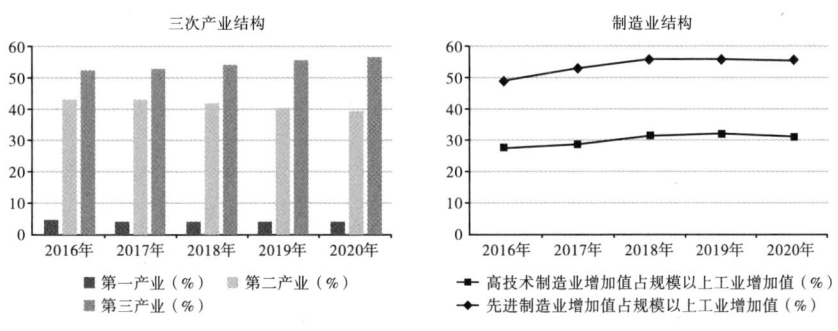

图7-2　经济结构绿色转型成效

注：数据来源于《广东省生态文明建设"十四五"规划》。

3. 大力发展新能源

统筹利用新能源资源和开发条件，推动新能源开发与产业发展互相支撑、互相促进。风能、太阳能、生物质能等实现规模化应用。截至2020年底，广东省新能源发电装机规模达6089万千瓦，其中核电装机1614万千瓦，气电装机2838万千瓦，风电、光伏、生物质发电装机1637万千瓦。新能源产业聚集效应逐步显现，新能源产业营业收入约4300亿元。在核电、海上风电、太阳能、氢能等方面产生了一批优势特色企业和产业集聚区，形成了骨干企业带动、重大项目支撑、上下游企业协同发展的态势。

4. 加强节能降耗

综合运用经济、法律等各项手段，推进工业、建筑、交通运输、公共机构等各重点领域节能，深入挖掘节能降耗潜力。

在工业领域，持续在水泥、玻璃、钢铁等重点行业开展能效对标达标活动，树立标杆，促进行业能效水平进一步提升。造纸和纸制品业，纺织业，农副食品加工业，酒、饮料和精制茶制造业实现了行业增加值增长而能耗下降的良好局面。机制纸及纸板产品单耗下降14%，平板玻璃产品单耗下降5.4%，炭黑生产单耗下降11.7%，吨钢综合能耗下降3.42%，火力发电煤耗下降9克标准煤/千瓦时。

在建筑领域，城镇新建民用建筑100%执行国家节能强制性标准，累计完成既有建筑节能改造面积2520万平方米，新增节能建筑面积9.5亿平方米，累计新增太阳能光电建筑应用装机1537兆瓦，累计新开工装配式建筑超过4000万平方米。2020年，绿色建筑占新建建筑比例达到63%，新开工装配式建筑面积占新建建筑面积15%。

在交通领域，交通运输结构持续优化，2020年公路运输占比较2015年下降1.59个百分点，铁路和水路运输占比上升1.7个百分点；集装箱铁水联运量（集疏量）38.3万TEU，累计增长75%；新能源车辆应用规模全国领先，2020年城市公交和货运物流领域新能源汽车分别达5.8万辆和3.6万辆，主要港口完成轮胎式集装箱门式起重机油改电，大型装卸设备和集装箱码头堆场取箱作业基本实现电力驱动，率先实现内河港口岸电省级全覆盖。

在公共机构领域，公共机构人均综合能耗、单位建筑面积能耗比2015年累计下降23.02%、17.8%，超额完成"十三五"下降11%、10%的目标要求。186家单位入选国家节约型公共机构示范单位，其中9家单位入选能效领跑者。公共机构垃圾分类、绿色数据中心、绿色高效制冷、绿色出行等工作进展顺利。

5. 积极推进节能技术研究开发、节能技术和产品的示范与推广

充分发挥节能技术改造在促进节能产业优化升级、推动企业能效提升等方面的重要作用。"十三五"以来，广东省每年度发布更新《广东省重点节能技术、产品（设备）推荐目录》，累计征集节能技术304项，经专家评审后发布节能技术172项，每年动态更新后纳入2020年度推荐目录145项。积极搭建国内外节能技术装备展示和项目对接平台，省级节能主管部门主办节能技术推广和项目对接会11期，技术供需方参会人数累计1600余人，现场宣介重点节能技术62项。

（二）全面系统治理环境污染

打好打赢污染防治攻坚战，是生态文明建设和生态环境保护的重点任务、当务之急。"十三五"以来，广东省集中力量解决突出生态环境问题，打好污染防治攻坚战，加强大气、水、土壤等污染综合治理，持续改善城乡环境。

1. 坚决治理水污染

坚持全流域系统治理，建立"流域+区域"跨市治理合作和省、市、区（镇）三级协调机制，实行"一市一策一专班"，对重点流域开展驻点督导服务，科学推进重点流域、黑臭水体等治理，有效破解干支流、上下游、左右岸、水域岸上协同治理难题。组织开展河湖"五清""清四乱"专项行动，开展排污口"查、测、溯、治"，累计排查流域约3.58万公里，排查入河排污口8.14万个，全部落实治理措施。经过几年来的努力，广东省已全面消除劣Ⅴ类国考断面，城市建成区527条黑臭水体全面消除黑臭，全省地表水国考断面水质优良率

达87.3%，比2017年提升9.8个百分点，近岸海域水质优良率达89.5%，创近5年来最好水平。省委书记李希亲自挂点推进治理茅洲河，这条河治理前是珠三角污染最严重的河流之一。坚持全流域管控、全要素治理，深圳、东莞两市累计投入400多亿元，茅洲河流域新建污水管网1900多公里，污水处理能力增至155万吨/日，流域内44条黑臭水体、304个小微黑臭水体全部消除黑臭，实现从"墨汁河"到"生态河"的蜕变。

茅洲河焕发生机

"在外面训练那么久，今年终于可以回家！"深圳市体工大队大队长夏哲顺仍记得回到茅洲河时的欣喜。此前水质不达标，皮划艇等水上项目常年在外地"流浪"训练，而今随着茅洲河水质改善，水上运动员今年首次"回家"训练。茅洲河曾是珠三角污染最严重的河，而今两岸湿地掩映，碧道延伸，生态日渐恢复，河流重新焕发生机。巨变得益于全流域系统治理。茅洲河流域综合整治体量大，技术难度高，深圳经过探索采取EPC模式，实行"地方+大国企"的"大兵团作战、全流域治理"。2016年综合整治启动以来，茅洲河流域深圳段治理中，高峰期一线施工人员超2.3万人，作业面2300多个，最高单日铺设管道4.2公里。大兵团作战之外，深圳也做起了"绣花"功夫，通过雨污分流、暗涵清理等，流域内截污控源日趋精细化。在茅洲河下游，深圳、东莞两市隔河相望，为解决跨界治理问题，省、市建立协调机制。省生态环境厅建立流域综合整治协调会，每月一次组织召开会议研究部署，同时实施"一市一策一专班"督导整治任务落实。而深圳、东莞两市成立由主要领导挂帅的领导小组，推动解决茅洲河界河段清淤、塘下涌污染整治等一批重点问题。到2019年，茅洲河流域19条支流稳定消除黑臭，而备受关注的共和村国考断面，2021年1—6月，其水质由劣Ⅴ类跳级提升至Ⅳ类，阶段性消除劣Ⅴ类，达到1992年以来最好水平。

——摘自《南方日报》2020年10月15日

2. 持续治理空气污染

坚持联防联控，建立健全"散乱污"工业企业（场所）综合整治、柴油货车污染治理、非法成品油（燃料油）整治、船舶和港口大气污染防治等统筹协调机制，形成工作合力。坚持科学治污，精准治理重点领域、重点行业大气污染突出问题，完成5583家挥发性有机物重点监管企业整治，891条建筑陶瓷行业生产线完成"煤改气"，130台合计5665.7万千瓦燃煤火电机组和66台35蒸吨以上燃煤锅炉完成超低排放改造。坚持源头治污，重点是大力发展绿色交通，新能源汽车产量多年位居全国第一、销量占全国12%，全省公交电动化率达97.8%。加快推进内河船舶天然气（LNG）应用，在全国率先实现内河港口岸电省级全覆盖。经过努力，广东省大气环境质量自2015年至2020年连续六年指标全达标，2020年全省AQI标率达95.5%，比2017年提高2.6个百分点，PM2.5年均浓度为22微克/立方米，比2017年下降26.7%，珠三角有6个城市空气质量位居全国重点城市前20名。

"广州蓝"成常态

经济增长不再以环境为代价，离不开区域内各市携手打好蓝天保卫战。"开了这么多公交车，还是这种最舒服、平稳，无油烟，噪声也小。"有着36年驾龄的广州陈师傅对电动公交车赞不绝口，"充电一晚，可跑一天。"

2018年起，广州加快公交车电动化步伐，仅当年就新建充电桩4353个、投入纯电动公交车11225辆，实现全市公交车100%纯电动化。仅此一项，一年可减少氮氧化物约两万吨，约占全市氮氧化物排放总量的10%。同时，广州在2018年先后关停位于市中心的广州发电厂、旺龙发电厂等的燃煤机组。继2017年达标后，2018年广州PM2.5年均浓度再次达标，"广州蓝"日渐成为常态。

——摘自《南方日报》2020年10月15日

3. 扎实推进土壤污染治理

全面摸清土壤污染底数，完成3.26万个农用地点位详查，调查9963个重点行业企业地块污染状况，建立覆盖所有县（市、区）的土壤环境监测网络。突出预防为主、保护优先，坚持土壤污染与地下水污染协同防治，强化重金属污染整治，污染地块安全利用率、受污染耕地安全利用率两项约束性指标超额完成国家下达目标。加强农村环境综合整治，大力开展"千村示范、万村整治"，集中供水、无害化户厕、垃圾收运处理体系实现全覆盖，畜禽粪污综合利用率达88.4%，农业面源污染逐年减少。

4. 深入推进固体废物污染治理

根据生活、工业、农业三大类固体废物的不同特点，广东省不断加强相关处置能力建设。针对生活垃圾，加强处理设施建设，提升无害化处理能力。目前全省共建成生活垃圾处理场（厂）147座，总处理能力14.1万吨/日，建成规模化集中式厨余垃圾处理项目25个，处理能力近1万吨/日。全省生活垃圾无害化处理率达99.95%，焚烧处理能力占比超过2/3。对于工业固体废物，加强循环利用水平，至2020年底，全省已创建三批次42个工业固体废物资源化利用项目，新增工业固体废物利用能力2674万吨/年。鼓励危险废物产生量大的企业自建危险废物利用处置设施，"十三五"累计新增危险废物利用处置能力446万吨/年，增幅达136.72%。针对医疗废物，加强医疗废物集中处置设施的建设，目前有6个处置设施正在建设中，全部建成后预计可新增医疗废物处置能力98吨/日，新增提标改造医疗废物处置能力105吨/日，新增医疗废物收转运能力90吨/日。截至目前，全省未发生医疗废物流失、泄漏、渗漏、扩散等环境污染和传染病传播等情况。对于塑料污染，广东省印发实施了《关于进一步加强塑料污染治理的实施意见》，对塑料污染防治工作提出时间表、路线图。针对农业固体废物，则是采取措施提高回收利用率。2020年，全省秸秆综合利用率91.1%。农膜（含棚膜）回收率90.3%。秸秆利用、全生物降解地膜产品、自走式地膜回收机等研发取得初步进展。另外，针对跨省污染问题，广东目前已与广西、福建、江西、湖南等省份签订了合作协议，强化联防联控，严厉打击固体废物非法转移、倾倒等违法行为，建立"陆上堵、水上查、海上巡"的联防联控机制，同时逐步停止进口国内资源可以替代的固体废物。

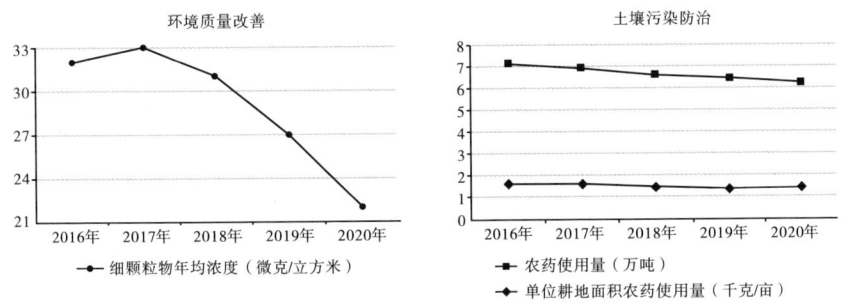

图7-3　环境质量改善成效

注：数据来源于《广东省生态文明建设"十四五"规划》。

（三）加强生态建设与保护

1. 加强陆海城乡区域统筹，优化绿色发展空间格局

以资源环境承载能力和国土空间开发适宜性评价为基础，划定生态保护红线，将生态保护红线、永久基本农田、城镇开发边界三条控制线作为调整经济结构、规划产业发展、推进城镇化不可逾越的红线，构建新发展阶段生态安全格局，守住广东自然生态安全边界。围绕广东省双循环新发展格局构建、"一核一带一区"区域发展需求，综合考虑生态系统恢复力、生态胁迫、生态系统功能与服务的重要性与迫切性，实施差异化生态保护修复策略，聚焦以山、水、林、田、湖、海等生态要素为载体的绿道、碧道、古驿道等生态廊道，营造多样化生

态空间，形成多维度生态系统，筑牢"三屏五江多廊道"的生态安全格局，加强国土空间生态保护修复。2021年完成造林与生态修复192万亩，实现矿山复绿693公顷，治理违法建设2.5亿平方米，消除地质灾害隐患点1077处，整治削坡建房风险点近4万户，务实打造广东生态安全屏障。2020年全省森林覆盖率达58.66%，广东南岭国家公园创建、广东粤北南岭山区山水林田湖草生态保护修复工程试点取得突破进展，成为粤北生态保护区发展新抓手。重点断面治水攻坚态势全面形成，茅洲河、练江等重点流域治污实现历史性突破，劣Ⅴ类水断面由82.9%降低到56.9%。全面实行永久基本农田特殊保护，划定永久基本农田3214万亩，保有耕地面积4702.49万亩，连续21年实现耕地占补平衡。海洋生态文明建设示范区加快推进，完成红树林造林和修复4.8万亩，建成国家海洋生态文明建设示范区5个，国家级海洋公园6个，海洋类型保护区50个，保护区数量、面积居全国前列。

2. 科学确定绿化用地，实行精准化管理

梳理宜林荒山、荒地荒滩、荒废和受损山体、退化林地草地、低质低效林的具体区域，并以此为主开展绿化。结合城市更新，通过拆违建绿、留白增绿、见缝插绿、立体植绿等方式增加城市绿地。鼓励广州、深圳市通过建设用地腾挪等方式加大留白增绿力度，留足绿化空间。鼓励通过全域土地综合整治，利用废弃闲置土地增加村庄绿地，依法依规开展铁路公路两侧、江河沿岸、湖泊水库周围等区域绿化工作，将绿化工程和主体工程同步推进。遏制耕地"非农化"，防止"非粮化"，严禁违规占用耕地造林绿化，严禁开山造地、填湖填海绿化，禁止在河湖管理范围内种植阻碍行洪的林木。

3. 积极推进生物多样性

从政治、经济、社会、文化、环保等方面，将生物多样性保护纳入企业、社区和公众生产生活过程。"一核一带一区"、生态保护红线、环境保护规划等将生物多样性保护作为重要内容，落实到规划

环评、项目环评等行政管理中，全方位、系统化推动生物多样性的保护与可持续利用。为保护珠三角地区水鸟多样性、保育大湾区水鸟种群和建设优质的湿地生态系统，广东构建了"两横四纵多支多点"的珠三角地区水鸟生态廊道空间布局，划定生态保护红线，做到科学统筹、分类施策，既应划尽划，又预留足够的发展空间。全省共划定陆海生态保护红线合计50882.28平方千米，占全省陆海国土总面积的21.02%。其中，陆域生态保护红线面积34339.71平方千米，占全省陆域面积比例为19.11%。生态保护红线涵盖了主要江河湖库的重要集水区，南岭、云雾山、莲花山等山脉的重要生态功能区，珠三角湿地、沿海红树林等典型生态系统，重点保护野生动植物的主要分布地等。不断优化的生态空间格局，为生物多样性保护筑牢安全防线。

4. 推进万里碧道建设

良好生态环境是最普惠的民生福祉。建设万里碧道是广东省委、省政府作出的一项重要决策，高质量推进万里碧道建设，将其打造成为广东靓丽的水生态名片，是广东河湖治理的3.0版，创中国之先河，在线性开敞空间塑造上作了创造性尝试。习近平总书记高度重视生态文明建设，在谈到水生态环境治理时特别强调，"还给老百姓清水绿岸、鱼翔浅底的景象"。据统计，广东有1.1万条河流，长6.6万公里，河流两侧5公里范围内的农田占全省农田的75%，水系周边2公里范围内活动人群超过8000万人。开展万里碧道规划建设，就是以水为主线，统筹山、水、林、田、湖、草等各种生态要素，打造"清水绿岸、鱼翔浅底、水草丰美、白鹭成群"的生态廊道，进而推动河湖综合治理、沿线休闲游憩设施建设、产业结构转型、宜居城乡建设和区域协调发展，探索出一条经济社会与生态环境协调发展的新路径。这是广东贯彻落实习近平生态文明思想的重要行动，对解决水生态环境治理重点问题、确保河湖治理全面见效、不断满足人民日益增长的优美生态环境需要，具有重要意义。

经过多年的努力,绿道网已基本成型,全省已完成碧道建设864公里、绿道建设近2万公里、古驿道修复1200多公里,构建了人与自然共生的生态游憩网络。在珠三角城镇地区,城镇居民获得了高质量的游憩空间和更优美的生态环境;在珠三角外围乡野地区,通过加强历史文化资源发掘和活化,乡村文化和体育旅游等产业获得了发展契机,为历史资源活化和贫困地区发展注入活力。万里碧道建设通过串联起城镇、乡村、自然保护地等多种要素,结合生态廊道建设、公众休闲需求和产业转型的需要综合施策,显著改善人水关系和沿岸活力,形成覆盖全省、通山达海,兼顾生态、文化和社会功能的多种复合型廊道空间,为广东应对不同区域的城乡建设、产业发展、精准扶贫脱贫、文化塑造和生态修复等多领域问题,提供了广泛的解决思路,是广东积累起的宝贵经验和财富。

5. 改善城乡人居环境

全面推进农村人居环境整治,截至2020年底全省完成"三清三拆

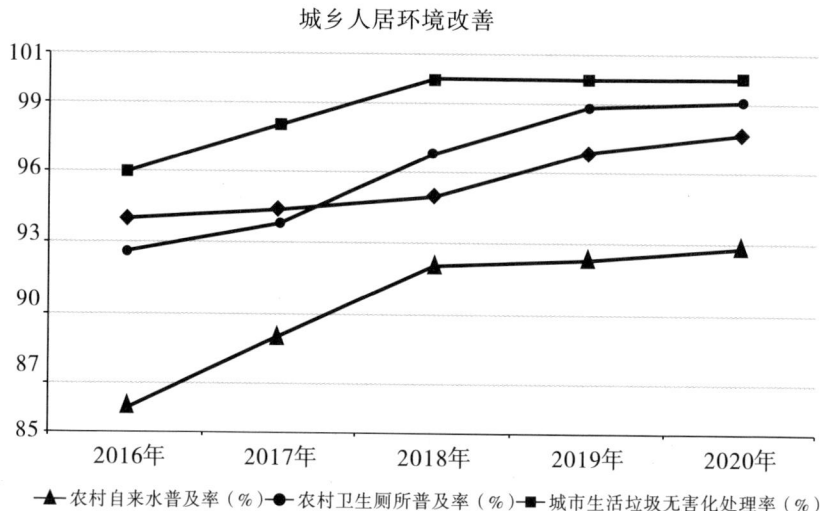

图7-4 城乡人居环境改善成效

注:数据来源于《广东省生态文明建设"十四五"规划》。

三整治"自然村15.3万余个，完成率达99.5%以上；农村现有无害化户厕1341万余户，普及率达99%以上，现有标准化公厕60625座，完成新建和改建旅游厕所7479座；建成32.9万余个垃圾收集点，1125个乡镇共建成1288个镇级垃圾转运站；行政村、自然村集中供水覆盖率分别达到100%、92.7%；"四好农村路"通乡镇和行政村路面硬底化率、通客车率、农村公路列养率均达到100%。全面加快城镇污水垃圾治理，截至2020年底，全省已建成城市（县城）生活污水处理设施386座、处理能力达到2798万吨/日，建成污水管网约6.8万公里；共建成运营147座生活垃圾处理场（厂），总处理能力为14.1万吨/日，焚烧处理能力占比达66.7%。稳步推进城镇环境面貌提质，截至2020年底，全省城市建成区绿地率达39.14%、人均公园绿地面积达18.11平方米。

茂名"城市伤疤"蝶变"城市绿肺"

行走于茂名森林公园，粤剧爱好者陈婆婆等一众人正在凉亭伴奏表演，一旁不时传来孩子们打闹的欢乐笑声，"在森林中唱粤剧，空气好，感觉肺活量也增强了"。陈婆婆很是欢喜。经过近4年建设，茂名市40项"创森"指标全部达标，有望成为粤西首个国家森林城市。日益改善的生态环境正成为最普惠的民生福祉，也孕育着更多优质生态产品。2016年以来，茂名率先在粤西地区提出创建国家森林城市，逐步建设生态体系、产业体系、生态文化体系和支撑体系。

滨海绿城如何打造？茂名市把生态环境综合治理作为突破口，突出沙化土地、水污染严重等生态脆弱区综合治理，新建各类公园等，构成星罗棋布的"城市绿肺"。曾经被戏称为"城市伤疤"的露天矿，就通过实施生态修复工程，复绿面积500公顷，蝶变为生态公园。穿城而过的"母亲河"小东江，如今也变得水清、岸绿、景美，形成集防洪、景观、休闲于一体的十里滨水景观带。曾因围海造陆、围塘养殖遭到破坏的水东湾，如今变成全国最大的人工种植红树林恢复基地，先后建立电白红树林自然保护区、茂港红树林自然保护区和大洲岛湿地公园，形成完善的"海上森林"生态系统，是广东省首批十佳观鸟胜地。

——摘自《南方日报》2020年10月15日

（四）健全绿色发展制度体系

制度建设是推动生态文明建设的重要保障。近年来，广东省以习近平生态文明思想为指引，把落实生态环境保护责任作为重大政治要求，系统谋划"一核一带一区"区域发展新格局，在绿色低碳发展、构建现代环境治理体系等重点领域不断拓展和深化体制机制改革，取得明显成效。

1. 建立领导保障机制

广东省委、省政府坚持把生态文明建设作为重要政治任务，将污染防治攻坚战纳入全省"1+1+9"工作部署的重要内容，省委、省政府成立省生态环境保护委员会，统筹推进全省生态环境保护工作，省委全面深化改革领导小组专门设立省生态文明体制改革专项小组，牵头推动生态文明体制改革工作。省委书记李希亲自担任省委生态环境保护委员会第一主任、省污染防治攻坚战第一总指挥、省第一总河长，以身作则、以上率下抓好生态文明建设。省委、省政府制定出台加快构建现代环境治理体系的实施意见，严格落实领导干部自然资源资产离任审计，建立生态环境损害责任终身追究制和环境保护督察制度，督促全省各级党委、政府全面落实"党政同责、一岗双责"，全面建立生态环境保护委员会体系、河长制湖长制林长制体系，构建起齐抓共管的"大环保"工作格局。

2. 健全法律保障机制

印发实施《关于加快推进我省生态文明建设的实施意见》《广东省生态文明体制改革实施方案》，出台实施生态文明建设目标评价、省级生态环境保护督查、河长制湖长制、生态保护补偿、生态环境损害赔偿、排污许可、水权交易、碳排放权交易、领导干部自然资源资产离任审计、党政领导干部生态环境损害责任追究等一系列涉及生态文明建设的改革方案，制定或修订《广东省环境保护条例》、水污染防治、大气污染防治、城乡生活垃圾管理、绿色建筑、湿地保护等30多部生态文明建设领域地方性法规。

3. 加强资金保障机制

污染治理、生态建设是党委、政府义不容辞的职责使命，近年来广东下定决心，持续加大投入。在污染防治方面，2018—2020年全省累计落实污染防治攻坚战资金4095亿元，其中省级财政安排722亿元，并安排其他相关环保资金1078亿元。在水资源配置和水环境治理方面，谋划推进珠三角水资源配置、环北部湾广东水资源配置、韩江高陂水利枢纽、粤东水资源配置工程、引韩济饶等重大水利工程，总投资超过1900亿元。

4. 深化生态文明体制改革，推进生态环境治理体系和治理能力现代化

创新粤港澳生态环境合作机制，持续深化环评制度改革，完善自然资源产权制度、资源有偿使用和生态保护补偿制度，加快构建现代环境治理体系。推动大数据、5G、卫星遥感等前沿技术在环境监测领域的应用，加快构建海陆统筹、天地一体、上下协同、信息共享的生态环境监测网络，创新生态环境监管执法模式，形成导向清晰、决策科学、执行有力、激励有效、多元参与、良性互动的"大生态环境"格局。

5. 完善生态环境保护长效机制

"十三五"以来,广东省以"党委领导、政府主导、企业主体、社会参与、市场运作"为主线,贯穿生态环境保护工作的全过程,建立健全长效机制。生态环境机构改革顺利完成,省以下环保机构监测监察执法垂直管理和生态环境保护综合行政执法改革稳步推进。建立"1+4"生态环境保护监察体系,健全省级生态环境保护督察制度,完成第一轮省级督察全覆盖。率先出台省级生态环境保护责任清单,落实"党政同责、一岗双责",推动生态环境保护有责部门全覆盖,不断提升生态环境治理水平。持续深入打好污染防治攻坚战,加快构建绿色低碳循环经济体系,坚定不移走出一条以生态优先、绿色发展为导向的高质量发展道路。

七 深入推进生态文明建设

表7-1 "十三五"规划主要指标完成情况表

类别	评价内容	序号	指标	2015年基期数	2020年目标值	2020年实际值	指标属性
生态空间	(一)国土空间优化	1	森林覆盖率(%)	56.92	58.66	58.66	约束性
		2	耕地保有量(万公顷)	316.3	247.93	247.93*	约束性
		3	湿地保护率(%)	48.12	50	50.27	约束性
		4	自然保护区陆域面积占全省陆域面积比例(%)	6.9	7	7.4	预期性
		5	海洋与渔业保护区占全省海域面积比例(%)	1.2	1.3	1.3	预期性
		6	国土开发强度(%)	11.15	11.2	10.33*	预期性
生态环境	(二)环境质量改善与生物多样性保护	7	城市大气细颗粒物(PM2.5)年均浓度(微克/立方米)	34	≤35	22	预期性
		8	全省地表水水质优良比例(%)	77.5	84.5	87.3	约束性
		9	地表水丧失使用功能水体断面比例(%)	8.45	0	0	约束性
		10	饮用水达标程度 城市集中式饮用水水源地水质达标率(%)	100	100	100	预期性
			农村生活饮用水水质监测达标率(%)	60.1	90	90.37	预期性
		11	近岸海域海洋功能区水质达标率(%)	64	70	90.2	预期性
		12	主要重金属污染物排放量降低(%)	—	12	14.9	预期性
		13	工业固体废物综合利用率(%)	—	≥85	78.8	预期性
		14	重点保护野生动植物物种保护比例(%)	81	85	85	预期性

续表

类别	评价内容	序号	指标		2015年基期数	2020年目标值	2020年实际值	指标属性
生态经济	（三）产业结构优化调整	15	服务业增加值比重（%）		50.3	56	56.5	预期性
		16	高技术制造业增加值占规模以上工业增加值比重（%）		25.6	26.6	31.1	预期性
		17	单位生产总值能源消耗降低（%）		20.98	17	17.05	约束性
		18	非化石能源占一次能源消费比重（%）		24.6	26	29	约束性
		19	万元工业增加值用水量降低（%）		41	25	45	约束性
	（四）资源节约与减排降碳	20	单位生产总值建设用地占用下降率（%）		—	22	—	预期性
		21	主要污染物排放减少（%）	化学需氧量	15	10.4	14.6	约束性
				二氧化硫	14.8	3	11.7	
				氨氮	13.3	11.3	13.1	
				氮氧化物	16.9	3	6.3	
		22	单位生产总值二氧化碳排放降低（%）		—	20.5	20.5	约束性
生态生活	（五）人居环境改善	23	城市人均公园绿地面积（平方米）		17.4	17	18.11	预期性
		24	绿色建筑占城镇新建建筑比例（%）		14.4	60	63	预期性
		25	城市生活污水处理率（%）		93.65	≥95	97.6	预期性

续表

类别	评价内容	序号	指标		2015年基期数	2020年目标值	2020年实际值	指标属性
生态生活	（五）人居环境改善	26	城市生活垃圾无害化处理率（%）		90.1	≥98	99.95	预期性
		27	村庄保洁覆盖率（%）		94.47	100	100	预期性
	（六）生态行为	28	公交机动化出行比例（%）	特大城市	>50	60	56.9*	预期性
				大城市	>15	60	31.4*	预期性
				中小城市	<20	40	20.9*	预期性
生态文化	（七）生态意识普及	29	中小学生接受生态文明教育比例（%）		—	100	100	预期性
		30	公众环境文化知晓度（%）		75	≥95	100	预期性
生态制度	（八）保障机制	31	资源环境信息公开率（%）		—	100	100	预期性

注：1. 带*指标为2019年数据。
2. "单位生产总值能源消耗降低""主要污染物排放减少"2020年数据为初步数，以国家最终核定完成情况为准。
3. "单位生产总值建设用地占用下降率"，因第三次全国国土调查工作相关成果国家正在审核，2020年度土地利用变更调查相关工作正在开展，指标数据暂缺。
4. 因统计制度改革和国家核定目标值调整，服务业增加值比重、高技术制造业增加值占规模以上工业增加值比重等指标2015年基期数据作了相应调整，增长目标保持不变，表中数据为核定后统计数据。

资料来源于《广东省生态文明建设"十四五"规划》。

八　营造共建共治共享社会治理格局

中国特色社会主义进入新时代，我国社会主要矛盾已经转化为人民日益增长的美好生活需要和不平衡不充分的发展之间的矛盾，社会治理形势呈现新的特点，社会治理工作进入到新的阶段。广东处于改革开放和对敌斗争"两个前沿"，受历史和现实各种因素影响，在经济社会发展取得显著成就的同时，积累的矛盾问题也不少，面临的风险挑战复杂多样，社会治理与经济建设"一条腿短、一条腿长"的问题更加突出。近年来，广东省委、省政府学习贯彻习近平总书记对广东重要讲话和重要指示批示精神，认真落实党中央决策部署，以高度的政治站位、强烈的政治担当，一手抓高质量发展，一手抓高水平治理，推进党建引领与基层治理相结合、市域治理与基层治理相贯通、常态治理与应急管理相衔接，建设全国最安全稳定、最公平公正、法治环境最好地区之一，探路中国特色、湾区特质、广东特点、时代特征的社会主义社会治理道路。

（一）完善党委领导社会治理制度

1. 党政系统顶格响应，整体规划政策方向

省委、省政府贯彻落实习近平总书记关于"在营造共建共治共享社会治理格局上走在全国前列"重要指示精神，成立了基层治理领导小组，负责全省基层治理工作的组织领导和统筹协调。省委十二届四

次全会要求，以把广东建设成为全国最安全稳定、最公平公正、法治环境最好地区之一为重点，加快营造共建共治共享社会治理格局。省委十二届六次全会要求，推动社会大局平安稳定，人民生活水平稳步提高，各项事业取得新进步，在实现"四个走在全国前列"、当好"两个重要窗口"征程上迈出坚实步伐。省委、省政府出台《关于在营造共建共治共享社会治理格局上走在全国前列的行动方案》（粤发〔2018〕20号），明确通过两个阶段（到2020年和到2022年）把广东省建设成为全国最安全稳定、最公平公正、法治环境最好的地区，为实现国家治理体系和治理能力现代化贡献广东新鲜经验；围绕健全党委领导、政府负责、社会协同、公众参与、法治保障的社会治理体系，提高社会治理社会化、法治化、智能化、专业化水平，提出加强平安广东多元共治、社会治理法治保障等具体措施。全省各地市根据自身实际制定了具体行动方案，比如广州市出台《营造共建共治共享社会治理格局走在全国前列勇当排头兵三年行动方案》，围绕打造坚强有力的党建引领、运行安全的社会环境、推进活力多元的社会融合、构建更加有效的社会协同、提高更加科学的社会管理、提供更高水平的社会服务、健全透明可预期的社会法治等方面明确目标、明晰职责、明细措施。

2. 党委领导立法定规，先行完善制度依据

坚持党对立法工作的领导，积极发挥人大及其常委会在立法工作中的主导作用，深入推进科学立法、民主立法、依法立法，坚持人民有所呼、立法有所应，加强同人民群众生产生活密切领域的立法，坚持立法和改革决策相衔接。2018年以来，省人大常委会科学编制省十三届人大常委会立法规划，审议通过地方性法规、决定，审查批准设区的市法规、决定，备案审查规范性文件，其中包括了民政事务、劳动就业、社会保障、群团组织、安全生产、特殊群体权益保护等社会治理领域的多项法规。比如，出台《广东省工资支付条例》，规范各种情形下企业工资支付责任；出台《广东省女职工劳动保护实施办法》，

明确女职工特殊劳动保护标准；出台《广东省高温天气劳动保护办法》，明确高温天气下劳动者休假、领取高温津贴、获得劳动保护等权利；出台《广东省社会养老保险条例》《广东省失业保险条例》《广东省工伤保险条例》《广东省职工生育保险规定》，织密社会保险法规保障网络；在全国率先制定《广东省社会保险基金监督条例》，打造人大监督、行政监督和社会监督"三位一体"的监督体系；出台《广东省劳动保障监察条例》和《广东省劳动人事争议处理办法》，建立规范高效举报投诉、劳动争议处理机制，畅通劳动者维权渠道；修订《广东省企业集体合同条例》，开创性规范停工行为并明确其法律责任，建立工会介入、专家调解、地方政府组织协调等集体争议处理机制。部分地市专项立法也走在全国前列，比如广州市出台全国首部社工服务地方性法规《广州市社会工作服务条例》。

3. 党政主官高位推动，严格督促贯彻落实

省委主要领导亲自牵头"全面加强党的建设"课题，细分专题开展调研，其中"加强基层党组织建设"专题调研的重要成果是省委研究制定《广东省加强党的基层组织建设三年行动计划（2018—2020年）》。省委、省政府先后出台《关于推进乡村振兴战略的实施意见》《关于加强和完善城乡社区治理的实施意见》《关于建立乡镇（街道）领导干部驻点普遍直接联系群众制度的意见》《关于加强乡镇政府服务能力建设的实施意见》《关于加强城乡社区协商的实施意见》《关于进一步加强全省民政法治建设的意见》等文件。与此同时，省委主要领导推动召开基层党建述职评议会，抓住领导干部这一"关键少数"，以提升政治领导力为统领，把党的政治建设摆在首位、落到基层，加强党组织对各领域社会基层组织的政治领导，推动各级党委（党组）书记把抓好党建作为"天职"和最大政绩，切实履行好抓党建第一责任人的责任。压实县（区）委、镇街党（工）委、党组抓基层党建的责任，发挥好"一线指挥棒"的重要作用。具体包括推进明确述职内容，细化测评指标，对21个地市市委书记及相关职能部门书记抓基层党建

工作进行评议,看基层党建与基层建设紧密结合的成效,看抓党建促脱贫攻坚、促乡村振兴的成效,看抓党建促城市、农村、机关、学校、企业等各领域改革发展的成效,结合专项调研检查和平时掌握情况,确定综合考核等次,形成综合评价意见,通报结果推动整改并接受群众监督,用责任体系明晰化推动加大基层基础保障力度,推动人往基层走、钱往基层投、政策往基层倾斜。

(二) 创新党建引领社会治理体系

1. 创新建设路径机制,全面做实党建引领

一是全面从严治党,抓规范建设、组织建设、班子建设、队伍建设,锻造坚强有力的党组织。抓规范建设,省委制定全省城乡社区、机关(事业)单位、国有企业等领域党支部规范化建设指导意见,形成有标可依、有标可循的基层党建标准体系。抓组织整顿,省委出台《广东省整顿软弱涣散村(社区)党组织工作方案》,推进全面从严治党向基层延伸,坚持一村(社区)一策,实行市县镇"三级书记"挂点指导,建立交叉检查验收机制。抓班子建设,省委实施基层党组织"头雁工程",在农村实施"党员人才回乡计划"、实现"村推、镇选、县考察"培养选拔制度、精准派驻优秀干部担任社区书记、推动村(社区)党组织书记"一肩挑"。抓队伍建设,省委实施南粤党员"先锋工程",推进党员评星定级量化管理、无职党员设岗定责、不合格党员处置,构建党员发展、管理、担当、退出的完整链条。

肇庆市端州区打造"星湖同舟"基层社会治理共同体

2020年开始,肇庆积极探索各具特色、各美其美、美美与共的基层社会治理共同体。其中,端州区确定由星湖社区探索"星湖同舟"

多元城市社区社会治理共同体建设试点。"星湖同舟"寓意着星湖社区在社区党委的核心领导下,在"星湖红"党员联合会和志愿者协会两个组织的带动下,青莲村、星湖商圈、市老干部活动中心、湖滨派出所、星湖景区等共同参与社区治理,推动形成"一核两会五主体"的多元城市社区同心协力、同舟共济、风雨同舟的社会治理格局。

做法1:探索"邻里先锋"项目建设。常态化组织在职党员在所居住小区组织开展志愿服务活动,为民纾困,打造在职党员"8小时以外服务圈",实现"到家服务"和"服务到家",打通社区治理联系和服务群众的"最后一公里"。

做法2:开发上线"爱心银行"小程序。"爱心银行"主要通过对企业法人、社会组织、社区居民实行"三存入"(捐赠物资、志愿服务时间、专业技术服务)、"三支取"(兑换对等服务、兑换实物、获得相关荣誉奖励)有机结合,将居民的爱心行为量化为"爱心积分",形成公益服务聚群效果。

做法3:擦亮湖滨派出所"广东枫桥式公安派出所"品牌。结合辖区及警务工作实际,鼓励辖区湖滨派出所大胆尝试组建"志愿警察"队伍,提升群众参与共治共管积极性,充分发挥"警力有限,民力无穷"的作用。

做法4:精细化"天使陪护计划"项目。积极开发社区公益性岗位,孵化培育社会组织,引导人人参与志愿服务、社会治理,以此激发社区内生动力。

——摘自《西江日报》2020年9月3日

二是"两新"组织横向扩展,推进党组织全面覆盖。包括:深化非公组织党建。比如,深圳市在全国率先成立互联网类行业协会联合党委、互联网金融协会党委、市级新兴金融行业党委。佛山市、东莞市以"单独建""联合建""挂靠建"等方式推进小微企业、个体工商户、专业市场的"小个专党建"。深化新兴领域党建。比如,深圳市在全国率先探索建立产业园区、高层商务楼宇、大型商圈市场党委。广东逐步推进全省2500多栋商务楼宇、8万余家企业商家、524个各类园区建立党组织。深化社会组织党建。比如,广东在总结汕头设立基层社会组织联合会的经验之上,大力培育发展社区社会组织。又如,广州市实施社会组织党建"红苗工程",将党建、群建情况纳入社会组织评估指标体系。

深圳市华强北商圈打造党建共同体

近年来,坐拥中国电子第一街的华强北街道,聚焦商圈党建特点,通过组织嵌入,围绕组织整合、商圈发展、党群服务和商圈治理,形成以商圈党委为核心的商圈有机共同体,有效整合商圈内的党组织、商户、企业、社会组织和群众,实现了党建发展与商圈繁荣的良性互动。

做法1:汇聚力量、融通商圈,打造"组织共同体"。华强北街道党工委组建华强北商圈党委,将2个党委和122个"两新"支部等各类党组织资源融合起来,完善上下贯通,合力打造党的组织共同体,形成执行有力的组织体系。构建"一核多元"商圈党委组织架构,设立委员和兼职委员,广泛吸纳商圈内有影响力和代表性的企业高管参与管理,充分利用党商社企群组织资源。建立党企联席会议机制、企业商户诉求响应机制,每月定期召开商圈党委会议。同时设立商事服务室,每周四晚由商圈党委班子成员轮流值守,收集商情民意。

做法2:组织引领、繁荣商圈,打造"发展共同体"。商圈党委吸纳商圈主体共同参与营商环境优化,先后打造全国首个5G生活体验街区、广东首批省级示范特色步行街、深圳十大特色文化街区等,带领商圈企业转型升级。瞄准"新基建、新消费、新制造、新科技"领域,推出创新发展行动方案和产业空间供给侧改革。引进新一代信息技术、智能科技与终端装备等"智能+"新兴产业领域的优质企业,加快高端产业集聚。探索电子企业总部新模式,新增电子类四上企业20家,推动综合市场转型为电子类专业市场,打造华强电子超级总部。举办华强北文化消费节、华强北科技艺术节、华强北电竞动漫嘉年华等品牌活动；组织策划夜间活动、创新引进新型业态、激活消费潜力等措施，全面推动华强北商圈夜间经济蓬勃发展。出台《华强北街道企业服务方案》等方案，全面开展企业走访、政策宣讲、"一对一"管家式服务、24小时热线和邮箱等25项行动。

做法3：服务党群、服务商圈，打造"服务共同体"。商圈党委在商圈党群服务中心，设有驻点联系室、商事服务室"微心愿"墙等八大功能室，免费向党员群众开放。打造五星级党建、"湾·创·服"综合平台党建、"一领·二建·三平台·四服务"党建等工作模式，整合各方资源，打造标准统一、功能齐全的服务阵地。其中，"党建引领、5G助力支教"平台和全市首个"司机之家"爱心平台，已成为商圈最亮眼的创新式党建品牌。根据党员年轻化、素质高的特点，组织华强北商学院开发《华强北的过去、现在和将来》等课程，将新时代人才培养与党史学习教育、我为群众办实事结合，量身打造公益性课堂。

做法4：群策群力、善治商圈，打造"治理共同体"。商圈党委先后出台《商圈党委会议制度》等30余项制度，推动商圈内党组织、社会组织和企业商家协同治理，共同服务于企业商户和顾客。引导商圈企业、商户主动作为承担社会责任，将周边非机动车停放秩序纳入"门前三包"监管范围。并创新建立夜间值班行走制，成立党员先锋队，党员干部化身"交通安全劝导员"，开展"行走华强北"行动，劝阻制止道路交通违法行为。

——摘自《中国改革报》2021年11月2日

三是向基层纵向延伸，实现治理重心下移，建立三级基层组织体系。随着城市化进程加快，各类新兴产业和先进人才不断涌入基层镇街，原有的社区管理难度不断加大，同时街道各类队伍在协同作战过程中也出现了沟通不顺畅、治理效率低等问题。为破解原有社区管理问题，深圳市光明区光明街道对社区综合治理模式进行创新探索，建立"社区党委—片区党总支—网格党支部"三级组织体系，将街道政法、执法、安监、消防、市政等部门力量下沉至社区，在社区组建由社区党委书记担任中队长的综合治理中队，赋予其指挥调度和考核评估权，将社区党员编入网格党支部，推进社区党委统一领导、条块统筹协作、部门联勤联动。类似地，佛山市构建行政村党委、村民小组（自然村、经济社）党支部、党小组三级党建网格，将组织体系从经济社党支部再向下延伸，每个网格建立户联系党小组。

四是依托群团、激活社会，实现党群有机结合。全面推进"大党建"，促进党政机构同群团组织功能有机衔接，支持和鼓励工会、共青团、妇联等群团组织承担团结教育、维护权益、服务群众等功能。广州市番禺区打造"五社联动"模式，搭建起以社区居民需求为导向，社区（村）为平台，社会组织为载体，社区工作者为骨干，社区企业为支撑，社区（村）基金为保障的"五社联动"生态圈，将党和政府的服务做到群众的邻里、家里、心里。佛山市推进党建与群建"三对接"，统筹整合群团组织的力量和资源，从"三个对接"强化群团组织的政治功能：对接工作思路，即围绕党建引领目标实现党群工作统一部署；对接工作项目，即根据基层党建重点项目加强工作联动；对接工作力量，即推行党组织班子成员与工青妇组织负责人交叉任职，融合阵地设施和队伍资源。同时，促使群团组织向社会组织转移职能事项、扶持社会组织发展、购买社会组织服务等，以构建现代社会工作服务体系。佛山市南海区持续推动"创建熟人社会""社会政策观测体系"等创新，自2018年3月起，通过社会化、专业化手段，打造新型特色社会动员体系，在村社、住宅小区等社区细胞中建成常态运作的利益表达机制、议事协商机制、责任共担与利益共享机制、矛盾预防与化解机制，改善社区治理能力不足、动力不足、参与不足、资源不足等问题，提升基层党组织的组织力、统筹力、感召力、动员力、执行力，让公众参与逐步实现有序参与、高质量参与、全民参与、持续参与。

佛山市南海区打造党组织引领的新型特色社会动员体系

做法1：提供机制制度支持。先后围绕社会创益、社会观测、利益表达、议事协商、矛盾化解、青少年参与、社康社戒社矫、社会组织培育、社建资金创投、党员干部联系群众、社工专业实习等十多个方面出台文件及工作指引。围绕社区治理项目和服务项目，先后出台医务社会工作服务标准、禁毒社会工作服务指引、驻村居社会工作服务指引等推荐性标准，推动社会治理标准化建设。

做法2：提供空间阵地支持。在区、镇、社区三级创建社区治理空间，打造"1+8+N"创益体系。在区级设立南海社会创益园，打造集社会治理研发、培训、展示、交流功能于一体的社会创益综合体。在各镇街均配建创益中心。在社区层面建设七一空间、新南海人梦家园、职工家、亲青家园、融爱家庭服务中心、青苹果之家、小候鸟驿站、邻里中心、街坊会、互助社等约400个服务载体。

做法3：提供资金资源支持。一是区、镇两级均设立社会治理创新专项奖励资金，以项目为契合点协同开展治理行动探索。二是鼓励社区设立社区发展基金。三是建立社会治理资源链接平台。四是搭建政社对话平台，坚持每年定期召集部门、机构、行业代表对治理实践中的问题进行研讨协商，解决分歧，增进共识。

做法4：提供人才技术支持。一是区镇两级均成立社会服务联会。二是成立市域社会治理专委。三是组建社会建设顾问团、社会动员讲师团，开展社区公益巡讲。四是挖掘一线社区干部、社会工作者，培育社区规划师。五是建设社会工作实习枢纽平台，加强政校合作。六是推动共青团、卫健、禁毒等区直部门，联合社工行业、高校设立青少年事务、医务社会工作服务、社区戒毒康复服务等专业委员会。

做法5：提供项目活动支持。一是通过政府购买方式在基层社区开展关爱救助、文体康乐等普惠性社会服务项目，营造社会和谐关爱氛围。二是撬动青商会、女企业家协会、基金会等民间资金，通过支持公益项目，完善社会救助体系。三是自主研发实施社会动员项目，区、镇统一开展社戒社康对象关爱、青少年心理健康支持、矛盾纠纷化解、社调社研大赛、居民议事厅、创建熟人社区等品牌行动。四是确立基层社会动员导向，重点孵化互助类、治理类、发展类、资源类社区组织,培育社区安全、社区环保、社区文化、社区发展、居民互助类项目。

五是阵地直联,实现服务群众常态化、制度化。比如,深圳坚持以"突出党的领导核心作用,推动和改进社区共建共治共享"为方向,坚持"改善社区民生"和"激发社区活力"并举,积极探索社区治理新举措,形成"1+10+N"党群服务中心联盟。其中,"1"是1个市级党群服务中心;"10"是10个区级党群服务中心;"N"是街道社区、产业园区、商圈市场、商务楼宇等领域党群服务中心,初步形成了政府治理和社会自我调节、居民自治良性互动的格局。目前,广东已全面推广党群服务中心建设。再如,作为全省深化改革的重点示范项目,"民情地图"的建设应用一直是汕尾市政府数字化管理工作的重要举措,它是集数字化、智慧化、图形化、立体化、可视化、集成化、专业化、法治化于一体的基层社会治理现代化系统,主要有四大功能:一是打造基层治理"数据底座",为基层社会治理提供真实、可靠、实时、动态的数据基础;二是实现网格事件全流程管理;三是构建"3+N"图层展现,实现基层治理各类元素(地、事、人、物、组织等)的精准化展示;四是上线"善美村居"微信小程序,群众通过手机登录微信小程序,便可了解政府、农村及社区的政策和公开信息,享受本地特色惠民服务,参与本地自治和管理。群众可以在"民情地图"的不同应用场景下获得相应的帮助,从"智慧党建"模块获取党建信息,从"疫情防控"模块进行预约疫苗接种,等等,实现一张"图"联动干部群众、衔接常态治理与应急管理、贯通基层党建与社会治理。

2. 坚持推进上下贯通,全力做优市域统筹

一是以制度化统筹抓试点工作。根据党中央关于加快推进市域社会治理现代化的工作部署,省委、省政府要求将之作为营造共建共治共享社会治理格局走在全国前列的关键一环,纳入经济社会发展规划,与平安广东建设同步谋划、同步推进、一并考核,成立由省委主要领

导任组长的省委平安广东建设领导小组，在领导小组框架下统一协调推进市域社会治理现代化及试点工作，研究审议相关重大事项、文件、决策和部署，日常工作由领导小组下设的市域社会治理组具体承担。以省委平安广东建设领导小组名义印发《广东省关于推进市域社会治理现代化的实施方案》，出台《全国市域社会治理现代化试点工作——广东省区域特色工作指引（2020年版）》《省委平安广东建设领导小组市域社会治理组2021年重点任务清单》，制订《广东省市域社会治理现代化试点建设分片联系指导工作方案》。

二是以差异化推进抓示范引领。各地各部门主动站在服从服务"两个大局"的高度，全面对标对表"十四五"、2035年和本世纪中叶三个重要时间节点，研究制订市级社会治理现代化"十四五"规划，主动把一地的工作放到全省、全国的统一部署中去研究谋划。深圳抓牢建设中国特色社会主义先行示范区的契机，全力打造"市域社会治理现代化的全国先行示范区"；广州出台"四个出新出彩"行动方案，致力打造"老城市新活力市域社会治理现代化典范"；肇庆着眼粤港澳大湾区建设，重拳打造"市域社会治理现代化的湾区新秀"；韶关立足广东"一核一带一区"发展战略，着力打造"生态发展区市域社会治理现代化样板"；梅州提出打造"苏区市域社会治理现代化的样板城市"等。省委政法委组织开展全省"平安杯"社会治理创新大赛，通过项目遴选、电视展播、专家初评、大众网络投票、电视总决赛等程序，激发多方共同参与社会治理创新的热情，打造一批立意深、水准高、传播力强的优秀视频展播作品，运用电视频道、网络媒体、微信等多渠道平台开展《平安建设 广东在行动》专题展播，"广州街坊"、"深圳平安建设条例"、"珠海平安+市域社会治理指标"、佛山"和功夫"、云浮推动严重精神障碍患者救治救助服务管理等一批试点品牌脱颖而出。各地也纷纷搭建起市域社会治理创新平台，涌现出一批理念新、方式活、效果好的社会治理创新项目，基本实现了"一试点一品牌"的良好局面。

广州市打造市域社会治理"红棉指数"

广州市作为超大城市,常住人口超过1500万人,实际服务管理人口超过2200万,高密度的人流、物流、资金流、信息流,催生城市人口结构多层、社会矛盾纠纷多样、稳定风险诱因多变、居民群众需求多元等治理难题。2020年6月,广州市被中央政法委确定为全国市域社会治理现代化第1期试点地区。广州市委、市政府发挥党总揽全局、协调各方的政治优势和组织优势,推进全国市域社会治理现代化试点工作,坚持"全面建+重点创"原则,设计一套用于监测全市(各行政区)社会治理现代化水平的指数体系(简称:"红棉指数"),助力推动建设全国市域社会治理现代化示范城市。"红棉指数"由广州市委平安广州建设领导小组办公室、广州市委平安广州建设领导小组市域社会治理组统筹建设,由广州市委政法委牵头会同各有关部门及新闻媒体、科研机构推动实施。指标体系紧扣2022年中央政法委市域社会治理现代化试点考评验收各项基础指标和省关于开展全国市域社会治理现代化试点中期评估指标,结合广州市域社会治理特色工作指标,融入平安建设、法治建设等重点领域的关键指标。

做法1:指标设计上,突出体制特征。打造"5+1"监测指标体系,其中"5"为市域社会治理体制5个维度,"1"为治理风险及舆情监测指标。

做法2:监测对象上,突出整体提升。"红棉指数"监测对象为全市11个行政区和以天河中央商务区、中新知识城、南沙自贸区、广州(琶洲)人工智能与数字经济试验区、白云新城等为代表的10个特殊经济功能区。

做法3:数据来源上,突出市域层级。各项指标数据来源包括广州市域社会治理成员单位及试点工作有关单位官方报送、官网提取、各单位信息化系统联网提取、大数据采集、走访调查等途径。根据监测内容、数据采集情况,按照指数体系及权重进行评分、汇总、统计,最终得出11个行政区、10个特殊经济功能区"红棉指数"。

做法4：平台支撑上，突出数据联通。依托现有的广州智慧政法综合应用平台，建设市域社会治理"红棉指数"信息系统平台，实时动态生成反映市区两级市域社会治理状况的"红棉指数"；打通与"广州政法""广州街坊"微信公众号的联动，方便市民群众快捷查看"红棉指数"。

横琴首创"物业城市"社会治理新模式，营造粤澳深度融合社会环境

《横琴粤澳深度合作区建设总体方案》要求合作区建成便利澳门居民生活就业的新空间，要着重在公共服务和社会保障体系进行深度对接，全力营造趋同澳门的宜居宜业生活环境，这为合作区创新探索社会治理工作指明了方向、提出了要求。2018年，横琴首创"物业城市"社会治理新模式。该模式把整个城市公共空间作为一个"大物业"，引进高水平物业公司，对整个城市进行专业化、精细化、智慧化的统筹整合，实现管理、服务、运营的高效统一，推动社会治理模式由"政府全包"向共建共治共享方向转变，实现了政府、企业、社会三驾马车共同发力推动社会治理。

做法1：坚持多元治理，重塑主体关系，组织社会力量全面参与社会治理。"物业城市"模式探索将涉及政府非核心业务的城市公共空间和公共资源交由社会企业和社会组织进行管理、服务和运营。物业公司服务人员代替执法人员走在第一线，以服务为宗旨，在服务中管理，用柔性管理替代管理的刚性，解决群众问题的同时和谐了社会关系；澳门街坊总会横琴办事处、横琴公共秩序协会等社会组织鼎力相助，提供老年康复、幼儿托管、老年饭堂、亲子教育、舞蹈艺术健身、志愿服务等各种服务，为横琴社会治理提供精细化、专业化、智慧化和人性化服务，让合作区内粤澳居民享受趋同澳门的公共服务。

做法2：坚持科技赋能，建设智慧城市，运用科学技术推动社会治理方式完善提升。"物业城市"信息化平台深度嵌入AI、大数据、区块链、物联网等先进技术，搭建管理、办事、服务三大功能板块，实

现政府端、企业端、用户端等三端贯通，初步实现对公共空间和公共资源的智能化识别、定位、监控和管理，社会治理工作闭环基本形成。政府层面，整合了政法、综合执法、司法行政、国土巡查、城管巡查、劳动监察、矛盾化解等政务管理系统，便于政府进行大数据分析决策；企业层面，整合了大横琴城资公司环卫绿化、城市照明、水利监测、垃圾清运、电缆沟监测、物业设备房监测、地下管廊立体式监测等七个管理业务系统，实现了具体业务的数字化、可视化；用户层面，实现了咨询、上报、服务、办事、督办等"五个一键"功能，对接了养老、体育、门禁、旅游、出行、劳动保障、智慧社区、智慧小区等多维公共服务系统；建设了"民生微实事""城市日常问题上报处理""智慧停车管理服务""志愿活动报名参与"等功能栏目，吸引了合作区内大量粤澳居民参与使用，保障粤澳居民的知情权、参与权、表达权和监督权。

做法3：坚持协同合作，维护社会稳定，探索建立"五位一体"矛盾化解新体系。"物业城市"模式探索将社会矛盾调解于基层、化解于事前，运用人民调解机制，设立"橙子调解工作室"，吸纳法律、物业管理等十余名专才，最大限度地把矛盾纠纷化解在萌芽状态、初始状态。2021年1月至9月"橙子调解工作室"共接案1554宗，涉及人员共计15024人，涉及金额高达4.2亿元。合作区成立后，该工作室将探索构建人民调解、司法调解、法律援助、信访与综合治理"五位一体"的工作体系，对澳门居民积极开展内地法律宣传、咨询、援助等工作，让广大澳门人士知法、懂法、守法，促进社会和谐稳定。

三是以标准化要求抓督促落实。出台《广东省第1期全国市域社会治理现代化试点中期评估方案》《广东省第1期全国市域社会治理现代化试点中期评估标准》等系列配套性文件，对市域社会治理现代化试点工作相关内容、项目、进度、分工等进行统筹安排、总体设计，既细化中央部署，又突出广东区域特色，为全省各地开展市域社会治理现代化试点工作提供基本遵循和评估标准。研究制定市域社会治理现代化评价标准,把市域社会治理与平安建设成效纳入各级党政领导班子和领导干部政绩考核指标体系,将考核结果作为领导班子和领导干部业绩评价的重要依据。实行责任化考核,对各类责任主体完成市域社会治理目标任务的进度、质量、效果进行严格检查评估,以责任到位确保市域社会治理效果到位。以省委平安广东建设领导小组市域社会治理组的名义印发《试点分片联系指导工作方案》,组成5个分片联系指导小组,每半年对珠三角、粤东、粤西、粤北片区的试点工作开展专项督导调研,及时发现问题、重点解决行业领域内突出问题,督促整改。

3. 扎实推进固本强基,全线做强城乡社区

一是探寻村(居)民自治有效实现的结构形式。省委、省政府颁布《关于加强和完善城乡社区治理的实施意见》,提出"科学合理确定村(居)民委员会的管辖范围和规模"。省内各地积极响应,清远市委、市政府在全市推进党组织建设、村民自治和农村公共服务"三个重心下移",让村级党组织体系扎根基层,让基层自治组织体系更加健全,公共服务直达农民家门口。深圳市罗湖区从2018年起,以小区为单位延伸党建覆盖面,建立小区联合党支部,把各类组织间的外部关系转变为党支部的内部沟通,构筑"一核多方"社区治理体系。

二是修民约、立规范,推动德治、法治和自治相融合。广东积极探索将制度化、规范化的协商议事机制贯穿实践到基层自治各个环节中,省民政厅出台《关于加快复制推广广州市增城区搭建村民议事平台、发挥村民代表会议作用经验工作方案》,在全省范围复制推广创新经验。目前全省已建立城乡社区协商示范点3000多个,村(居)民议事平台9900多个,通过议事平台商议事项近10万件,有效解决了诸如电梯加装、小区停车、物业管理等基层难题。广东省民政厅等7部门于2019年联合印发《做好村规民约和居民公约工作行动方案》,要求村规民约修订要合法、务实、管用、全面,在修订程序上必须遵循"征集民意—拟定草案—提请审核—审议表决—备案公布"的步骤。全

面实行"一村（社区）一法律顾问"，制定《律师办理一村（社区）一法律顾问业务操作指引》，组织律师、政法"五老"（退休政法委干部、警官、检察官、法官、司法干部）免费为群众提供法律咨询服务，引导群众以法治思维和法治方式开展自治，化解矛盾。

三是聚资源、用技术，强化基层治理服务保障。在人才资源方面，广东省全面选派精准扶贫驻村第一书记2277名，驻村工作队员4495人，探索基层党组织书记管理办法，把基层党建和基层治理等重点工作与岗位补贴挂钩、与工作晋升挂钩，激励他们投身基层建设。在技术运用方面，先后出台《广东省社区（村）一门一网式政务服务自然人事项指导目录（试行)》《关于全省村（社区）公共服务中心（站）建设的指导意见》《广东省城乡社区服务体系建设"十三五"规划》及《关于加强乡镇政府服务能力建设的实施意见》等文件，全面推进城乡社区高效便捷公共服务供给能力和水平。

（三）增强党群协同社会治理能力

1. 建强社会治理基础设施

一是大力推进综治中心规范化建设。充分发挥综治中心整合社会治理资源、创新社会治理方式的重要平台作用，把基层综治中心规范化建设作为抓基层打基础的长远之计和固本之策。结合广东制定政法基础设施建设"十四五"规划，对全省基层综治中心基础设施建设情况开展专题调研，编制建设和预算方案，省委政法委起草《关于加强全省乡镇街道综治中心规范化的指导意见》，省委编办印发《关于完善乡镇街道指挥协调机制促进基层共建共治共享的若干意见》明确"综合治理委员会与综治中心一体化运作"；根据中央平安办《关于加强诉源治理推动矛盾纠纷源头化解的意见》推进综治中心与信访接待中心、矛盾化解中心等各类中心、平台资源融合，推动矛盾纠纷一站式、多元化调处化解工作。

二是全力打造基层社会治理综合网格。大力推动综合网格改革指导意见的落地落细，下发综合网格改革任务分工方案，推动部分地市市委书记担任综合网格改革工作小组组长，大力推进"网格化＋信息化""网格员＋信息化"模式，构建"上面千条线、下面一张网"的基层社会治理新格局。推动全省网格员完成13万多个综合网格的基本划分、边界踩踏、编码固定和置入"粤政图"，为数字政府建立了一张完整的"网格图层"，为人、地、物、事、组织等各类基础信息常态化入网入格提供了平台支撑；针对近年来综合网格入格事项大量增加，基层网格员任务繁重，平安建设等重点任务排查力度有所减弱等情况，印发了《关于进一步强化网格化排查工作的通知》，明确综合网格在开展矛盾纠纷、社会治安、公共安全等问题隐患排查和重大疫情防控等工作中的作用，进一步发挥网格"一网捞尽"的作用。

三是加快推进科技赋能新平台建设。省委政法委聚焦"大平安"理念，围绕平安政法、平安政府、平安社会、平安舆情核心应用，实现平安建设的全要素采集、全信息共享、全流程办理、全业务协同、全过程监管、全部门联动、全社会参与、全安全可控，达到"一个平台管平安"的目标，启动了"粤平安"社会治理云平台建设。印发《关于推进"粤平安"社会治理云平台建设工作方案》，和"一网统管"社会治理专题同步建设，组织省公安厅、省政数局完成"雪亮工程"总平台联网共享、管理应用和运维保障等工作交接，实现"雪亮工程"省级共享平台定位从"汇聚接入全省公共安全视频监控图像资源"向"整合共享全省视频和感知数据资源"优化升级。广东省公安厅与华为公司合作，深入推进"智慧新警务"建设，着力打造"全省公安一片云"，促进警务机制改革与前沿科学技术的深度融合，解决全省公安信息化发展不充分、不平衡的突出问题，让全省公安民警同步进入"智慧新警务"时代。2018年以来，广东警方率先在全国打造"科技围合、智能感知、数据环绕、智慧应用"的智感安防区，智慧新警务成效初显。为破解公共安全风险高、自然灾害频发、传统犯罪与新型犯罪增多的问题，广东省还统筹推动"数字政府"建设，推进跨区域、跨层级、跨部门的数据平台建设，建成集联合值守、在线监控、决策会商、指挥调度、新闻发布等功能于一体的三防指挥中心，推动依法治省工作信息系统、跨部门大数据办案平台、政法大数据分析应用系统以及"智慧法院""智慧检务""智慧司法"建设，推动各地市县区建设社会治理大数据中心，地方探索更是亮点纷呈。比如，东莞市建设社会服务管理"智网工程"。全市划分2894个基础网格，组建9889人的专职专业网格员队伍，推动政法综治、公安、消防、市场监管、城管等15个部门共220个事项清单及228项重点线索专项落地巡检，形成市、镇、村三级指挥调度体系，通过有效整合资源，突出目标导向，着力压减公共安全风险，消除矛盾纠纷隐患，提升社会治理现代化水平。

2. 建强群众服务阵地平台

一是建设"粤省事"集成民生服务小程序。由"数字政府"改革建设领导小组直接指导，广东省信息中心牵头，会同广东省公安厅、民政厅、人社厅、残联等省直单位，以及广州、深圳、肇庆、江门等四个试点地市共同开展建设，数字广东网络建设有限公司提供技术支持，建设微信小程序"粤省事"、开放"粤省事"服务公众号平台，，以用户、流量、平台以及跨界等互联网思维为导向，通过梳理与群众生活密切相关的政务服务事项，通过业务流程再造、业务协同和数据共享，压缩办理时限，优化办事体验，不断推动"以部门为中心"向"以用户为中心"的服务模式转变，推动群众通过"实人+实名"身份认证核验即可在小程序通办多项民生服务事项，让数据多跑路，群众少跑腿，办事更省事。

二是建设"粤心安"社会心理服务阵地。为积极引导和改善个人、群体和社会的情感和行为，从根本上培育自尊自信、理性平和、积极向上的社会心态，广东积极在各地市推行社会心理服务体系建设试点工作。广东注重健全组织机构，成立跨部门专家组，积极整合资源、搭建平台、健全机制,多方位搭建社会心理健康服务体系,铺设一张覆盖全社会的心理服务网络,构建以普遍服务为前端、监测预警为中端、精准干预为末端的"社会心理健康全程服务链"。2019年,广东省卫生健康委等10部门联合推行全国社会心理服务体系建设试点工作,以深圳市、江门市作为国家级试点城市与珠海市、惠州市作为省级试点城市开展试点工作,要求各地、各有关部门贯彻执行。目前,广州市等9个地市已开通独立心理援助热线,深圳市等16个地市建立了心理危机干预队伍,为公众提供公益心理援助服务,有效应对突发公众心理危机事件。2021年,结合党史学习教育"我为群众办实事"实践活动,将"粤心安"社会心理服务站(室)建设纳入省委、省政府重点民生项目清单,全省乡镇(街道)"粤心安"社会心理服务室建设覆盖率已达100%,村(社区)覆盖率超过95%。

三是建设社会面最小应急处置单元。社会面最小应急单元是指由单位、场所、重点目标等安全防范责任单位负责组建,能够开展正在进行的严重违法犯罪行为及其他危害公共安全的突发事件先期处置,兼顾日常治安秩序维护的最小人员编组。2021年以来,广州市从城市治安形势、基层社会治理、治安防控体系建设和应急处突需求等角度出发,首创社会面最小应急单元建设,设置多情形下防控单元各岗位处置标准及战术队形,畅通各方力量的信息沟通渠道,避免突发事件中"散沙式""窝蜂式"的处置混乱情况,实现"1分钟自救、3分钟互救、5分钟增援到位"目标,在实战中取得显著成效,有力提升了防范化解重大风险和驾驭社会治安局势能力水平,在全省逐步复制推广。

3. 建强基层工作落实机制

一是建强疫情防控"三人小组"机制。出台《封闭、封控管理区"三人小组"疫情防控工作指引(第一版)》,针对性解决封闭封控区域管理不严不实不细等问题,推动多方力量下沉基层、社区;坚决落实国务院联防联控机制工作组工作建议和问题清单,强化沟通联络、派员下沉指导、加强交办督办，指导督促各地市立行立改，形成"发现问题—收集分类—反馈总结"的工作闭环。针对疫情防控关键时间节点印发《关于进一步发挥"三人小组"作用 全力以赴做好社区防控工作的紧急通知》和《关于继续发挥"三人小组"作用做好2022年元旦春节期间新冠肺炎疫情防控工作的通知》，不断健全完善"三人小组"工作机制，至2021年底，全省共建立镇（街）及以下"三人小组"7万多个。

二是建强社会力量群防共治机制。为加快形成社会治理人人参与、人人尽责的良好局面，广东各级党委政府不断变革传统对社会事务大包大揽的管理模式，积极搭建各种社会利益主体诉求表达、平等对话和博弈协调的制度化平台，激发和引导社会组织和各类群众共同参与社会治理。在社会矛盾纠纷化解方面，健全民众调解、行政调解、司法调解联动调解工作体系，充分发挥"新乡贤"和政法"五老"（退休政法委干部、警官、检察官、法官、司法干部）等主体在基层矛盾化解中的作用。近年来，广东省先后产生"广州街坊""深圳义警"等创新，形成了社会各方力量参与平安建设的良好局面。比如，2018年广州市在全市范围内发起和打造"广州街坊"群防共治平台。"广州街坊"队伍由专业力量、半专业力量和行业性力量、志愿力量整合而成，主要包括广州市全市政法干部和其他行政执法部门的专业人员、辅警、治安联防队员、保安员、公交车司机、环卫工人、快递员等。"广州街坊"在社会治理工作中主要发挥社情民意的"信息员"、邻里守望的"巡防员"、矛盾纠纷的"调解员"、平安法治的"宣传员"、应急处置的"支援员"等角色，协助警方等相关专业力量一同守护地方平安。举例来说，广州市榄核镇退役军人以"红棉老兵"志愿者服务队的形式，协助全镇各村居开展走访慰问、老兵调解、爱国及国防教育、治安巡逻、文明创建、疫情防控等服务，参与到榄核基层社会治理和"退役军人之家"建设等工作，进一步展现镇退役军人的良好形象。

三是建强外来人口参与治理机制。广东通过建设非户籍党员基层党组织、建立共治议事会、实行村（居）委会特别委员制度、开展外来务工人员服务组织建设等，创造了众多参与渠道和平台来构建城乡、本外两套管理体系及政策并轨的行为空间，引导外来人口的非制度化参与走向制度化参与。在此基础上，注重拓展外来人口参与的领域，试点"两非"进"两委"选举，以基层群众自治促进社区共融。2017年广东省在全国率先开展非户籍常住居民及党员参加社区"两委"选举试点工作，保障非户籍常住居民选举权利，有1484个社区（村）选举产生1581名非户籍委员。比如，深圳市2017年共有492个社区开展了非户籍常住居民及党员参加社区"两委"选举试点，全市试点社区非户籍党员候选人100%顺利当选，共选出非户籍社区"两委"成员532名。

（四）提升平安法治广东建设效能

1. 深入持续推进扫黑除恶专项斗争

一是重拳出击集中排查处置涉黑涉恶问题。全省排查黑恶势力干扰渗透、信访和问题突出的重点村（社区），将涉黑涉恶村（社区）党组织纳入整顿，建立交叉检查验收工作机制，落实村（社区）干部人选县级联审机制严把入口。开展基层治理三项查处打击行动，即开展基层党员干部违纪违法线索排查、扶贫领域职务犯罪查办以及农村涉黑犯罪打击。2017年，全省立案查处农村基层党员干部违纪违法案件15791件，立案侦查扶贫领域职务犯罪案件170人，立涉黑恶类案件18571起。2018年，全省撤换调整政治上不合格、经济上不廉洁、能力上不胜任、工作上不尽职的"四不"书记600多名；重拳整顿涉黑涉恶的软弱涣散村（社区）党组织200多个，立案查处涉黑涉恶村（社区）干部300多人；坚持有黑扫黑、有恶除恶、有乱治乱，先后开展五轮集中收网行动，共打掉黑社会性质组织88个、恶势力犯罪集团

334个，刑拘犯罪嫌疑人5.35万人，处置涉黑涉恶腐败和"保护伞"问题线索6927件、立案查处1853人，各项主要工作指标名列全国前茅。

二是大力推进开展政法队伍教育整顿工作。2021年2月至12月，政法队伍教育整顿在全国铺开，广东第一时间成立由省委书记任组长、省长任第一副组长、5位省委常委及公检法主要领导任副组长、16个省有关单位主要负责人任成员的高规格领导小组，为教育整顿工作提供组织保障。省市县三级地方党委承担主体责任，党委政法委和政法各单位承担直接责任，纪委监委、组织、宣传等部门承担协同责任，省直政法单位承担指导责任，省级督导组承担督导责任，根据党中央部署不断完善组织领导机制。公布举报信箱、电子邮箱、举报电话，注重从涉黑涉恶案件中深挖"保护伞"线索、从涉法涉诉信访案件中查找违法违纪线索。广东政法机关畅通举报渠道，广辟线索来源，并建立完善线索交办督办、台账管理、核查处置等制度机制。在政法队伍教育整顿强力牵引下，全省政法系统政治生态进一步优化、执法司法公信力进一步提升、纪律作风进一步好转、人民群众满意度进一步提高。

2. 创新构建社会矛盾响应机制

一是建立社会矛盾源头防范机制。建立全省社会稳定形势分析研判机制，分年度、半年、季度和月度分别由省委书记、省委政法委书记、省委政法委专职副书记主持进行。将风险评估作为必经的前置程序和刚性门槛，全面推进建设领域分账管理和实名制平台建设。建立矛盾问题政策性批量消解机制，妥善解决民办代课教师"老有所养"问题，逐步推进全省复退军人服务体系、治理欠薪制度建设。

二是建立社会矛盾专项治理机制。针对广东在涉农涉土、涉劳资纠纷、新型领域纠纷（比如涉金融类纠纷）等矛盾多发领域和重点环节，每年排查梳理一批重点问题开展集中攻坚。如近年省人社厅开展劳资纠纷隐患排查、工资支付专项检查和仲裁"百日清案"活动，全年违法案件和群体性事件同比皆有下降。

三是建立矛盾纠纷多元化解机制。发挥"新乡贤"和"五老"的作用，健全民众调解、行政调解、司法调解联动调解工作体系，完善诉讼、仲裁、行政复议等法定诉求表达机制，创新互联网仲裁、专业市场和民间自行调处平台建设，引入社会组织参与矛盾纠纷化解。

四是建立全省"一盘棋"应急响应机制。坚持以大概率思维应对小概率事件，重大突发性风险落实"四个一"要求，实行一个领导小组统筹、一个负责领导牵头、一个工作专班处置、一个口径上报情况发布信息。坚持一把手主抓、一体化联动、一揽子响应，完善政府部门、基层组织、企事业单位、社会团体和志愿者应急联动机制，发挥社会公益组织优势，创新和完善应急动员体制机制。

3. 优化建设社会治安防控体系

一是打造立体化治安防控体系升级版。全省建立"一个目标、两大领域、三个着力点、四项工作机制、五张治安防控网"工作思路，即着力补齐社会安全指数短板，着力压减违法犯罪案件、防范安全事故两大领域；着力推进治安防控系统化、精细化、社会化三个着力点；健全社会治安形势分析研判机制、实战指挥机制、部门联动机制、区域协作机制等四项工作机制；织密社会面治安防控网、重点行业和重点人员治安防控网、乡镇（街道）和村（社区）治安防控网、机关企事业单位内部安全防控网和信息网络防控网五张治安防控网。针对治安突出问题，公安机关组织开展"飓风2018"、打击整治枪爆违法犯罪等专项行动，促进社会治安持续好转。

二是主抓重点领域和薄弱环节。广东省相关部门印发了《关于镇街综治信访维稳中心全面实施目标管理的指导意见（征求意见稿）》《关于全面推行社会治安综合治理网格化管理工作的指导意见（征求意见稿）》，重拳打击毒品犯罪、遏制"两抢一盗"犯罪高发势头、严厉打击电信网络诈骗、加强寄递物流和危爆物品管理、加强网络安全治理、防范命案和个人极端暴力案事件发生、防范群死群伤事故发生以及城市公共安全领域隐患。涌现出广州市重点部位和人群密集地区治安防控、深圳市出租屋管理、佛山市南海区加强综治信访维稳中心三级平台建设和推进网格化服务管理、茂名市茂南区汇聚民智民力打造治安防控体系、中山市全民创安、湛江坡头区命案防范等经验做法。

4. 大力健全公共安全保障体系

一是建立"党政同责"责任体系。建立健全省委常委会会议、省政府常务会议定期研究安全生产工作制度,落实党政主要负责人安全生产第一责任人的责任。各级党委、政府认真履行属地管理责任,完善安全生产领导体制,省、市、县、镇四级政府主要负责人任安委会主任,常务副职分管安全生产工作,不断强化安全生产工作的组织领导和统筹协调,确保安全生产领导责任"纵到底"。

二是强化齐抓共管落实。省编委会印发《广东省党政部门和中央驻粤有关单位安全生产工作职责》,将相关部门单位划分为四类,逐个明确其安全生产工作职责,实现安全生产部门职责法定化,确保责任落实"横到边";省级部门全面推行由排名第二的副职分管安全生产工作。每年省委省政府与各地市、省各部门逐个签订差异化的安全生产责任书和对其履职情况进行考核,并对考核排名靠后的地市和省级部门的党政主要领导进行约谈,有力推动各地各部门安全生产责任制落实。

三是推进执法规范化专业化。及时制修订和组织实施《广东省安全生产条例》等地方性法规及其配套规章,制定实施地方标准《安全生产执法监察标准化基本规范》,目前全省21个地级以上市安全监管局全部通过了执法监察标准化达标。全省市、县两级政府全部单独设置安全监管部门并明确为政府执法机构,建立了镇(街)、园区专职安全督查员队伍;推动珠三角地区镇(街)和其他地区的中心镇(街)单独设立安全监管机构,推进村(居)安全生产巡查员队伍建设和安全生产网格化监管。

九 打造新发展格局战略支点

构建以国内大循环为主体、国内国际双循环相互促进的新发展格局是党中央为应对全球经济大变局所作出的重大决策部署。习近平总书记赋予广东在全面建设社会主义现代化国家新征程中走在全国前列、创造新的辉煌的使命任务，要求广东在构建新发展格局这个主战场中选准自己的定位。广东把打造新发展格局的战略支点，看成贯彻落实习近平总书记、党中央重大战略部署的政治自觉、广东理应承担的重大历史使命，并把它写入了广东"十四五"发展规划的指导思想中，作为要实现的主要目标和主要任务。李希书记2021年3月9日在《人民日报》发表署名文章《打造新发展格局战略支点》，更明确了广东打造新发展格局战略支点的具体工作思路和五方面重点任务，即广东要着力打造规则衔接示范地、内外循环链接地、科技产业创新策源地、高端要素集聚地以及安全发展支撑地。

（一）打造规则衔接示范地

1. 新时代迫切需要制度型开放

2008年国际金融危机之后，发达国家普遍陷入了投资与经济增长乏力、失业率上升和财政状况恶化的困境。为了尽快恢复国内经济增长，降低失业率，欧美日等发达国家在吸取金融危机教训的基础上，重新认识到发展实体经济的重要性，纷纷推行以重振制造业、扶持战略性新兴产业、加强技术创新和低碳发展为核心的"再工业化"战略。发达国家的新一轮再工业化战略引发了资本、人才和技术等生产要素在全球范围内的重新配置，导致了全球范围内产业链配置格局的剧烈变动，以市场、资本、技术创新和新兴产业为重点的国际产业竞争进一步白热化，全球价值链发展呈现出一定程度的逆转趋势。为了保住对全球产业链的控制以及自己的霸主地位，美国在所谓的规则领域对我国采取了越来越激烈的遏制措施，联合欧盟、日本等发达经济体在经贸规则领域向我国施加越来越大的压力。这迫切需要我国通过制度型开放来加以有效应对，通过制度型开放拓展对外经济合作空间，破除限制资源要素全球流动的制度性障碍，提升我国对全球高端要素的吸引力。

当前，我国正在加速构建以国内大循环为主体，国内国际双循环相互促进的新发展格局，而推动制度型开放是构建新发展格局的必要途径。首先，制度型开放有助于破除国内和国际两个经济循环体系之间所存在的各种人为设置的不合理的障碍，提高国际、国内经贸规则的兼容性，推动市场主体对境内外经贸规则的相对一致性形成稳定的预期，提升国际经济循环量能及其正向溢出效应，吸引高层次人才、新技术知识等关键生产要素流入，从而推动国内大循环向更高层次攀升。其次，我国经济高质量发展必然需要一个高质量的市场环境，只有在这样的环境中价格机制对竞争的促进作用才会得到充分地发挥，资源配置效率才能得到进一步的提升。这迫切要求我国全面提升经济治理能力，进一步完善中国特色社会主义经济管理体制，需要通过制度型开放对全球其他国家或地区好的规则进行借鉴学习，并在产权保护、金融监管、商事服务、投资管理、市场监管和国有企业管理等方面的体制机制进行必要的创新，逐步消除制约各类生产要素优化配置的显性或隐性障碍，提升资源要素优化配置效率。最后，在新技术革命蓬勃兴起的条件下，我国以工业互联网、人工智能、大数据服务等为代表的科技创新产业快速发展，共享经济、电子商务、定制生产和自媒体营销等新商业模式不断涌现。这些新产业、新模式在全球范围内均属于新生事物,在形成推动我国经济高质量发展新动能的同时,也迫切需要构建相应的治理规则。而作为上述新产业、新业态重要的集聚中心,我国有必要通过加大制度型开放力度参与乃至引领针对这些新产业、新业态的国际治理规则的设计。

2. 着力推进规则衔接

"制度规则衔接"与"优化营商环境"是"里"和"表"的关系。制度规则的完善能够使各要素顺畅流动,提高政府管理效率,从而优化营商环境。推动粤港澳大湾区制度规则衔接的目的,就是要消除"一个国家、两种制度、三个关税区"这种全球罕见的区域合作带来的发展障碍,使"一国两制"湾区充分发挥"两制之利"。某种意义上,粤港澳大湾区规则衔接实际上就是我国对接国际规则的先行先试。

广东是改革开放的排头兵、先行地、实验区,也是商事制度建设的策源地和先行地。在粤港澳大湾区进入全面建设阶段以来,围绕大湾区制度、政策以及商事规则的讨论层出不穷。坚持借鉴国际先进经验,把推动粤港澳三地规则衔接放在更加突出的位置,持续推进制度创新,加快高标准市场体系建设,才能更好解决大湾区建设、运行中存在的问题,更好地保障湾区内的经济运行。广东省政府于2021年12月发布《广东省全面深化商事制度改革三年行动计划》。该行动计划借鉴国际先进经验,从五个方面制定了23项措施,当中把推动粤港澳三地规则衔接放在突出位置,持续推进制度创新,加快高标准市场体系建设(具体如图9-1所示)。

广东举全省之力落实建设粤港澳大湾区国家战略,强力推进深圳中国特色社会主义先行示范区建设和综合改革试点,抓住与港澳规则衔接、机制对接这个重点,深入实施"湾区通"工程,稳步拓展制度型开放,在对接国际高标准经贸规则的同时,相关规则衔接还涵盖大湾区百姓"衣食住行"各方面,有力推动湾区生活真正融通。在医疗卫生政策领域,"港澳药械通"政策试点启动并扩展实施,审批内地临床急需紧缺港澳药品13个、医疗器械3个。在社保民生领域,广东

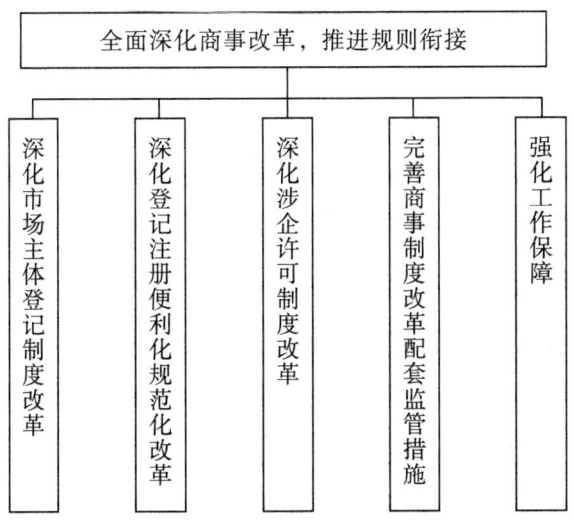

图9-1 广东省全面深化商事制度改革三年行动计划

"社保通"落地实施,使粤港澳人员"足不出境"可以就近参保;制定食品、中医药、交通等23个领域共70项首批"湾区标准"。在企业经营领域,推行企业登记注册"湾区通办",超过1万家港资企业适用简化版公证文书办理登记业务。在金融合作领域,人民银行牵头粤港澳大湾区"跨境理财通"业务试点正式落地。截至2021年12月末,"跨境理财通"共发生业务5855笔,总金额4.86亿元,同时,随着债券"南向通"上线、科创板股票被纳入沪深港通标范围、在香港和澳门分别成功发行离岸人民币地方政府债券等创新举措的实施,大湾区城市间经济的融通性及便利性正在显著增强。

(二)打造内外循环链接地

1. 外贸枢纽地位进一步凸显

国际区域经济理论与发展经验表明,后发国家或地区迈向现代工业化的一个重要途径就是发展国际贸易，融入国际经济体系，从而发挥经济外循环对产业发展的促进作用。在商品可以自由流动的条件下，比较优势推动了国际产业分工深化，各国选择具有比较优势的产业进行专业化生产，并开展国际贸易，从而实现经济内外循环的融合。这种国际产业融合在保障各国可以分享自由贸易所带来的收益的同时，也会引起技术、人员和资本的跨地区流动，提高了包括后发经济体在内的国际生产体系的效率。

广东地处我国南端，海岸线较长，陆地方面与东南亚国家接壤，具有便利的连接国内外的区位优势。广东是改革开放的"试验田"，融入国际循环较早，积累了丰富的合作经验，在营商环境方面与国际接轨较深，具有深度高质量参与国际循环的经验优势。国家赋予广东建设粤港澳大湾区的重要战略机遇，具备率先探索衔接"一国两制"、三个关税区、三种货币、三种法律制度的独特条件，拥有率先实现国内国际双循环相互促进的潜力。国际开放度较高一直以来都是广东的一项重要发展优势，造就了广东作为我国第一外贸大省的特殊地位。当前在构建"双循环"新发展格局的大背景下，广东充分利用"双区"建设的重大机遇，加快构建现代化产业体系，提升产业链现代化水平，进一步夯实了外贸发展的产业基础，对外贸易的规模持续扩张、结构不断优化，外贸综合竞争力取得了实质性的提高。从图9-2的数据可以看出，虽然自2018年以来受到中美贸易摩擦叠加新冠疫情等不利因素的多重冲击，广东进出口总额仍保持稳定上升的态势。2015年广东进出口总额为63559亿元，占全国的比重为25.89%；到2020年广东进出口总额上升为70863亿元，占全国的比重为21.99%。

在外贸规模稳定扩张的同时，广东对外贸易结构不断优化，质量效益不断提升。从贸易方式来看，表9-1的数据显示，一般贸易占广东进出口额的比重随着时间的推移稳步上升，而加工贸易比重则明显下降。2018年广东全省出口总额为6470.46亿美元，一般贸易占比为47.67%，加工贸易比重为38.62%；2020年全省出口总额为6282.99亿美元，一般贸易占比上升为52.62%，而加工贸易比重下降为

图 9-2 近年来广东对外贸易规模

注：数据来源于相关年份《中国统计年鉴》《广东统计年鉴》。

29.75%。进口贸易也呈现出同样的发展趋势。2018 年广东全省进口总额为 4380.57 亿美元，一般贸易占比为 46.18%，加工贸易比重为 33.88%；2020 年全省进口总额为 3956.03 亿美元，一般贸易占比上升为 48.89%，加工贸易比重下降为 26.20%。从出口商品结构来看，广东高技术产品表现出较强的国际竞争力，出口规模增长较大，占全省出口总额的比重超 30% 以上。2018 年广东高技术产品出口额为 2337.57 亿美元，占全省出口总额的比重为 36.13%；2020 年即使在美国对我国高科技产业进行全面封锁打压的情况下，广东高技术产品出口额仍达到了 2174.9 亿美元，占全省出口总额的比重为 34.62%。

表 9-1 近年来广东对外贸易方式

年份	2018		2019		2020	
	出口	进口	出口	进口	出口	进口
全省总额（亿美元）	6470.46	4380.57	6294.64	4071.14	6282.99	3956.03
高技术产品（亿美元）	2337.57		2192.25		2174.90	
高技术产品占比（%）	36.13		34.83		34.62	
一般贸易（%）	47.67	46.18	50.04	47.49	52.62	48.89

续表

年份	2018		2019		2020	
	出口	进口	出口	进口	出口	进口
加工贸易（%）	38.62	33.88	34.42	29.57	29.75	26.20
保税仓库（%）	7.65	19.63	9.36	22.27	10.09	24.11
其他（%）	6.05	0.31	6.18	0.67	7.53	0.79

注：数据来源于相关年份《广东统计年鉴》。

新时代广交会肩负新使命

创办于1957年春的广交会（中国进出口商品交易会）每年春秋两季在广州举办，被誉为中国第一展，是我国目前历史最长、规模最大、商品最全、采购商最多且来源最广、成交效果最好、信誉最佳的综合性国际贸易盛会。1957年4月25日首届广交会开幕。首届广交会展出面积9600平方米，分设工业品、纺织品、食品、手工艺品与土特产品5个展馆，13个专业外贸总公司组织交易团参展，展示商品1万多种，19个国家和地区的1200多位采购商到会。第一届广交会成交8686万美元，占当年全国创收现汇总额的20%。自首届交易会成功创办后，广交会迅速成为中国出口创汇的主渠道，开辟了一条中国与世界交往的重要通道。从1965年开始，广交会年出口成交占全国外贸年出口总额的比重均在30%以上，其中，1972与1973两年占比均超过了50%。自2007年春季第101届开始，为促进贸易平衡，广交会开始设立进口展区并正式更名为"中国进出口商品交易会"，从单一出口平台转变为进出口双向交易平台。65年来广交会历经风雨、从未间断，已成功举办130届，与全球220多个国家和地区建立了贸易关系，累计出口成交约1.5万亿美元，累计到会境外采购商约900万人，有力地促进了中国与世界各国的贸易交流和友好往来。2021年10月习近平总书记专门向第130届广交会致贺信，充分肯定了广交会创办65年来为服务国际贸易、促进内外联通、推动经济发展作出的重要贡献，赋予广交会崭新的历史使命，为广交会在新时代新征程指明了前进方向。未来广交会将以习近平新时代中国特色社会主义思想为指导，深入贯彻习近平总书记贺信精神，认真落实党中央、国务院决策部署，不断创新机制，丰富业态，拓展功能，努力打造成为中国全方位对外开放、促进国际贸易高质量发展、联通国内国际双循环的重要平台。

2. 积极融入国内统一大市场

在当前国际单边主义、保护主义抬头的情况下，经济全球化出现逆转的趋势，各国特别是西方国家纷纷把降低产业链、供应链对外依存度作为一个重要的战略选项，我国经济发展的外循环过程面临的不稳定性和不确定性明显增加。为此，广东在发挥外贸枢纽作用的同时，着力加强内贸流通渠道平台建设，完善政策机制，优化市场环境，积极融入国内统一大市场。首先，大力实施质量提升工程，加强广东产品和服务供给的质量建设，提升广货影响力和品牌美誉度，并在此基础上开展新一轮"广货北上"行动。采取财政补贴、优惠贷款等多种手段支持企业转变生产线，实施同线同标，帮助出口企业拓展内贸市场。其次，发挥强大的数字产业优势，大力发展平台经济，积极推动电子商务平台发展，依托唯品会、京东、淘宝等平台开展广东品牌日活动，提升广东品牌传播效率，提高广货的国内市场渗透率。第三、全面提升商贸物流产业发展水平。完善全省物流公路、水运、铁路和航空网络，对接陆海新通道，加快推进疏港铁路网络建设，构建"水陆空铁"多式联运新格局。培育国际化现代化物流企业，建立完整的县乡村三级电子商务服务体系和快递物流配送体系，降低物流成本，提高商品流动效率。最后，深化体制机制改革，构建新型开放经济体系，积极推动规则制度型开放，通过制度型开放带动国内国际双循环相互促进。一是在深入推进粤港澳大湾区建设的过程中，进一步放开金融、文化、医疗、教育等服务业市场准入，鼓励跨境要素流动，加快建设粤港澳人才合作示范区。二是加快实施"粤贸全球"计划，提升广交会、高交会等重点展会办展水平，促进重要会展量能升级。三是完善自贸区高水平开放政策配套机制。截至2021年，广东自贸区在国际化营商环境打造、投资贸易自由化便利化、金融开放创新、粤港澳深度融合等领域积极进行首创性、系统性和差异性改革探索，累计形成了584项制度创新成果，348项在全省复制推广，41项在全国复制推广。通过加大制度性开放力度推动广东全面深度参与国内大循环，并通过经验输出提升国内营商环境优化。

3. 产业输出能力不断增强

广东近年来坚持内外双向发力，在巩固原有国际化优势的基础上深化对内经济联系，大力构建联通内外的贸易、投资、生产、服务网络，不断拓展经济内循环的广度与深度。产业输出能力不断增强，广东企业对国内其他地区的投资规模不断扩大。当前广东省特别是珠江三角洲地区已经成长为我国重要的新兴产业和科技创新中心，产业链现代化水平持续提升，世界级产业集群网络基本形成，涌现了一大批创新型行业龙头企业。近年来随着国内外市场环境的变化，数量众多的广东企业在积极参与全球经济竞争的同时，也纷纷加大对全国其他地区的投资力度，深度参与国内经济大循环。图9-3显示了我国9个代表性城市群产业发展的外向关联度，从中我们可以看出不同城市群地区产业输出能力的差异。珠三角城市群企业投资的主动外向关联度最高为0.849，明显高于同为东部沿海发达地区的京津冀（0.631）、长三角（0.593）和山东半岛城市群（0.155），也明显高于其他中西部和东北地区的城市群。这表明总部设在珠三角的企业在全国其他地区进行了大量的投资，在很大程度上扮演了产业与要素资源扩散者的角色，有力地促进了全国其他地区的经济发展。据调查，2019年仅民营企业100强中总部设在珠三角的企业在其他省份就一共投资设立了1758家分公司，以广东龙头企业为中心的经济网络正在加速扩张。

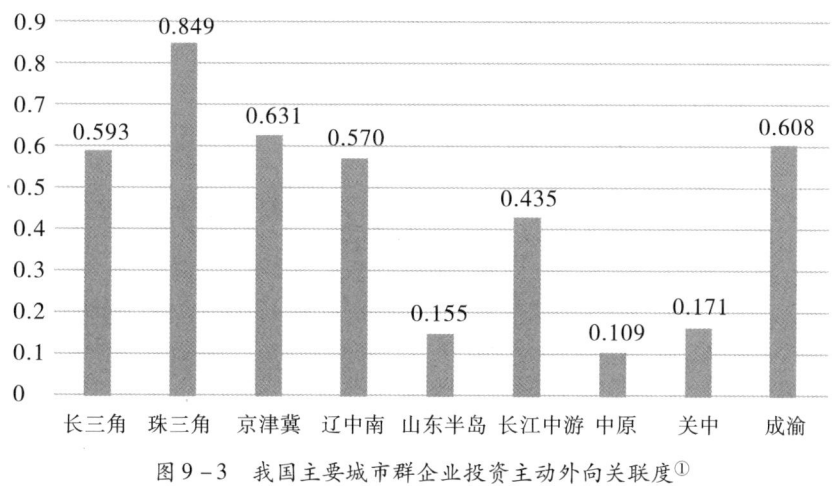

图 9-3 我国主要城市群企业投资主动外向关联度①

注：数据来源于全国工商联发布的 2020 年民营企业 500 强排名榜单以及"天眼查"系统。

（三）打造科技产业创新策源地

1. 科技创新领跑全国

改革开放以来广东经济社会快速发展的背后是经济活动效率的大幅提升，而总体经济效率的提升则源自于资源配置效率和技术效率两个方面的改进。资源配置效率改进是资源要素得到进一步优化配置的结果，即资源要素从低效率的农业等初级产品行业流向高效率的工业和服务业提升了资源的使用效率，而技术效率改进则得益于技术创新能力的提高。在党的十八大之前的一个较长时期，在党中央强有力的政策支持、充足的低成本生产要素和快速扩张的国内市场等有利因素的综合作用下，广东成功地跨越了工业化的早期阶段，实现了举世瞩

---

① 城市群企业投资主动外向关联度的计算方法为：$\dfrac{m}{m+n}$，m 为总部设在该城市群的企业对外设立的分公司数量，n 为总部设在其他地区的企业在该城市群内部设立的分公司数量。

目的经济腾飞。在这一过程中,广东经济活动效率提升的一个重要途径是对引进的外来技术进行本地化模仿创新,这种模仿创新在提升产业发展效率的同时,也容易导致经济发展对外部先进技术的依赖,一方面使产业效率的改进受到较大程度的外部制约,另一方面也使企业在全球产业链分工协作与竞争中处于明显的不利地位。为此,近年来广东采取了一系列政策举措,大力营造鼓励创新的市场与政策环境,技术创新能力获得了飞跃式提升,技术创新成果持续领跑全国,为经济高质量发展提供了强大的科技支撑。表9-2显示了2020年广东科技创新成果的基本概况,从中可以看出,广东科技创新成效突出,专利授权不仅数量较大,而且增长较快,多项专利指标全国排名第一。2020年广东科技创新专利授权总量高达70万件以上,同比增长34.57%,占全国的比重为20.16%,连续五年保持全国首位;其中,发明专利70695件,同比增长18.33%,占全国的比重为16.04%;实用新型专利380882件,同比增长34.71%,占全国的比重为16.08%;外观设计专利258148件,同比增长39.61%,占全国的比重为36.28%。而最能代表一个地区科技创新成果质量的PCT国际专利申请量则高达28098件,同比增长13.64%,占全国的比重为41.97%,连续十九年保持全国第一,这意味着2020年全国40%以上的高价值专利均集中分布在广东。

表9-2 2020年广东科技创新成果概况

指标	数量(件)	占全国比重(%)	同比增长(%)	数量排名
发明专利	70695	16.04	18.33	1
实用新型专利	380882	16.08	34.71	2
外观设计专利	258148	36.28	39.61	1
PCT国际专利申请量	28098	41.97	13.64	1
专利授权总量	709725	20.16	34.57	1

注:资料来源于广东省商务厅《广东省知识产权统计简报》2021年第1期(总第172期)。

九 打造新发展格局战略支点

习近平总书记在深圳经济特区建立40周年庆祝大会上指出:"要围绕产业链部署创新链、围绕创新链布局产业链,前瞻布局战略性新兴产业,培育发展未来产业,发展数字经济。"按照总书记重要讲话精神要求,广东在促进产业链和创新链双链融合上持续发力,形成了战略性新兴产业发展与科技创新高效互动的生动局面。表9-3揭示了广东战略性新兴产业技术创新概况,从中可以看出,广东战略性新兴产业发明专利授权量增长迅猛,在全国占有举足轻重的地位,充分彰显了广东在全国战略性新兴产业发展大局中的引领作用。2020年广东战略性新兴产业发明专利授权量37729件,同比增长23.20%,位列全国第二,仅比位列第一的北京少了674件,占全国战略性新兴产业发明专利授权总量的比重为15.13%,比2019年提高2.12个百分点。从细分行业来看,广东在新一代信息技术产业上的技术创新优势最为明显,发明专利授权量高达15451件,位居全国第一,同比增长25.07%,占全国的比重为24.08%。受新一代信息技术创新的影响,广东数字创意产业领域内的技术创新活动也十分活跃,发明专利授权量为2586件,同样位居全国第一,同比增长11.67%,占全国的比重为32.64%。此外,广东战略性新兴产业技术创新的另一个亮点就是新能源汽车领域的发明专利授权量快速上升,2020年达到325件,同比增长43.87%,跃居全国首位,占全国的比重为16.68%。

表9-3 2020年广东战略性新兴产业技术创新概况

行业名称	国内排名	授权数量(件)	同比增长(%)	占全行业比重(%)	占全国比重(%)
新一代信息技术	1	15451	25.07	40.95	24.08
新材料	3	8390	26.67	22.24	11.51
高端装备制造	4	4101	20.83	10.87	11.43
生物	2	3389	30.15	8.98	11.08
节能环保	4	2617	10.34	6.94	9.62

续表

行业名称	国内排名	授权数量（件）	同比增长（%）	占全行业比重（%）	占全国比重（%）
数字创意	1	2586	11.67	6.85	32.64
新能源	4	623	8.91	1.65	9.74
新能源汽车	1	325	43.87	0.86	16.68
有关服务业	2	247	50.59	0.65	10.21
合计	2	37729	23.20	100.00	15.13

注：资料来源于广东省商务厅《广东省知识产权统计简报》2021年第1期（总第172期）。

从全球技术创新前沿国家或地区的发展经验来看，制造业企业特别是高技术制造业企业是技术创新的主体，制造业市场主体的创新绩效是决定区域创新体系质量的关键要素。近年来广东在技术创新上实现大跨越的同时，也在众多高技术制造领域崛起一批充满创新活力的行业领军企业。例如，2020年，广东全省有8.8万家企业申请专利，比2019年增加了约1万家，在全国（不包含香港、澳门和台湾地区）发明专利授权量前十名的企业榜单中，有6家企业来自广东，具体包括位列第一名的华为技术有限公司，获得发明专利授权6370件；位列第二名的OPPO广东移动通信有限公司，获得发明专利授权3580件、位列第五名的腾讯科技（深圳）有限公司，获得发明专利授权2767件、位列第六名的珠海格力电器股份有限公司，获得发明专利授权2513件、位列第九名的维沃移动通信有限公司，获得发明专利授权1686件；以及位列第十名的中兴通讯股份有限公司，获得发明专利授权量1337件。其中，华为技术有限公司在2019年凭借4411件PCT国际专利申请公布量第5次位居全球PCT国际专利申请人排行榜第一名。①

---

① 数据来源于世界知识产权组织（WIPO）发布的《2020年PCT年鉴》。

2. 高技术产业发展势头迅猛

技术创新上的巨大突破有力地促进了广东高技术新兴产业的发展，新产业、新业态、新模式层出不穷，使广东成为名副其实的创新产业策源地。从图9-4的数据可以看出，近年来广东高技术制造业规模持续扩张，在国民经济中占据越来越重要的地位。2012年，珠三角九市高技术制造业产值为5212亿元，到2021年增长为11205亿元，比2012年增长了115%，年均复合增长率为10.04%；高技术产业增加值占规模以上工业增加值的比重由2012年的28%增加至2020年的35.1%，提高了7.1个百分点。此外，根据广东省第四次全国经济普查数据资料，广东高技术产业的企业数量、资产规模和经济总量均呈现快速增长态势。2018年末，广东全部高技术制造业企业法人单位79418个，比2013年增加42878个，增长117.3%，增幅比全部工业企业平均水平高20.1个百分点；资产总计46744.39亿元，比2013年增长106.8%，增幅比全部工业企业平均水平高47.8个百分点。规模以上工业企业中，高技术制造业企业有8525个，比2013年增加2675个，增长45.7%，增幅高于全省规模以上工业平均水平22.9个百分点；实现工业总产值46022.37亿元，比2013年增长57.2%，增幅高于全省29.2个百分点。

高技术产业的快速发展极大地提高了广东的产业集聚度，使得广东已经成为我国新兴产业发展的重要增长极，在很大程度上提升了我国产业的国际竞争力，为我国经济高质量发展提供了强大的支撑。表9-4揭示了东部沿海发达地区高技术产业主要指标的发展情况。从中可以看出，广东和江苏二省高技术产业发展水平分列全国第一、第二位，但相比之下，广东的发展优势更为突出。广东高技术产业的企业数、从业人员平均人数、营业收入和利润总额四项关键指标占全国的比重均在25%以上，均明显领先同属东部沿海发达地区的其他省市。

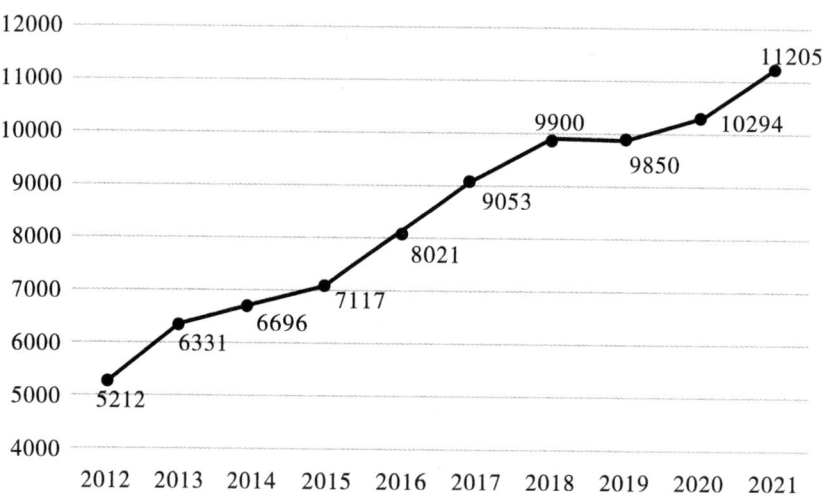

图9-4 珠三角九市高技术产业增加值（亿元）

注：资料来源于2013—2021年《广东统计年鉴》。

表9-4 2019东部沿海各地区高技术产业主要指标占全国的比重

单位（%）

地区	企业数	从业人员平均人数	营业收入	利润总额
北京	2.38	2.00	3.68	4.97
天津	1.37	1.39	1.71	1.57
河北	1.87	1.44	0.99	1.80
上海	3.10	3.58	4.68	4.18
江苏	14.26	15.79	15.09	13.38
浙江	8.79	6.25	5.28	7.85
福建	3.30	3.51	4.13	4.77
山东	4.36	4.21	3.72	4.56
广东	26.63	29.59	29.41	26.00
海南	0.17	0.15	0.16	0.38

注：资料来源于2020年《中国高技术产业统计年鉴》。

数字化共享工厂催生广东制造新业态

近年来广东佛山将智能机器人产业作为重点发展的新兴产业,机器人产业发展突飞猛进,美的库卡、隆深、泰威格、嘉腾等一批本地佛山机器人实力企业崛起,新兴的智能机器人企业与传统制造业积极合作,在实践中逐步探索出基于智能机器人应用的"数字化共享工厂",催生了广东制造新业态,创出了广东制造业数字化转型的新路子。

家具制造业是广东省重要的传统制造业,在佛山、东莞等珠三角核心城市聚集了大量中小型家具企业。近年来随着国内外市场环境的变化,珠三角地区的中小型家具企业普遍着较大的生产经营压力:在供给端,随着土地、人工等要素成本的快速上升,企业面临的成本压力加大;在需求端,随着人均收入水平的提高,消费者对家居产品的需求日益挑剔,定制化、个性化需求增加,对企业的柔性生产能力提出了更高的要求。为了应对日益增大的市场压力,大量中小型家具企业迫切需要建立新的生产经营模式,提高生产效率。正是在上述背景下,在广东省佛山市,长期从事焊接机器人制造的泰格威公司建设了一条铝材门窗的工业机器人数字化共享生产线。工业机器人根据客户要求的门窗规格数据设置生产工艺参数,从上游原材料输入生产线到下游门窗最终产品加工完成实现了全过程自动化,在这一过程中,生产资料计划系统与制造执行系统无缝对接,完全根据客户的个性化要求定制。在数字化共享生产线建立以后,过去自己直接从事铝合金门窗加工销售的企业从上游原材料供应商购买铝材后不再自己组织生产,而是委托共享工厂进行门窗加工,并按照事先约定的规格、质量等要求获得门窗成品。共享工厂提高了铝门窗生产的自动化水平,大大减少了企业的人工和用地需求,同时基于数字化的智能生产方式提高了产品个性化定制的水平,对客户需求的响应更为精准、更为及时。共享工厂的投资由上游铝材原材料厂、下游门窗制造企业和机器人制造企业泰格威公司共同承担,以按件计价的形式从铝门窗加工费中回收,按照目前的加工量计算，两年内就能收回建设成本。数字化共享工厂运行后，大量中小铝合金门窗制造企业将不需要直接制造门窗，可以将更多的精力可以放在门窗设计、营销和服务上；上游的铝合金厂也可以将业务向产业链下游延伸，从而拓展自己的业务领域；而对于智能机器人企业来，数字化共享工厂提供了丰富的应用场景，有利于形成机器人生产上的规模经济。可见，数字化共享工厂的出现营造了产业链相关各方多赢的新型制造业态，目前泰格威公司已有6条数字化共享工厂生产线被预定。除了专攻焊接工业机器人的泰格威公司，佛山还有高立威、新鹏等机器人公司也在积极谋划建设数字化共享工厂，制造新业态正在广东各地加速形成。

——摘自《中国工业和信息化》2019年第6期

（四）打造高端要素集聚地

1. 大力推进营商环境建设

区域产业发展水平在很大程度上要取决于该地区的要素供给条件，要素供给条件反映了一个地区的资源、人力资本、物质资本和技术知识等要素的丰裕程度。要素供给条件决定了区域各类要素的相对价格水平，影响了企业的要素投入决策，进而对产业层面的生产方式产生重要的影响。要素供给条件首先受制于一个地区的自然资源禀赋和地理区位，一个地区的先天自然资源禀赋和良好的地理位置有助于企业以更低的成本获取必要原材料，并将产品运输至目标市场销售，会在一定程度上形成影响企业进入的最初吸引力，尤其是对那些资源依赖型行业中的企业更是如此。但是，在工业化发展过程中，随着地区产业结构的持续升级，自然资源等有形生产要素在企业生产活动中的重要性逐步降低，而高素质的产业资本、人力资源与新技术等无形的生产要素的重要性日益上升。特别是在当今第四次技术革命方兴未艾的背景下，数字化和智能制造的兴起降低了企业生产过程对原材料、模具和零部件等中间产品的需求，全球产业内贸易量减少，大量的劳动力被智能设备所替代。初级原材料和一般性劳动力成本在企业总成本中的比重下降，而新设备投资和高素质劳动力成本的比重上升，在企业生产经营过程中扮演着日益重要的角色。因此，在我国经济转向高质量发展的新阶段，以高素质劳动力和高端资本为核心的高端要素供给就成为影响区域经济发展的重要因素。为此，近年来广东省围绕商事制度、工程建设项目审批制度、企业投资管理体制、贸易便利化、激发和保护企业家精神以及市场监管等重点领域推进综合改革，全面加强区域营商环境建设，以高标准的营商环境吸引高端要素集聚。

广州建设首批国家营商环境创新试点城市

2021年9月8日，国务院常务会议审议通过《关于开展营商环境创新试点工作的意见》，把广州作为首批国家营商环境创新试点城市之一。广州紧紧把握创新试点的重大改革机遇，制定出台了《广州市建设国家营商环境创新试点城市实施方案》，启动营商环境5.0改革。根据该《实施方案》提出的目标，广州力争通过3至5年的努力，建成市场化法治化国际化的一流营商环境城市，营商环境国际竞争力跃居全球前列，成为全球资源要素配置中心以及全球企业投资首选地和最佳发展地，形成可复制可推广的经验成果，打造全国优化营商环境"策源地"和"试验田"。《实施方案》从进一步破除区域分割和地方保护等不合理限制、健全更加开放透明规范高效的市场主体准入和退出机制、持续提升投资和建设便利度、更好支持市场主体创新发展、持续提升跨境贸易便利化水平等10个方面提出40项重点改革任务、223项落实举措、76项特色举措。在支持企业发展方面，广州率先实施"一照多址""一证多址"改革，并探索企业生产经营高频事项跨区域互认通用，为市场主体提供便利，为构建相互开放、相互协调的区域统一大市场探索经验。在市场准入方面，广州还将率先实施市场准入"极简审批"制度，打破"准入容易准营难、办照容易办证难"的隐性壁垒，建立简约高效、公正透明、宽进严管的行业准营规则。此外，围绕国家要求的101项改革事项逐项落细，该《实施方案》还制定了包括223项具体举措的"广州市落实国家营商环境创新试点改革事项工作举措清单"，作为扎实推动改革的"路线图"，做到台账式管理、项目式实施、节点式推进。伴随着各项改革举措的强力推进，广州营商环境质量持续提升，有力地激发了市场主体活力和社会创造力。2021年广州全市市场主体突破300万户，高新技术企业突破1.2万家，拥有世界500强榜单企业数量增至330家，民营经济增加值、社会消费品零售总额、商品进出口总额等关键发展指标均超万亿元，高标准的营商环境对全球高端要素的吸引力日益增强。

2. 资本要素供给水平显著提高

由于集中了更多的人才与创新要素，优势地区的投资、创新与创业活动更为活跃，从而保持了更快的经济增长，这是一个先发优势与经济增长"循环累积相互强化"的作用过程，导致经济活动在空间上通常是不均衡分布的，先发优势地区往往成为高端资本集聚的中心。近年来广东省资本要素供给水平的变化印证了这个带有普遍性的理论判断。经过多年的快速发展之后，广东已从过去的资本稀缺转变为资本较充裕的状态，资本要素供给水平显著提高，为资本技术密集型产业的发展提高了必要的投入支撑。图9-5显示了2000—2019年广东省劳均资本占有量和资本形成比重。从中可以看出，进入新常态以来广东劳均资本占有量迅速提升，产业资本有机构成发生了巨大的变化。2000年广东劳均资本占有量为9819万元，到2012年增加到38287万元，相当于2000年的3.90倍；到2019年广东劳均资本占有量上升为68729万元，大约相当于2000年的7倍。劳均资本占有量的快速上升表明广东资本要素供给条件得到了显著的改善，其结果是企业的技术装备和生产工艺水平得到大幅度提高。同时，反映区域经济发展过程中积累水平的资本形成指标，揭示了一个地区的投资能力，对区域经济持续高质量发展尤为重要。在党的十八大以前广东省资本形成比重一般处于30%到40%之间，而自2012年以来，这一指标上升到40%以上，并保持稳定的上升态势。

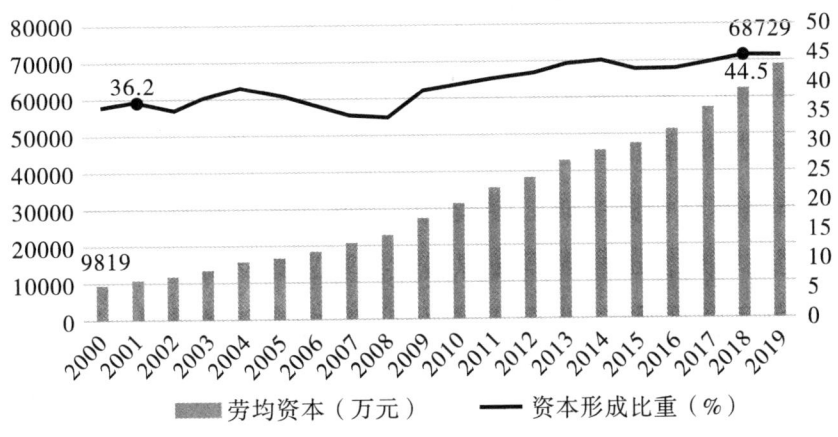

图9-5 近年来广东劳均资本与资本形成水平

注：劳均资本量为资本形成额与年末就业人员数的比值，资本形成比重为资本形成额与GDP的比重，数据来源于各年《广东统计年鉴》。

3. 劳动力要素供给水平显著提高

广东经济的快速发展创造了大量的就业创业机会，形成了对外来流动人口的较强吸引力。改革开放以来外来人口到广东就业创业的数量持续增长，广东年末常住人口及户籍人口数量之间的差额逐年递增①。广东常住人口数从1985年的5671万人增长到2020年的12624万人，同期年末户籍人口数从5657万人增长到9809万人，二者的差额从1985年的14万人增加到2020年的2815万人，35年间增长了约200

---

① 理论上，我们可以将一个地区年末常住人口及户籍人口数量之间的差额视为该地区所吸纳的外来人口数量。

倍。从表9-5可以看出，在5个东部沿海发达省份中，广东吸纳外来人口的数量遥遥领先。2020年广东吸纳外来人口的数量为2815.34万人，相当于其他四省外来人口总和的1.41倍。在大量外来人口进入的同时，广东为他们提供了完善的教育、医疗、就业等生活保障，多措并举全方位推进外来常住人口的市民化进程，这反过来又进一步强化了广东对劳动力要素的吸引力。

表9-5 东部沿海5个发达省份主要年份吸纳外来人口的数量

单位（万人）

年份	广东	浙江	江苏	山东	福建	四省合计	广东/四省
1990	99.90	3.09	95.17	69.00	625.00	792.26	0.13
2000	1151.49	178.69	257.96	22.00	105.00	563.65	2.04
2010	1919.39	698.56	402.75	43.00	141.00	1285.31	1.49
2020	2815.34	1399.00	600.51	-7.00	7.00	1999.51	1.41

注：表中数据来源于各省统计年鉴。

劳动力要素供给水平不仅与劳动力数量有关，还与劳动力的质量高度相关。劳动质量是指劳动力的受教育水平、专业技能等方面的综合素质，劳动力的受教育水平越高，专业技能和敬业精神越强，劳动力要素的质量越高。劳动力的质量越高，单位劳动力的产出通常就越高，这意味着在劳动力数量一定的条件下区域经济活动的效率就越高，经济的潜在增长速度就越快。在影响劳动力质量的多项因素中，教育水平往往起到决定性的作用。从表9-6的数据可以看出，伴随着经济快速发展，广东省人口的受教育水平也得到了快速的提高。2000年广东省高中阶段毛入学率、高等教育毛入学率和每万人普通高等学校在校生人数三项指标分别仅为38.70%、11.35%和41.19人，而到2020年大幅上升为97.29%、53.41%和208.33人。劳动力受教育水平的提高意味着广东省劳动力质量已有了明显的改善，在"人口数量红利"减弱的同时，广东的"人口质量红利"正在加快形成，这为现代化产业体系的发展提供了有力的人才支撑。

表 9-6 近年来广东省教育发展指标

年份	高等教育毛入学率（%）	高中毛入学率（%）	每万人口普通高校在校生人数（人）
2000	11.35	38.70	41.19
2010	28.00	86.20	140.83
2015	33.00	95.70	173.10
2018	42.43	96.70	175.77
2019	48.80	96.88	181.03
2020	53.41	97.29	208.33

注：表中数据来源于有关各年《广东统计年鉴》。

（五）打造安全发展支撑地

1. 创新性贯彻中央决策部署

2020年以来习近平总书记就统筹安全与发展的问题做出了一系列重要论述，将安全与发展问题提到了一个前所未有的高度。2020年8月，习近平总书记在经济社会领域专家座谈会上对改革开放以来党的理论创新成果进行了高度总结，其中就包括"关于统筹发展和安全的理论"。2020年11月，习近平总书记在《关于〈中共中央关于制定国民经济和社会发展第十四个五年规划和二〇三五年远景目标的建议〉的说明》中指出，当前和今后一个时期是我国各类矛盾和风险易发期，各种可以预见和难以预见的风险因素将会明显增多，因此要"坚持统筹发展和安全，增强机遇意识和风险意识"。2021年7月，习近平总书记在庆祝中国共产党成立100周年大会上再度强调统筹发展和安全的重要性。根据习近平总书记系列重要论述精神，《中华人民共和国国民经济和社会发展第十四个五年规划和2035年远景目标纲要》多次提及"发展"与"安全"的问题，并对"统筹发展和安全，建设更高水平的平安中国"进行专篇论述。党中央明确提出要树立总体国家安全观，坚持党对国家安全工作的绝对领导，健全国家安全法治体系，将安全发展贯穿国家发展各领域和全过程，筑牢国家安全屏障。广东处在"两个前沿"，统筹发展和安全的需要也更为迫切，任务也更为繁重。全省上下在学习领会习近平总书记关于统筹安全与发展问题重要讲话精神的基础上，创新性贯彻中央决策部署，树立用"大概率思维看待小概率事件"的意识，把安全发展贯穿到"十四五"乃至更长时期发展的全过程，着力抓好平安广东建设、产业链供应链安全和疫情防控等重点领域工作，构建了有利于经济社会发展的安全环境，为经济社会高质量发展、人民群众安居乐业提供坚实的安全保障。

2. 突出抓好产业链供应链安全

近年来随着我国在全球经济格局中地位的上升，部分西方国家对我国的态度发生了微妙的变化。美国更是将我国作为重要的竞争对手，自 2018 年以来主动挑起与我国的贸易争端，企图通过加征关税、出口限制等手段迟滞、阻碍我国的现代化进程，特别是在高技术产业领域加大了对我国进行技术封锁的力度。目前新冠病毒在全球加速蔓延，对国际供应链在全球的配置格局形成了较大的冲击。为了缓解疫情对本国供应链的影响，不少国家开始重新审视供应链管理策略，纷纷把减轻重要产业供应链对外依存度作为重要的战略选择。作为外向型经济大省，广东不少行业的上游供应链对外依存度比较高，特别是对经济高质量发展起重要支撑作用的高技术产业供应链更是如此。例如，电子信息产业是广东最大的高技术支柱产业，也是供应链对外依赖程度较高的行业，每年需要对外采购大量集成电路、半导体等关键零部件。"十三五"时期广东进口商品金额排在前三位的依次为集成电路及电子元件、数据处理设备和半导体器件，三者合计占广东进口总额的比重高达 35% 左右，这些产品均是电子信息产业所需的关键零配件，其中，集成电路及电子元件更是广东单一最大宗进口商品，年均进口额占广东电子信息产业产值的比重接近 20%，约占全球集成电路销售额的三分之一。可见，广东电子信息产业对海外芯片等重要元器件的进口依赖较高，在当前中美贸易摩擦叠加新冠肺炎疫情的双重冲击下，广东以电子信息产业为代表的高技术产业供应链安全问题正日益凸显。

因此，近年来广东在统筹安全与发展的过程中突出抓好产业链供应链安全，将保障重点产业链供应安全作为一项长期战略加以实施。2020年广东出台了《关于培育发展战略性支柱产业集群和战略性新兴产业集群的意见》，明确提出要发展新一代电子信息、绿色石化、智能家电、汽车产业、先进材料、现代轻工纺织、软件与信息服务、超高清视频显示、生物医药与健康、现代农业与食品等十大战略性支柱产业集群，以及半导体与集成电路、高端装备制造、智能机器人、区块链与量子信息、前沿新材料、新能源、激光与增材制造、数字创意、安全应急与环保、精密仪器设备等十大战略性新兴产业集群；并在此基础上建立以省长为"总链长"的省领导定向联系负责20个战略性产业集群的"链长制"。通过"链长制"的实施，建立完善战略性产业集群"五个一"工作体系，即一张产业集群龙头企业和"隐形冠军"企业表、一份产业集群重点项目清单、一套产业集群创新体系、一个产业集群政策工具包、一家产业集群战略咨询支撑机构，加强战略性产业集群建设，着重解决迫切的产业链供应链安全问题。

广东大力实施"强芯"工程

2021年广东印发《广东省制造业高质量发展"十四五"规划》，通过实施"链长制"、制造业高质量发展"六大工程"等系列举措，统筹推进机制、优化产业布局，持续推进20个战略性产业集群建设。《规划》着重对半导体及集成电路产业进行了全链条布局，大力实施"强芯"工程，具体包括芯片设计及底层工具软件、芯片制造、封装测试化合物半导体、材料及关键元器件、特种装备及零部件配套等。在芯片设计及底层工具软件布局方面，广州重点发展智能传感器、射频滤波器、第三代半导体，建设综合性集成电路产业聚集区。深圳集中突破CPU（中央处理器）/GPU（图形处理器）/FPGA（可编程门阵列）等高端通用芯片设计、人工智能专用芯片设计、高端电源管理芯片设计。珠海聚焦办公打印、电网、工业等行业安全领域。江门重点推进工业数字光场芯片、硅基液晶芯片、光电耦合器芯片等研发制造。在芯片制造方面，依托广州、深圳、珠海做大做强特色工艺制造，广州以硅基特色工艺晶圆代工线为核心，布局建设12英寸集成电路制造生产线；深圳定位28纳米及以下先进制造工艺和射频、功率、传感器、显示驱动等高端特色工艺，推动现有生产线产能和技术水平提升。珠海重点建设第三代半导体生产线，推动8英寸硅基氮化镓晶圆线及电子元器件等扩产建设。佛山依托季华实验室推动建设12英寸全国产半导体装备芯片试验验证生产线。

在芯片封装测试方面，以广州、深圳、东莞为依托，做大做强半导体与集成电路封装测试。广州发展器件级、晶圆级MEMS封装和系统级测试技术，鼓励封装测试企业向产业链的设计环节延伸。

随着各项政策举措的有力推进，广东战略性新兴产业发展势头良好，集成电路和半导体产业产出同比增长超过30%，集成电路和半导体产业的"四梁八柱"正加快构建，成立了投资规模均超百亿元的湾区半导体、广大融智、智能传感器等三大产业集团，设立总规模达千亿级的六大产业投资基金，支持广州、深圳、珠海等打造集成电路产业发展集聚区，成功引进了广东第一条车规级碳化硅芯片制造产线、2条12英寸特色工艺芯片生产线等多个重大项目，广东"强芯"工程正在推动我国新一代电子信息产业基础高级化发展。

——摘自《广东省制造业高质量发展"十四五"规划》，2021年7月30日

主要参考文献

1. 《习近平谈治国理政》第 1 卷，外文出版社 2018 年版。
2. 《习近平谈治国理政》第 2 卷，外文出版社 2017 年版。
3. 《习近平谈治国理政》第 3 卷，外文出版社 2020 年版。
4. 习近平：《把乡村振兴战略作为新时代"三农"工作总抓手》，《社会主义论坛》2019 年第 7 期。
5. 《党的十九大报告辅导读本》，人民出版社 2017 年版。
6. 《党的十九届五中全会〈建议〉学习辅导百问》，党建读物出版社、学习出版社 2020 年版。
7. 《党的十九届六中全会〈决议〉学习辅导百问》，党建读物出版社、学习出版社 2021 年版。
8. 中共中央宣传部：《习近平新时代中国特色社会主义思想学习纲要》，学习出版社、人民出版社 2019 年版。
9. 李希：《打造新发展格局战略支点》，《人民日报》，2021 年 3 月 9 日第 13 版两会特刊。
10. 《广东统计年鉴（2021）》，中国统计出版社 2022 年版。
11. 《广东省国民经济和社会发展第十四个五年规划和 2035 年远景目标纲要》，2021 年 4 月 6 日。
12. 《广东省推进农业农村现代化"十四五"规划》，2021 年 8 月 20 日。
13. 《中国（广东）自由贸易试验区发展"十四五"规划》，2021 年 9 月 6 日。
14. 《广东省制造业高质量发展"十四五"规划》，2021 年 7 月 30 日。

15.《广东省科技创新"十四五"规划》,2021年9月22日。

16.《广东省生态文明建设"十四五"规划》,2021年10月9日。

17.《广东省数字政府改革建设"十四五"规划》,2021年6月30日。

18.《广东省全面深化商事制度改革三年行动计划》,2021年12月19日。

19.《广东省推动技工教育高质量发展若干政策措施》,2021年12月30日。

20.《广东省人民政府关于加快建立健全绿色低碳循环发展经济体系的实施意见》,2021年12月3日。

21.《广东省劳动力要素市场化配置改革行动方案》,2021年11月26日。

22.《广东省制造业数字化转型实施方案(2021—2025年)》,2021年6月30日。

23.《广东省人民政府关于培育发展战略性支柱产业集群和战略性新兴产业集群的意见》,2020年5月18日。

24.《广东省加快半导体及集成电路产业发展的若干意见》,2020年2月3日。

25.《广东省加快5G产业发展行动计划(2019—2022年)》,2019年5月8日。

26.《关于支持省级现代农业产业园建设的政策措施》,2019年8月30日。

27.《广东省"数字政府"建设总体规划(2018—2020年)》,2018年10月26日。

28.《广东省进一步扩大对外开放积极利用外资若干政策措施(修订版)》,2018年8月29日。

29.中共中央党校(国家行政学院):《习近平新时代中国特色社会主义思想基本问题》,人民出版社、中共中央党校出版社2020年版。

30.中共广东省委党校:《牢记使命 走在前列——以新的更大作为开创广东工作新局面》,广东人民出版社2018年版。

后　记

为了全面准确地揭示党的十九大以来广东推进高质量发展的创新性举措与显著成效，总结广东"走在全国前列"的成功经验，中共广东省委党校（广东行政学院）组织本校教师编写了本书。

中共广东省委党校（广东行政学院）与广东人民出版社高度重视本书的编写与出版工作。中共广东省委党校（广东行政学院）常务副校（院）长张广宁、教育长尹德慈与广东人民出版社领导多次组织研究本书的编写出版事宜。本书由中共广东省委党校（广东行政学院）管理学教研部主任赵祥教授担任主编，管理学教研部与公共管理教研部专家学者共同参与编写工作，具体分工如下：前言、后记、第九部分以及全书的统稿由赵祥教授负责编写，第一部分由麦景琦副教授编写，第二部分由胡霞教授编写，第三部分由李田副教授编写，第四部分由黄丽霞副教授编写，第五部分由郭惠武副教授编写，第六部分由杜荃深、张艺琼副教授编写，第七部分由潘艳副教授编写，第八部分由陈晓运教授编写。中共广东省委党校（广东行政学院）教务处在本书编写出版的过程中做了大量的组织联络和沟通协调工作。

本书是集体攻关的成果，在时间紧、任务重的情况下，各位成员不辞辛劳、兢兢业业、精诚合作，高效完成了本书的编写工作。此外，在本书策划、编写和出版过程中，广东人民出版社的领导和同志们也给予了大力的支持与帮助，在本书付梓之际，谨对他们的辛勤付出表示特别的感谢！

本书在编写出版过程中，也得到了中共广东省委组织部、中共广东省委宣传部、广东省出版集团等有关单位的大力支持，在此一并表示衷心的感谢!

  党的十九大以来,广东推进高质量发展的成绩突出、亮点纷呈,有许多值得总结提炼的好经验、好做法,但由于我们专业素养还不够高,实践经验也有所欠缺,本书难免有疏失与不当之处,敬请各位读者不吝指正。

编者

2022 年 3 月 10 日